プリント形式のリアル過去問で本番の臨場感！

東京都

都立

小石川中等教育学校

2025年春受験用

解答集

本書は，実物をなるべくそのままに，プリント形式で年度ごとに収録しています。
問題用紙を教科別に分けて使うことができるので，本番さながらの演習ができます。

■　収録内容

・解答集（この冊子です）

書籍ＩＤ番号，この問題集の使い方，最新年度実物データ，リアル過去問の活用，
解答例と解説，ご使用にあたってのお願い・ご注意，お問い合わせ

・2024（令和６）年度　～　2018（平成30）年度　学力検査問題

JN132525

〇は収録あり

年度	'24	'23	'22	'21	'20	'19
■ 問題(適性検査Ⅰ～Ⅲ)	〇	〇	〇	〇	〇	〇
■ 解答用紙	〇	〇	〇	〇	〇	〇
■ 配点	〇	〇	〇	〇	〇	〇

全分野に解説
があります

上記に2018年度を加えた7年分を収録しています
注)問題文等非掲載:2023年度適性検査Ⅰの1，2019年度適性検査Ⅰの
1

問題文の非掲載につきまして

著作権上の都合により，本書に収録している過去入試問題の本文の一部を掲載しておりません。ご不便をおかけし，誠に申し訳ございません。

教英出版

■ 書籍ＩＤ番号

入試に役立つダウンロード付録や学校情報などを随時更新して掲載しています。
教英出版ウェブサイトの「ご購入者様のページ」画面で，書籍ＩＤ番号を入力してご利用ください。

書籍ＩＤ番号　104213

（有効期限：2025年9月30日まで）

【入試に役立つダウンロード付録】
「要点のまとめ(国語／算数)」
「課題作文演習」ほか

■ この問題集の使い方

年度ごとにプリント形式で収録しています。針を外して教科ごとに分けて使用します。①片側，②中央のどちらかでとじてありますので，下図を参考に，問題用紙と解答用紙に分けて準備をしましょう（解答用紙がない場合もあります）。

針を外すときは，けがをしないように十分注意してください。また，針を外すと紛失しやすくなりますので気をつけましょう。

① 片側でとじてあるもの

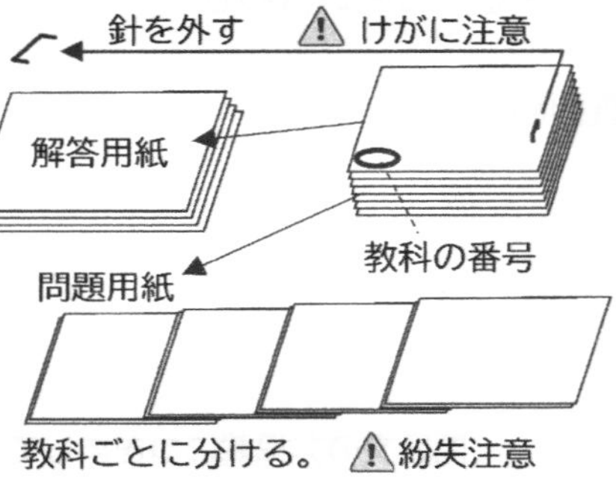

② 中央でとじてあるもの

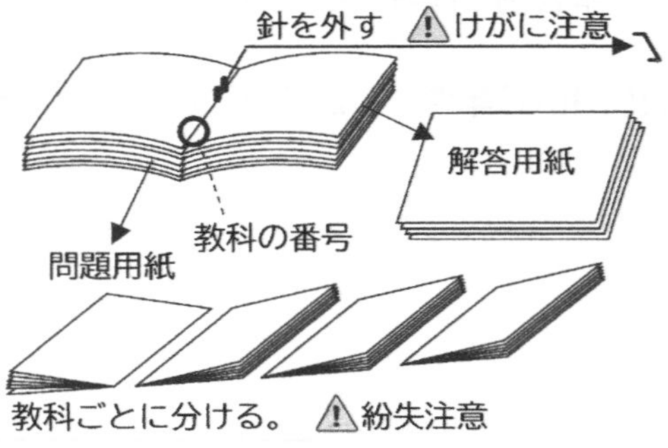

※教科数が上図と異なる場合があります。
解答用紙がない場合や，問題と一体になっている場合があります。
教科の番号は，教科ごとに分けるときの参考にしてください。

■ 最新年度 実物データ

実物をなるべくそのままに編集していますが，収録の都合上，実際の試験問題とは異なる場合があります。実物のサイズ，様式は右表で確認してください。

問題用紙	Ａ４冊子(二つ折り)
解答用紙	Ａ３プリント

リアル過去問の活用

~リアル過去問なら入試本番で力を発揮することができる~

本番を体験しよう！

問題用紙の形式（縦向き／横向き），問題の配置や余白など，実物に近い紙面構成なので本番の臨場感が味わえます。まずはパラパラとめくって眺めてみてください。「これが志望校の入試問題なんだ！」と思えば入試に向けて気持ちが高まることでしょう。

入試を知ろう！

同じ教科の過去数年分の問題紙面を並べて，見比べてみましょう。

①　問題の量

毎年同じ大問数か，年によって違うのか，また全体の問題量はどのくらいか知っておきましょう。どのくらいのスピードで解けば時間内に終わるのか，大問ひとつにかけられる時間を計算してみましょう。

②　出題分野

よく出題されている分野とそうでない分野を見つけましょう。同じような問題が過去にも出題されていることに気がつくはずです。

③　出題順序

得意な分野が毎年同じ大問番号で出題されていると分かれば，本番で取りこぼさないように先回りして解答することができるでしょう。

④　解答方法

記述式か選択式か（マークシートか），見ておきましょう。記述式なら，単位まで書く必要があるかどうか，文字数はどのくらいかなど，細かいところまでチェックしておきましょう。計算過程を書く必要があるかどうかも重要です。

⑤　問題の難易度

必ず正解したい基本問題，条件や指示の読み間違いといったケアレスミスに気をつけたい問題，後回しにしたほうがいい問題などをチェックしておきましょう。

問題を解こう！

志望校の入試傾向をつかんだら，問題を何度も解いていきましょう。ほかにも問題文の独特な言いまわしや，その学校独自の答え方を発見できることもあるでしょう。オリンピックや環境問題など，話題になった出来事を毎年出題する学校だと分かれば，日頃のニュースの見かたも変わってきます。

こうして志望校の入試傾向を知り対策を立てることこそが，過去問を解く最大の理由なのです。

実力を知ろう！

過去問を解くにあたって，得点はそれほど重要ではありません。大切なのは，志望校の過去問演習を通して，苦手な教科，苦手な分野を知ることです。苦手な教科，分野が分かったら，教科書や参考書に戻って重点的に学習する時間をつくりましょう。今の自分の実力を知れば，入試本番までの勉強の道すじが見えてきます。

試験に慣れよう！

入試では時間配分も重要です。本番で時間が足りなくなってあわてないように，リアル過去問で実戦演習をして，時間配分や出題パターンに慣れておきましょう。教科ごとに気持ちを切り替える練習もしておきましょう。

心を整えよう！

入試は誰でも緊張するものです。入試前日になったら，演習をやり尽くしたリアル過去問の表紙を眺めてみましょう。問題の内容を見る必要はもうありません。どんな形式だったかな？受験番号や氏名はどこに書くのかな？…ほんの少し見ておくだけでも，志望校の入試に向けて心の準備が整うことでしょう。

そして入試本番では，見慣れた問題紙面が緊張した心を落ち着かせてくれるはずです。

※まれに入試形式を変更する学校もありますが，条件はほかの受験生も同じです。心を整えてあせらずに問題に取りかかりましょう。

小石川中等教育学校　2024 令和6 年度　適性検査Ⅰ

《解答例》

1 〔問題１〕 文章１ 自分の気持ちを保つ　文章２ わずかなくふうでうまくいくことに気づく

〔問題２〕 あのきれ～ように。

〔問題３〕（１字あける）私は、小学校の時、友達とけんかをしてしまうことが何度かあった。友達が言ったことを深く考えずにすぐに否定したり、自分の思ったことをそのまま口にしたりして、友達をおこらせてしまうことがあったのだ。(改行)芭蕉の「謂応せて何か有」について、筆者は、ことばの裏側に余韻や想像力といった考えを置いてはどうか、詩という文芸は、表面的な理解だけでわかった気になってはつまらないと述べている。また、「舌頭に千転せよ」については、わずかな工夫でうまくいく、そこに気づくまで「千転せよ」というわけですと説明している。こうしたことは、俳句だけではなく、言葉を使う全ての場面で言えることだと思う。相手の言葉を表面的に理解してわかったつもりになったり、思ったことをそのまま言葉にしたりするのはよくない。言葉を受け取る人がどう思うか想像力を働かせ、言い方を工夫するように心がけたい。特に、ＳＮＳなどで、文字で言葉を伝える場合には、声や表情で感情を伝えられないので、より一層ていねいに言葉を使っていきたい。

《解　説》

1 〔問題１〕 文章１で，筆者が「くり返し唱えたり，思いうかべたりする」歌が，「こよひ逢《あ》ふ人みなうつくしき」で，この言葉を唱えることで，筆者は「前向きになり，好意的に人と会える気持ちになれて勇気がわく」のである。そして，短歌を思いうかべることで，このような効果があることを一般化《いっぱんか》して，「短歌を知る，覚えていくということは，自分の気持ちを保つための言葉を確保していくことでもあるのだと思う」とまとめている。文章２では，芭蕉《ばしょう》の「舌頭《ぜっとう》に千転《せんてん》せよ」という言葉をあげ，言葉を千回もくり返し唱えることで，「ほんのわずかの工夫《くふう》でうまくいく」ことに気づくことができると述べている。

〔問題２〕 筆者は「てのひらをくぼめて待てば青空の見えぬ傷《きず》より花こぼれ来る」という短歌から，「あのきれいな青い空にも傷がある。自分の中の見えない場所にあるもののように」という情景を想像している。倒置を用いた連続する二文になっている。「清水《きよみず》へ～こよひ逢ふひとみなうつくしき」の歌から想像した「桜の咲くころの祇園《ぎおん》を訪《たず》ねたことはないのだが，脳内《のうない》には花灯《はなあか》りの下を，浮《う》かれたような～人々《ひとびと》の，うつくしい顔がくっきりと浮かぶ」も短歌から想像した情景だが，「連続する二文」になっていないので，誤り。この直後の「夜桜見物を一度だけしたことがあるが～ロマンチックではない」は，筆者の実体験を述べたもの。

《解答例》

1　〔問題1〕太郎さんの作業…かく→切る→切る→切る→切る→切る→切る

花子さんの作業…かく→かく→かく→かく→かく

6枚のマグネットシートを切り終えるのにかかる時間…40

〔問題2〕右表

(得点板の数字を456から987にするのにかかる最短の時間)（ 16 ）秒	
（ 4 ）→（ 6 ）	一の位と百の位のボードを入れかえる。
（ 6 ）→（ 9 ）	6のボードを180度回す。
（ 5 ）→（ 8 ）	5にマグネットを2個つける。
（ 4 ）→（ 7 ）	4にマグネットを1個つけて2個取る。
（　）→（　）	

1〔問題2〕の表

2　〔問題1〕(1)右表

	2010年		2020年	
世界全体	98.8	1.2減少	97.6	2.4減少
アジア	104.0	4.0増加	106.0	6.0増加
アフリカ	95.2	4.8減少	89.7	10.3減少
ヨーロッパ	101.2	1.2増加	101.5	1.5増加
北アメリカ	100.3	0.3増加	100.1	0.1増加
南アメリカ	94.3	5.7減少	91.5	8.5減少
オセアニア	98.7	1.3減少	101.0	1.0増加

2〔問題1〕(1)の表

(2)右グラフ

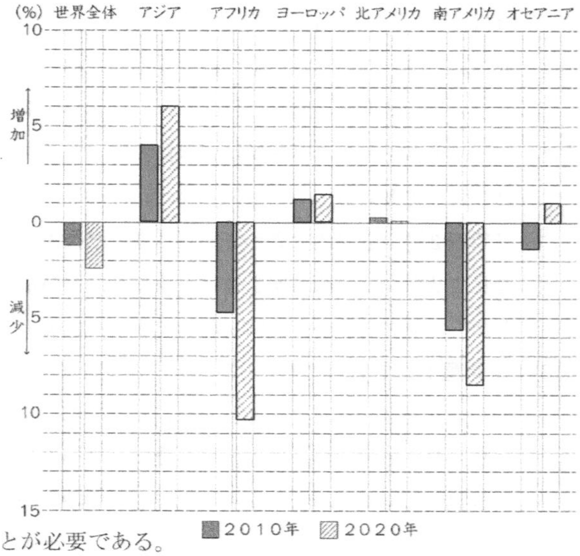

(3)選んだ地域…アフリカ／森林面積が減少しているのは，一人当たりの国民総所得が増えているので，産業が発達して木材の利用量が増えているからだろう。また，人口も増えているので，一人当たりの利用量が変わらない場合でも，全体の利用量が増えているからだろう。

〔問題2〕世界の森林面積を増加させるためには，各国で植林を盛んに行うのがよい。また，世界の森林面積を減少させないためには，主に発展途上国で行われている過度な森林伐採や過放牧などをやめさせるのがよい。発展途上国の中には，経済発展のために森林伐採をくり返し，技術がないことから植林ができない国もある。先進国がODAによって資金援助や技術協力を行い，森林伐採に依存しない農業の方法や植林の方法を提供していくことが必要である。

3　〔問題1〕750ｇの金属をのせて調べたときも1000ｇの金属をのせて調べたときも，おもりの数は手順6の板のときが最大であった。そして，手順6の板のみぞの方向に対して糸の引く方向はすい直であり，キャップのみぞの方向に対して手で回す方向もすい直であるから。　〔問題2〕組み合わせ…2号と5号　理由…実験2では同じでなかった条件のうち実験3では同じにした条件は，重さである。1号と3号のすべり下りる時間が同じなのに，1号と6号のすべり下りる時間は同じではなかった。だから，すべり下りる時間が同じになるのは，一番下の板の素材が同じ場合だと考えられるから。

《解　説》

1　〔問題１〕　太郎さんは「かく」作業に 10 分，「切る」作業に５分かかり，花子さんは「かく」「切る」作業のどちらも７分かかる。よって，「かく」作業は花子さん，「切る」作業は太郎さんができる限りするように考える。

最初の作業はどちらも「かく」作業になり，かいた枚数よりも切った枚数の方が多くならないように，２人の作業をまとめると，右図のようになる。このとき，太郎さんの作業時間は 10＋５×６＝40(分間)，花子さんの作業時間は７×５＝35(分間)だから，45 分未満で終わらせることができる。解答例以外にも，条件に合えば他の手順，時間となってもよい。

太郎	⑩	5	5	5	5	5	5
花子	⑦	⑦	⑦	⑦	⑦	

※単位は「分」であり，「かく」作業は○印，「切る」作業は□印で表す。

〔問題２〕　２枚のボードを入れかえること(操作４)を行うかどうかで，場合を分けて考える。

操作４を行わない場合，〔４〕→〔９〕はマグネットを２個つける，〔５〕→〔８〕はマグネットを２個つける，〔６〕→〔７〕は 180° 回してマグネットを３個とるのが最短の方法で，２×２＋２×２＋(３＋２×３)＝17(秒)かかる。

操作４を行う場合，〔６〕→〔７〕に時間がかかることを考えると，６を他の数字と入れかえたい。〔６〕→〔９〕は 180° 回転させるだけでよいので，最初に４と６を入れかえる。〔６〕→〔９〕は 180° 回す，〔５〕→〔８〕はマグネットを２個つける，〔４〕→〔７〕はマグネットを１個つけて２個とるのが最短の方法で，

３＋３＋２×２＋２×３＝16(秒)かかり，こちらの方法が最短となる。

2　〔問題１〕(1)　それぞれの地域の 2010 年と 2020 年の各年について，割合は％で求めるから，(各年の森林面積の 2000 年に対する割合)＝(各年の森林面積)÷(2000 年の森林面積)×100，(各年の森林面積の増加と減少の割合)＝100－(各年の森林面積の 2000 年に対する割合)となる。アジアであれば，2010 年の森林面積の 2000 年に対する割合は，611.0÷587.4×100＝104.01…より，約 104.0％，増加と減少の割合は，104.0－100＝4.0 より，4.0 増加である。　(2)　森林面積の減少には，木材を利用するためだけの伐採だけでなく，焼畑農業や農地開発のための伐採，えびの養殖池開発のためのマングローブ林の伐採，干ばつによる砂漠化，森林火災など，さまざまな要因がある。特に，開発による森林伐採が大きな要因であるから，主に発展途上国における，国民総所得の増加や人口の増加と結び付けて考える。

〔問題２〕　経済的に豊かであり，進んだ技術をもつ先進国が協力し，発展途上国が森林伐採に依存した農業形態を見直せるよう，改善案を提供すること，水がなく，木が育たない地域では水路を建設して，木が育つ環境を整備したり，植林の技術を提供したりすることが大切である。

3　〔問題１〕　手でつかむ力が大きいときを1000ｇの金属をのせたとき，手でつかむ力が小さいときを750ｇの金属をのせたときとして考える。また，結果では，プラスチックの板が動いたときのおもりの数が多いほど，すべりにくいと考えればよい。なお，実験でプラスチックの板が動くときが，キャップが開くときではない。

〔問題２〕　組み合わせについては，解答例の他に「４号と６号」でもよい。このときの理由は，「２号と５号」のときと同じで，実験３では重さを同じにしたこと，一番下の板の素材が同じであればすべり下りる時間が同じになると考えられることについてまとめてあればよい。

《解答例》

1　〔問題1〕⑴選んだ図…図1，図2／図1と図2を比べると，同じような波の形をしているが，よく見ると山の部分や谷の部分にちがいが見られる。人はこのちがいを聞き分けてだれが話をしているかを区別している。

⑵選んだ図…図2，図3／同じ人でも，直接の声と電話の声では，オシロスコープで見るとその波の形がちがうため，聞き間ちがえると考えられる。

〔問題2〕⑴自分の声を他のアマガエルとずらして鳴くことで，メスにそれぞれの鳴き声を区別して聞いてもらうためではないか。　⑵近くのオスが鳴いた後に鳴いていると考えられる。図5の波の形から，それぞれのアマガエルの鳴き始め時こくが少しずつずれているため。　⑶田んぼに生息しているそれぞれのアマガエルの鳴き声に反応して光るそうちを置き，そのアマガエルが鳴いた時に光るようにして，それぞれのアマガエルの鳴いているタイミングを見えるようにして比べる。

〔問題3〕みんなが鳴く時と，みんなが鳴かない時がある。いつも鳴いていると天てきにおそわれるかもしれないから。

〔問題4〕人が乗っていないときには運転を止めるエスカレーター。使わないときに止めることで電気を節約することができるから。

2　〔問題1〕⑴

メンバー	Aさん	Bさん	Cさん	Dさん	Eさん
プレゼント	②	①	⑤	③	④

メンバー	Aさん	Bさん	Cさん	Dさん	Eさん
プレゼント	②	③	④	⑤	①

メンバー	Aさん	Bさん	Cさん	Dさん	Eさん
プレゼント	②	④	⑤	③	①

メンバー	Aさん	Bさん	Cさん	Dさん	Eさん
プレゼント	③	①	④	⑤	②

のうち1つ

⑵⑧のプレゼントと⑩のプレゼントに注目すると，この二つのプレゼントをほしいと思っているメンバーがSさんしかいない。これらのプレゼントをことなる二人にわたすことができないと，メンバーとプレゼントをどのような組み合わせにしても，自分のほしいプレゼントがもらえないメンバーがいることになる。

〔問題2〕

グループ1	Aさん	Bさん	Cさん	Dさん	Eさん
グループ2	Rさん	Qさん	Pさん	Sさん	Tさん

〔別解〕

グループ1	Aさん	Bさん	Cさん	Dさん	Eさん
グループ2	Rさん	Qさん	Pさん	Tさん	Sさん

〔問題3〕ゆうきさんがタッチする人数…5

理由…タッチする人数が9人である人がタッチできる人は，次の3人をのぞく9人である。

・自分自身　・自分とダンスがペアになった人　・タッチする人数が0人である人

この9人のうち，タッチする人数が10人の人を除いた8人は，タッチする人数が10人の人と，タッチする人数が9人の人と必ずタッチするので，2人以上とタッチすることになる。しかし，タッチした人数が全員ちがうようにするためには，タッチする人数が1人の人がいなければならないから，その人は，この9人以外である。だから，タッチする人数が9人の人とダンスがペアだった人は，タッチする人数が1人の人ということになる。同じように考えて，タッチする人数が8人である人とダンスがペアだった人はタッチする人数が2人である人，タッチする人数が７人である人とダンスがペアだった人はタッチする人数が３人である人，タッチする人数が６人である人とダンスがペアだった人はタッチする人数が４人である人ということになる。ゆうきさんのダンスのペアはいないので，ゆうきさんがタッチする人数は５人である。

《解　説》

1　〔問題１〕(1)　人の声を直接聞いているときのことを考えるから，２人の電話を通していない声(図１と図２)を比べればよい。　(2)　同じ人の電話を通していない声と電話を通した声(図２と図３)を比べればよい。電話を通すことで波の形が変わることがわかる。

〔問題２〕(3)　音は目で見ることができないため，やってくる方向がわかりにくい。鳴いたアマガエルがどこにいるかを目で見てわかるようにすればよい。

〔問題３〕　鳴くことでメスに自分の位置を知らせることができるが，同時に天敵にも自分の位置を知らせることになる。

〔問題４〕　解答例の他に，人がいるときには明かりがついて，人がいないときに明かりが消えるライトなどもある。エスカレーターと同様に電気を節約することができる。

2　〔問題１〕(1)　１人がもらうプレゼントが決まると，他の人がもらうプレゼントも決まるような人を考えると，Cさんがもらうプレゼントが決まればDさんがもらうプレゼントも決まる。よって，Cさんがもらうプレゼントによって場合分けして考える。

表ｉ

A	B	C	D	E
②		④	⑤	

表ⅱ

A	B	C	D	E
③		④	⑤	

Cさんが④をもらうとき，⑤がほしいのはDさんだけだから，Dさんは⑤に決まる。

次に，Aさんが②と③のどちらをもらうかで場合分けする。Aさんが②をもらう場合，表ｉのようになり，②と④はもらう人が決まっているから，Eさんは①に決まる。

このとき，Bさんは残った③がほしいプレゼントなので，条件に合う。

Aさんが③をもらう場合，表ⅱのようになり，③と④はもらう人が決まっているから，Bさんは①に決まる。このとき，Eさんは残った②がほしいプレゼントなので，条件に合う。

表ⅲ

A	B	C	D	E
②		⑤	③	

Cさんが⑤をもらう場合，Dさんがほしいプレゼントは③だけだから，Dさんは③に決まる。このとき，Aさんがほしいプレゼントは②だけだから，Aさんは②に決まり，表ⅲのようになる。

BさんとEさんはどちらも，残っている①，④がともにほしいプレゼントだから，どちらがもらってもよい。

以上より，右の表の４つの組み合わせのいずれかを答えればよい。

A	B	C	D	E
②	③	④	⑤	①
③	①	④	⑤	②
②	①	⑤	③	④
②	④	⑤	③	①

(2)　解答例のように，⑧，⑩のプレゼントの渡し方に注目する。

〔問題２〕　EさんはTさん以外にRさんとPさんを先に引いたが，Pさんとは組まない。

Rさんと組むとすると，RさんとDさんはたがいに先に引いたから，安定した状態にならない。

よって，Eさんの最優先のペアはTさんである。

表ｉ

	A	B	C	D	E
㋐	R	S	P	T	Q
㋑	R	Q	P	T	S

一方，TさんはEさんより先にDさんを引いたので，DさんとTさんをペアにしてみると，Rさんは１番目に引いたAさんとペア→Sさんは１番目，２番目に引いたBさんまたはEさんとペアになる。SさんとBさんをペアにすると，TさんとDさんがペアになり，表ｉの㋐のようになる。このとき，BさんとQさんが優先するペアになるので，「安定した状態の５組」にはならない。SさんとEさんをペアにすると，AさんがRさんとペアになり，表ｉの㋑のようになる。この組み合わせは「安定した状態の５組」である。

次に，EさんとTさんのペアを固定して考える。このとき，Aさん，Bさん，Dさん，Qさん，Rさん，Sさんの

６人について，残りの４人を除いて１番先に引いた相手と組んでいるのは，Ａさん，Ｂさん，Ｄさんの３人だから，Ｑさん，Ｒさん，Ｓさんの３人が，図６のペアよりも優先する相手と組む場合について考える。

このとき，ＳさんはＢさんまたはＤさん，ＱさんはＡさん，ＲさんはＡさんと組む，４通りの場合があり，この順に表ⅱの㋒～㋕のようにまとめられ，㋒と㋔，㋓と㋕はそれぞれ同じ組み合わせになる。

表ⅱ

	A	B	D
㋒	Q	S	R
㋓	R	Q	S
㋔	Q	S	R
㋕	R	Q	S

㋒について，ＡさんとＲさんが優先するペアとなり，「安定した状態の５組」にはならない。

㋓について，この組み合わせは「安定した状態の５組」である。

以上より，解答例の２組のいずれかであればよい。

〔問題３〕　はるかさん以外の11人は，タッチした人数が全員ちがうが，はるかさんとゆうきさんのタッチする回数は同じでもよいことに注目する。解答例のように考えていくと，タッチした人数が５人の人が２人いることになるが，この２人をはるかさんとゆうきさんとすれば，条件に合う。

《解答例》

1 〔問題１〕何世代にもわたって伝えながらつくり出されてきた

〔問題２〕書き手の主観の入っている真実を読んで、書かれていない事実を考えること。

〔問題３〕

文章１と２に共通しているのは、現在と未来は過去の蓄積で成り立っていて、過去を未来につなげ、それを生かすことが大切だという考え方だと思う。文章１では、ものをつくり出すためには、知識や技術や経験だけではなく、アイデアが必要で、アイデアが浮かぶのは一瞬だが、その背後には長い時間が横たわっているということを述べている。また、何世代にもわたって伝えながらつくり出されてきたものの、時間を超えた価値について説明している。文章２では、過去の蓄積の少ない私達には、それを補うものとして、読書が役に立つということを述べている。

私は、これからの学校生活で「温故知新」という言葉を心がけて学んでいこうと思う。文章１を読んで改めて過去の人々の歴史や考え方を学ぶことの大切さに気づいたからだ。過去の蓄積の少ない私がそれを補い、過去というものに触れる機会を設けるためには、文章２に書かれているように、読書が必要だと思う。これから、読書をすることで、未来の自分をつくりあげる基礎を築きたいと思う。

《解　説》

1 **〔問題１〕**　古くさく感じない理由は、直後にあるように「古くないから」である。これをもう少しくわしく説明しているのが、次の一文の「それを人びとが受けつぎ、『もの』が新しい命、新しい生活をもらう」である。つまり、人びとに長く受けつがれてきていて、新しい命を感じさせるから古くさく感じないのである。筆者がこのような「隙間《すきま》や傷《きず》のある家具」を見て、どのようなことを思うのかを読み取る。ぼう線部の前の段落に、「古い道具やすり減った家具を見て、きれいだなと思うことがある～何世代にもわたって伝えながらつくり出されてきたものは」とある。

〔問題２〕　行間を読むということについては、直前に、「本を読むということは～書かれていることを読み、そこに書かれていないことを考える作業とも言えます」と説明されている。少し後に「書かれていることが真実だとすれば、行間には事実があると言えるかもしれませんね」とある。本に「書かれていること」は、「真実」であり、書き手が込《こ》めた想《おも》いや考え、つまり主観が入っている。一方、行間には「事実」があって、それは読み手が本に書かれていないことを考えることで見つけるものである。

《解答例》

1　〔問題1〕道順…(エ)→キ→オ→イ→カ　式と文章…5＋7×1.4＋7＋10×1.4＋13＝48.8　ロボットの分速は12mなので，1m進むには，5秒かかる。ブロックを1個運んでいるときは7秒，ブロックを2個運んでいるときは10秒，ブロックを3個運んでいるときは13秒かかる。また，1.4m進むためには，1m進むときよりも時間は1.4倍かかる。わたしが考えた道順に合わせて，かかる時間をそれぞれたし合わせると，48.8秒になる。

〔問題2〕A，B，D／右表

表5　太郎《たろう》さんと花子さんがさらに書きこんだ表

	①の電球	②の電球	③の電球	④の電球
Aのスイッチ	×	○	○	×
Bのスイッチ	○	×	○	○
Cのスイッチ	×	○	○	○
Dのスイッチ	×	×	×	○
Eのスイッチ	○	○	○	×

2　〔問題1〕(1)

年	1972	1982	1991	2002	2012	2020
書店の数	**0.75**	1.13	**1.23**	1.00	**0.72**	0.54
書店の面積の合計	0.22	**0.42**	0.66	1.00	1.17	**1.05**

(2)右グラフ

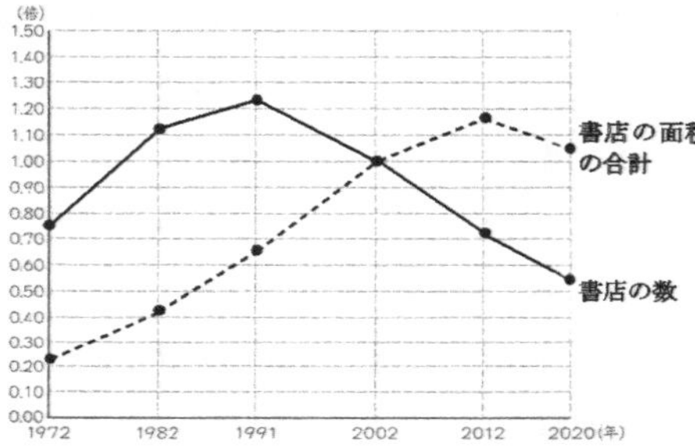

(3)

1972年から(ア **1991**)年まで	書店の数も書店の面積の合計も増えている。たくさんの書店が開店したからだろう。
(ア **1991**)年から(イ **2012**)年まで	書店の数は減るが，書店の面積の合計は増えている。小さな書店がへい店し，大きな書店が増えたからだろう。
(イ **2012**)年から2020年まで	書店の数も書店の面積の合計も減っている。たくさんの書店がへい店しているからだろう。

〔問題2〕(1)コミックでは，電子出版の方が安く手に入るからではないかと思った。同じ内容のものが紙で出版された場合と，電子出版で出版された場合について，コミック，書せき，雑しで，ねだんがちがうかどうかを調べるとよいと思う。　(2)紙の事典や辞典は重いので，軽くて持ち運びに便利な電子辞書がはん売されて，紙の事典や辞典のはん売さつ数が減ったのではないかと考えた。また，インターネットを利用できるスマートフォンで，多くのこう目の新しい情報を調べられるようになり，それらを使う人が増えて，電子辞書のはん売台数も減ったのではないかと考えた。

〔問題3〕(例文)私は，書せきを読んでもらう機会を増やすことが，知識や情報を社会に広め，次の時代へ伝えることにつながり，将来の出版にとってよいと考える。図鑑や参考書など，勉強したり何かを覚えたりする書せきは，はなれたページを開くのが楽な紙を使って出版するのがよい。一方，何十年も前に絶版になり，手に入りづらい書せきは，もう一度読んでもらうために，電子出版で再販すればよいと思う。

3　〔問題1〕(1)ウ　(2)葉の面積を同じにしたときの葉についたままの水の量が多いか少ないかを比べ，水てきが葉とくっついている部分の大きさが大きいか小さいかを比べることによって判断した。

〔問題2〕(1)図3から黒色のインクがついた部分がより少ないので，すき間がより広いと考えられ，図4からおもりをのせるとよりちぢむので，厚みがある方向にもすき間がより広いと考えられる。つまり，あらゆる方向に，水が入ることができるすき間がより多いから。　(2)じょう発した水の量は，箱とシャツの合計の重さが軽くなった量からTシャツの重さが重くなった量を引くことによって求められる。キは，Tシャツによってきゅうしゅうされた水の量とじょう発した水の量のどちらも最も多いから。

《解　説》

1　〔問題1〕　ロボットの移動する速さは何も運んでいないとき分速12mだから，1m進むのに60÷12＝5(秒)，1.4m進むのに5×1.4＝7(秒)かかる。同様にして，ブロックを運んでいるときの個数と時間をまとめると，右表のようになる。

運んでいるブロックの数	1m進むのにかかる時間	1.4m進むのにかかる時間
0個	5秒	7秒
1個	7秒	9.8秒
2個	10秒	14秒
3個	13秒	18.2秒

時間の合計の小数第一位を8にするためには，9.8秒かかる進み方を1回だけ行い，あとはかかる時間が整数になるようにしたい。

まずは時間が最短となるような道順を考えてみる。時間を最短にする方法として，倉庫に行くのを1回ですませたいので①「3つのブロックをまとめて倉庫まで運ぶ場合」と，ブロックを3つ運ぶことでロボットがおそくなることをさけたいので②「途《と》中《ちゅう》で倉庫にブロックをおろす場合」の2パターンが考えられる。

①の場合，ブロックを2つまたは3つ運んでいる状態をなるべく短くしたいので，ブロックの位置をまわる順番はキ→イ→カとしたい。この場合最短の道のりを通るには，エまたはクをスタートして，キ→オ→イ→カ→ケとまわればよい。このときかかる時間は，5＋9.8＋7＋14＋13＝48.8(秒)となる。よって，これが求める道順である。

②の場合，ブロックの位置をイ→カとまわってから倉庫に2つおろしたいので，ア，ウ，オのいずれかからスタートして，イ→カ→ケ→ク→キ→ク→ケとまわればよい。このときかかる時間は，5＋9.8＋10＋5＋5＋7＋7＝48.8(秒)となる。よって，これも求める道順である。

解答例のように適切に式と文章で説明してあれば，いずれの道順でもよい。

〔問題2〕　まずはそれぞれの電球について，対応するスイッチを確定させていく。②の電球について，ヒント(あ)から，BとCの一方が○でもう一方が×とわかる。よって，ヒント(い)から，Dは×で確定する。したがって，ヒント(う)から，Eは○で確定する。

③の電球について，表4よりBとCはともに○か×だから，ヒント(い)から，Dは×で確定する。また，ヒント(う)から，Eは○で確定する。

④の電球について，ヒント(あ)から，BとCはともに○か×だから，ヒント(い)から，Dは○で確定する。

また，ヒント(う)から，Eは×で確定する。

以上より，DとEはすべて確定するので，下の表のようになる。

ヒント(あ)	②の電球
Aのスイッチ	○
Bのスイッチ	○
Cのスイッチ	×

または

ヒント(あ)	②の電球
Aのスイッチ	○
Bのスイッチ	×
Cのスイッチ	○

ヒント(い)	②の電球
Bのスイッチ	○
Cのスイッチ	×
Dのスイッチ	×

または

ヒント(い)	②の電球
Bのスイッチ	×
Cのスイッチ	○
Dのスイッチ	×

ヒント(う)	②の電球
Aのスイッチ	○
Dのスイッチ	×
Eのスイッチ	○

ヒント(あ)	④の電球
Aのスイッチ	×
Bのスイッチ	○
Cのスイッチ	○

または

ヒント(あ)	④の電球
Aのスイッチ	×
Bのスイッチ	×
Cのスイッチ	×

ヒント(い)	④の電球
Bのスイッチ	○
Cのスイッチ	○
Dのスイッチ	○

または

ヒント(い)	④の電球
Bのスイッチ	×
Cのスイッチ	×
Dのスイッチ	○

ヒント(う)	④の電球
Aのスイッチ	×
Dのスイッチ	○
Eのスイッチ	×

<table>
<tr><th></th><th colspan="2">①の電球</th><th colspan="2">②の電球</th><th colspan="2">③の電球</th><th colspan="2">④の電球</th></tr>
<tr><td>Aのスイッチ</td><td colspan="2">×</td><td colspan="2">○</td><td colspan="2">○</td><td colspan="2">×</td></tr>
<tr><td>Bのスイッチ</td><td>○</td><td>×</td><td>○</td><td>×</td><td>○</td><td>×</td><td>○</td><td>×</td></tr>
<tr><td>Cのスイッチ</td><td>×</td><td>○</td><td>×</td><td>○</td><td>○</td><td>×</td><td>○</td><td>×</td></tr>
<tr><td>Dのスイッチ</td><td colspan="2">×</td><td colspan="2">×</td><td colspan="2">×</td><td colspan="2">○</td></tr>
<tr><td>Eのスイッチ</td><td colspan="2">○</td><td colspan="2">○</td><td colspan="2">○</td><td colspan="2">×</td></tr>
</table>

よって，BかCはどちらか一方が確定すればもう一方も確定する。したがって，例えばA，B，Dを押した後に明かりがついていたのは①と②の電球だとすると，Bを押したとき①から④の電球はそれぞれ○，×，○，○と確定し，これによってCを押したとき①から④の電球はそれぞれ×，○，○，○と確定するので，A，B，Dは解答の1つである。同様に，B，Cの中から1つ，A，D，Eの中から2つを選んだ組み合わせであればどのような

組み合わせでもよいが，組み合わせによってＢとＣに反応する電球は変化する。

2　〔問題１〕(1)　1972 年の書店の数は，16949÷22688＝0.747…より，0.75 倍，書店の面積の合計は，798423÷3681311＝0.216…より，0.22 倍。1982 年の書店の数は，25630÷22688＝1.129…より，1.13 倍，書店の面積の合計は，1545189÷3681311＝0.419…より，0.42 倍．1991 年の書店の数は，27804÷22688＝1.225…より，1.23 倍，書店の面積の合計は，2416942÷3681311＝0.656…より，0.66 倍。2012 年の書店の数は，16371÷22688＝0.721…より，0.72 倍，書店の面積の合計は，4314852÷3681311＝1.172…より，1.17 倍。2020 年の書店の数は，12343÷22688＝0.544…より，0.54 倍，書店の面積の合計は，3881929÷3681311＝1.054…より，1.05 倍。

(2)　グラフの線の種類をかえたり，数値の点の形を●や▲で区別したりして，はっきりと区別できる工夫をしよう。

(3)　(2)で作った２つのグラフを見比べると，1972 年～1991 年までは，書店の数と書店の面積の合計どちらも増えている。1991 年～2012 年までは，書店の数は減っているが，書店の面積の合計は増えている。2012 年～2020 年までは，書店の数と書店の面積の合計どちらも減少している。

〔問題２〕(1)　解答例以外でも，推論がしっかりと根拠のあるものであり，それを確かめるための方法が書かれていればよい。例として，「コミック購入者の年齢層が，雑誌や書せきの購入者の年齢層より低いのではないかと思った。電子書籍の年齢層別の購入者割合と，コミック，雑誌，書せきの購入者の年齢層別のはん売数を比べて，コミックの年齢層が同じようなものになっているか調べるとよいと思う。」なども考えられる。　(2)　けんじさんの発言に「「電子辞書」１台には，紙の事典や辞典にすると何冊分もの内容が入っているね。」とあることから，重さや持ち運びの便利さに差があることを読み取る。また，その次のあさこさんの発言に「インターネットでいろいろなことが調べられることを学校で体験したよ。」とあることから，インターネットの便利さも読み取れる。

〔問題３〕　紙を使った出版と電子出版のそれぞれに適した書せきを考える。例えば，幼児用の絵本には，本を情報として読むということだけでなく，本の重み・紙の触感を感じられ，仕掛け絵本などもあり，子どもたちの五感を刺激する機能があるので，幼児の知育のための絵本には紙を使った出版が適している。また，過去の膨大な情報の中から必要なものだけを調べることが必要な書せきについては，圧倒的に電子出版が適している。

3　〔問題１〕　太郎さんと花子さんの会話より，水滴《すいてき》が転がりやすいかどうかを判断するときには，表２の結果だけに着目するのではなく，表１でそれぞれの葉の面積が異なることにも着目しなければならないことがわかる。表２の10枚の葉についたままの水の量を表１の葉の面積で割った値が小さいものほど，同じ面積についたままの水の量が少ない，つまり水滴が転がりやすいと考えればよい。よって，その値が約0.1のアとイとエは水滴が転がりにくい葉，約0.02のウとオは水滴が転がりやすい葉と判断できる。

〔問題２〕(1)　水を多く吸収できるということは，吸収した水をたくわえておくことができるすき間が多くあるということである。粒《つぶ》が小さいどろがたい積した層ではすき間がほとんどないため水を通しにくいのに対し，粒が大きい砂がたい積した層ではすき間が大きいため水を通しやすいことと同様に考えればよい。　(2)　カでは，箱とシャツの合計の重さが1648.3－1611＝37.3(ｇ)軽くなっているが，これがすべて蒸発した水の量ではない。Ｔシャツの重さに着目すると，189.8－177.4＝12.4(ｇ)重くなっている。つまり，Ｔシャツが吸収した37.3ｇのうち，12.4ｇはＴシャツに残っているから，蒸発した水の量は37.3－12.4＝24.9(ｇ)と求められる。キについても同様に考えると，Ｔシャツが吸収した水が45.9ｇ，Ｔシャツに残っている水が18.8ｇ，蒸発した水が45.9－18.8＝27.1(ｇ)である。また，クについては変化した23.1ｇが蒸発した水の量である。以上のことから，蒸発した水の量が多い順に，キ＞カ＞クとなる。よって，ポリエステルは木綿よりも水を吸収しやすく，かわきやすい素材だと考えられる。

《解答例》

1 〔問題１〕池の水質が保たれて，魚や虫，植物などの生き物が生きていくために必要な栄養がいつもあり，栄養がなくならないかん境。

〔問題２〕⑴自分が作ったでんぷんを使うために，酸素をすって二酸化炭素を出す。　⑵二酸化炭素と水からでんぷんを作るときの力となる役わり。　⑶実験１から，はじめにあったでんぷんが日かげにおいておくとなくなったので，自分の栄養にしていることが分かった。植物は生きるためのエネルギーとして作る。

〔問題３〕⑴土がオオカナダモの成長に大きく関わっていると考えられる。ボトルＡとボトルＢを比べると，土を入れたボトルＡの方がオオカナダモののびが大きいから。　⑵ふんをすることで，肥料を作る役わり。ボトルＢとボトルＣの水草ののびがにているので，エビのふんが水底にたまっていた土と同じ役わりをすると思うから。
⑶オオカナダモだけを入れたボトルを用意する。あまりのびないと考えられる。

〔問題４〕水底にある土の中の肥料が水中にとけだしてそれを根からすっていると考えられる。

2 〔問題１〕図１で示された７種類の図形の表面の色が白または黒のタイルのまい数は，どちらかが２まい多くなる。図２の図形は表面の色が白と黒のタイルが 14 まいずつである。そのため，図１で示された７種類の図形をどのようにならべても図２の長方形は作ることができない。

〔問題２〕18 種類

タイルを横につなげたときのまい数で分けて考える。

１．５まいつなげた場合。 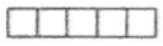

２．４まいつなげた場合。 

３．３まいつなげた場合。 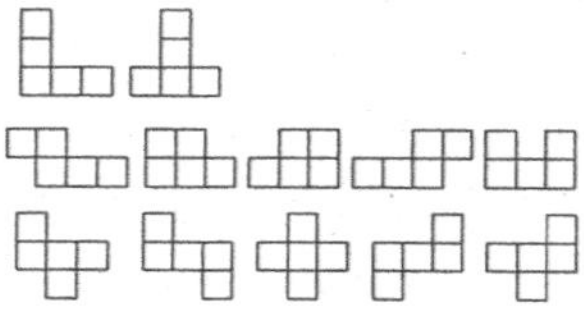

４．２まいつなげた場合。 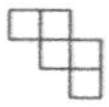

〔問題３〕14 個

切った面を各だんの真上から見ると右の図のようになる。切った面が通過している黒い立方体の個数は図より，下から１だん目が２個，２だん目が６個，３だん目が５個，４だん目が１個となる。

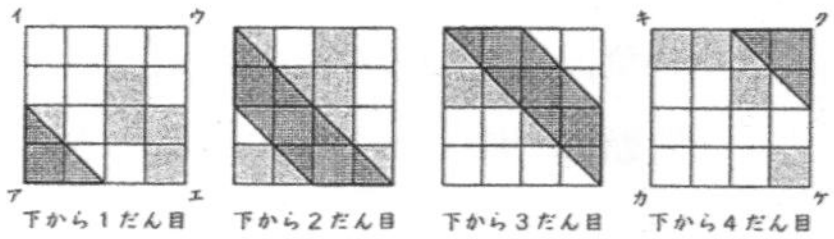

下から１だん目　下から２だん目　下から３だん目　下から４だん目

したがって，切った面が通過している黒い立方体の合計の個数は 14 個である。

《解　説》

1 **〔問題２〕** 植物は，動物と同じように酸素を吸って二酸化炭素を出す呼吸を行っている。呼吸を行うことで，でんぷんなどの栄養分を燃やし，生きるためのエネルギーを得ている。植物は，日光がよく当たるとでんぷんを作り出すはたらき(光合成)をさかんに行い，日光が当たらないと光合成を行わない。

〔問題３〕⑴ 土の役割について考えるときは，土の有無だけが異なるＡとＢを比べ，結果のちがいに着目する。

⑶ ＢとＣは，ヤマトヌマエビの有無だけでなく，土の有無も異なるので，ＢとＣの結果を比べてもヤマトヌマエビの役割について考えることはできない。よって，Ｂとヤマトヌマエビの有無だけが異なる条件を用意する必要が

ある。

〔問題４〕　植物がよく成長するには，光合成によってつくるでんぷんの他に，土の中の肥料も必要である。根が土の中にある植物でも，肥料がそのままの形で根から入ってくるわけではなく，土の中で水にとけて，根から取りこまれる。

2　〔問題１〕　図１の⑤の図形に注目する。他の６つの図形はすべて白と黒のタイルが２枚ずつからできているのに対し，⑤の図形は一方の色のタイルが３枚，もう一方の色のタイルが１枚からできているので，図２のように白と黒のタイルが同数ずつ並んでいる図形は作れない。

〔問題２〕　タイルを横(縦)に何枚つなげるかで場合分けをして考える。このとき，横に３枚つなげたときが12種類で最も多いので，次のように場合分けをして数えるとよい。

残りの２枚を縦につなげ，横につなげた３枚のどこかにくっつける場合(２種類)と，残りの２枚を横につなげ，横につなげた３枚のどこかにくっつける場合(４種類)と，残りの２枚をくっつけずに，横につなげた３枚のどこかにくっつける場合(６種類)である。

〔問題３〕　まずは下から１段目，２段目，３段目，４段目と分け，Ａの紙とＢの紙をヒントにそれぞれの立方体が白か黒かを確定させる。手順としては，まず０または４と書かれた並びは白黒が確定する。次に，１または３と書かれた並びを見ると白黒が確定する。最後に，２と書かれた並びを見るとすべての立方体の白黒が確定し，図ｉのように色分けされていることがわかる。

図ｉ

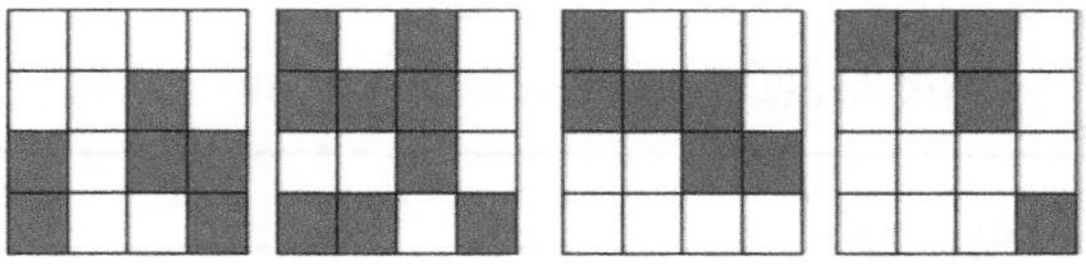

下から１段目　下から２段目　下から３段目　下から４段目

次に，図６の面カアエケと面ケエウクは図ⅱの太線で切断される。よって，図ｉのそれぞれの段を真上から見ると解答例の図のようになるから，それぞれの段で太線に囲まれた部分(斜線《しゃせん》部分)にふくまれる黒い立方体の数を数え，その和を求める。

図ⅱ

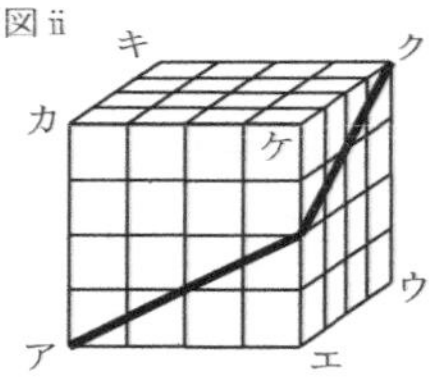

《解答例》

1 〔問題１〕思わぬ世界

〔問題２〕大人になる前に興味や関心をもったことを研究の対象にし、大人になってもなおぎ問をもち続け、問い直している点。

〔問題３〕（例文）

　文章２の筆者は、三〇年前にカラスの鳴き方に興味を持ち、動物学者になった今でもカラスについて疑問を持ち続け、研究を続けています。また、文章の中で、「予断をもった判断をしてはいけない」「状況を説明しうる仮説を公平に捉え、自分に都合の良い結果さえも疑わなくてはならない」という、科学者としての姿勢を示しています。

　文章２の筆者の研究や学問への向き合い方をふまえて、私は、これからの六年間をどのように過ごしたいか考えました。学校の理科の授業や、家庭生活の中で、直接自然にふれる体験を増やして、自然に興味や関心をもつことを今よりもっと大切にしたいです。それによって、自然の中で様々な疑問を見つけ、そのことについて、自分なりの見通しや目的をもって観察や実験を行い、結果を客観的に考察できるようにします。このような過程を通して、科学的な思考を身につけ、自然についての知識や理解を深めていきたいと考えます。

《解　説》

1 〔問題１〕 文章2の筆者は，少年時代にカラスが自分に対して返事をしたのだと解釈《かいしゃく》していたことについて，研究者になった後に「重大な錯誤《さくご》を含《ふく》んでいる可能性」があると気づき，「普段《ふだん》からカアカア鳴き続けている相手がたまたまその時も鳴いたからって，自分に返事したとなぜ言えるの？」という疑問を持つべきだったことに思い至り，「私の鳴き真似《まね》に返事をしたと考える積極的な根拠《こんきょ》はない」としていた。しかし，カラスの分布を調査していたときに，「鳴き真似の後，数分以内の音声が多い」「こちらの鳴き真似の特徴《とくちょう》と高い確率で一致《いっち》する」ということに気づき，「カラスはこちらの音声を認識した上で，その音声に反応している～私の鳴き真似に対して返事をしているのではないか」「カラスは人間に対して鳴き返してくることが確かにあるのだ，とは言えそうである」という見解に至った。筆者のこの経験は，「科学者は～公平に捉《とら》え～疑わなくてはならない。しかし，そうやって疑った先に，思いがけず心躍《こころおど》る景色が広がることもある」ということの例である。それは，文章1で言う，思わぬ「異世界《いせかい》への扉《とびら》」が開いたということにあたる。よって，「心躍る景色」は，「思わぬ世界」（文章1の9～10行目）と同じような意味だと言える。

〔問題２〕 文章1の筆者は，編集者のひとことをきっかけに「貝殻《かいがら》拾いにはまだ，あらたなおもしろさがあるかもしれない」と思って再開を決め，少年時代に拾ったときは注目せずに放置していた貝殻が，「縄文時代《じょうもんじだい》には館《たて》山《やま》近辺にも生息していた。そのころの貝殻が，地層《ちそう》から洗《あら》い出されて海岸に打ち上がっていた」ものだと分かったことがヒントとなり，「人間の影響《えいきょう》によって，地域《ちいき》で見られる貝が変わっていく。その移り変わりの歴史が，足元に転がる貝殻から見える」というあらたな視点で貝殻拾いをしている。そして，「少年時代の～コレクションに，ハマグリが含まれていない」こと（「なぜその貝がそこに落ちていないのか」ということ）の理由をさぐるというテーマを得ている。文章2の筆者は，少年時代にカラスが自分に対して返事をしたのだと思っていたことについて，研究者になって「重大な錯誤を含んでいる可能性」があると気づき，「普段からカアカア鳴き続けている～自分に返事したとなぜ言えるの？」という疑問を持つべきだったことに思い至った。そのような疑問を経て，調査中の結果から「カラスは人間に対して鳴き返してくることが確かにあるのだ，とは言えそうである」という見解に至った。両者に共通するのは，少年時代の興味関心と現在の研究がつながっていること，科学者としての視点で，かつての自分のとらえ方を問い直していることだと言える。

《解答例》

1 〔問題１〕⑴4.06　⑵直角三角形…20　正三角形…10　円…７

説明…１本のモールは，直角三角形を６個，正三角形を３個作るように切る。

１本のモールは，直角三角形を６個，正三角形を２個，円を１個作るように切る。

１本のモールは，直角三角形を６個，正三角形を１個，円を２個作るように切る。

１本のモールは，直角三角形を２個，正三角形を４個，円を４個作るように切る。

〔問題２〕⑴右図のうち１つ

1-2-3-1-2-5-6-4　1-3-4-5-2-1-3-2　1-2-3-1-6-5-2-3

⑵２，３，４

1-3-2-5-4-6-5-4　1-3-4-5-2-3-1-2　1-3-2-1-6-5-2-3

2 〔問題１〕⑴右表　⑵右グラフ　⑶地域…東南アジア

特ちょう…便数が増え続けている。　理由…他の地域に比べて経済が急速に発展していることに加え，日本から近いため。

	1970年	1986年	2000年	2015年
アフリカ	1.0	2.9	3.0	8.7
東南アジア	1.0	5.3	8.5	32.4
南アメリカ	1.0	4.0	8.3	21.8

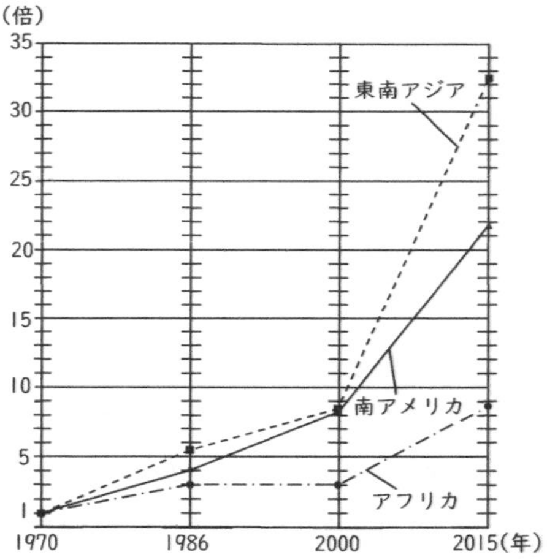

〔問題２〕選んだ地域…Ｂ　地域の様子…大きな団地がある。

そう考えた理由…朝と夕方に通きんや通学のための便が多いから。

〔別解〕深夜に帰たくする人のための便があるから。

何を調べた資料が必要か…年れいごとの人口。

何が分かれば確かめられるか…通きんしたり，通学したりする年れいの人が多く住んでいること。

〔問題３〕(例文)大きな災害が発生して，帰たくするための手段がなくなる，いわゆる帰たく難民の問題があります。解決するためには，日頃から帰たく手段を複数考え，家族で話し合っておくことです。また，帰たくできないときに備えて，学校に宿泊のための寝袋・食料等を準備しておくことも効果的だと考えます。

3 〔問題１〕⑴選んだもの…ウ　理由…実験１から，色がついているよごれを最もよく落とすのは，アとウであることが分かる。そして，実験２から，アとウを比べると，ウの方がより多くでんぷんのつぶを減少させることが分かるから。　⑵５分後のつぶの数をもとにした，減少したつぶの数のわり合は，水だけの場合よりも液体ウの場合の方が大きいから。

〔問題２〕⑴せんざいの量を 28 てきより多くしても，かんそうさせた後のふきんの重さは減少しないので，落とすことができる油の量は増加していないと分かるから。

⑵サラダ油が見えなくなるもの…Ａ，Ｂ，Ｃ，Ｄ　洗剤…４

《解　説》

1 **〔問題１〕⑴⑵**　図２の周りの長さは，直角三角形が３＋４＋５＝12(㎝)，正三角形が３×３＝９(㎝)，円が３×3.14＝9.42(㎝)である。１ｍ＝100 ㎝だから，100÷12＝８余り４，100÷９＝11 余り１より，すでに切ってある２本のモールからは，直角三角形が８個，正三角形が11個できる。また，２本のモールの余りの長さの合計は４＋１＝５(cm)である。

図３のカード１枚には，直角三角形が４個，正三角形が３個，円が１個あるので，図３のカードを１枚作るのに，モールは12×４＋９×３＋9.42＝84.42(cm)必要である。モールは全部で６ｍ＝600 cmあるから，無駄なく使うと考えると，600÷84.42＝７余り 9.06 より，図３のカードは最大で７枚できる。よって，モール６本で図２の直角三角形が４×７＝28(個)，正三角形が３×７＝21(個)，円が１×７＝７(個)できるかを考える。残り４本のモールで直角三角形が28－８＝20(個)，正三角形が21－11＝10(個)，円が７個できればよい。また，このときの６本のモールの余りの長さの合計は9.06 cmだから，図３のカードが７枚できるのであれば，４本のモールの余りの長さの合計は9.06－５＝4.06(cm)となる。

４本のモールについて，１本あたりの余りの長さが約１cmになればよいので，これを基準に，余りの長さに注目して考える。また，必要な直角三角形と正三角形の個数の比は20：10＝２：１だから，この比となるようにできるだけ多く直角三角形と正三角形を１本のモールから作ろうとすると，直角三角形を６個，正三角形を３個作ることができ，このときの余りは100－12×６－９×３＝１(cm)となる。ここから，正三角形を１個減らして円を１個増やすと，余りは9.42－９＝0.42(cm)減るから，この操作を全部で２回できる。よって，３本のモールからそれぞれ，「直角三角形６個と正三角形３個」，「直角三角形６個と正三角形２個と円１個」，「直角三角形６個と正三角形１個と円２個」を作ることができるので，あと１本のモールから，直角三角形が20－６×３＝２(個)，正三角形が10－３－２－１＝４(個)，円が７－１－２＝４(個)できればよい。12×２＋９×４＋9.42×４＝97.68より，１本のモールから直角三角形が２個と正三角形が４個と円が４個できるので，解答例のような切り方が考えられ，カードは７枚作れる。

この考え方以外にも，モールの切り方は次のように考えることもできる。

４本のモールの余りは4.06 cmであり，モールの余りが小数になるのは円を作ったときだから，先に円を７個作ることを考える。１本のモールから円を７個作り，さらにできるだけ余りが少なくなるように直角三角形と正三角形を作ろうとすると，「直角三角形２個と正三角形１個と円７個」を作ることができ，このときの余りは100－12×２－９－9.42×７＝1.06(cm)となる。残り３本のモールの余りの合計は4.06－1.06＝３(cm)だから，「直角三角形６個と正三角形３個」を作る(余りは１cm)ことを３回行うと，４本のモールの余りの合計が4.06 cmとなり，直角三角形を20個，正三角形を10個，円を７個作ることができる。

モールの切り方は解答例やこの方法以外にもいくつかある。

〔問題２〕(1)(2)　図４の一番左の図で，上の頂点を□，下の頂点を■とする。□が動かないように立体を転がすと，机に接する面は「１，２，３」のいずれかになり，■が動かないように立体を転がすと，机に接する面は「４，５，６」のいずれかになる。また，□または■が動くように立体を転がすと，机に接する面は「１⇔６」「２⇔５」「３⇔４」のように変化する。このことに注意すると，■が最初に接するのは，図ｉのａ～ｅのいずれかとなる。最初にｃ，ｄで接する場合は７回の移動で●のマスまで移動できないので，ａ，ｂ，ｅについて考える。

ａのときの接する面の数字は図ⅱのようになり，●のマスは４で，７回の転がし方は「イ(１)→２→３→１→２→５→６→●(４)」「イ(１)→３→２→５→４→６→５→●(４)」の２通りある。

図ｉ

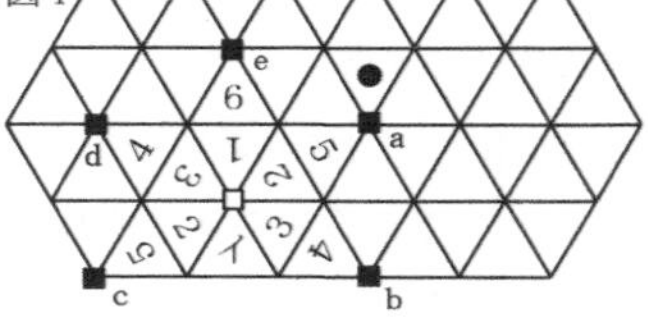

図ⅱ

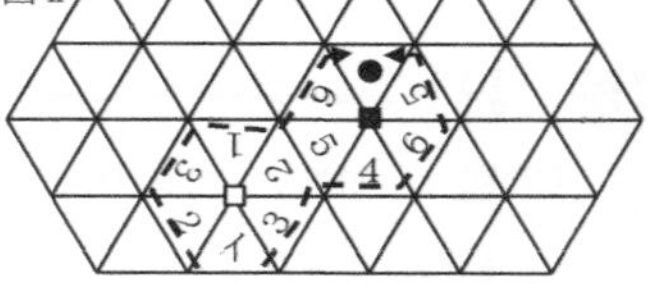

ｂのときの接する面の数字は図iiiのようになり，●のマスは２で，７回の転がし方は「イ（１）→３→４→５→２→１→３→●（２）」「イ（１）→３→４→５→２→３→１→●（２）」の２通りある。

ｅのときの接する面の数字は図ivのようになり，●のマスは３で，７回の転がし方は「イ（１）→２→３→１→６→５→２→●（３）」「イ（１）→３→２→１→６→５→２→●（３）」の２通りある。

したがって，●のマスに接する面の数字は２，３，４である。

図iii

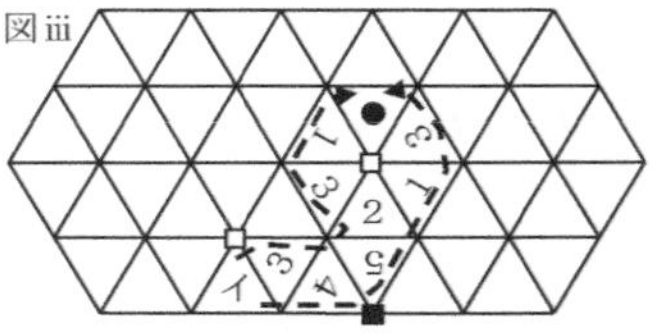

図iv

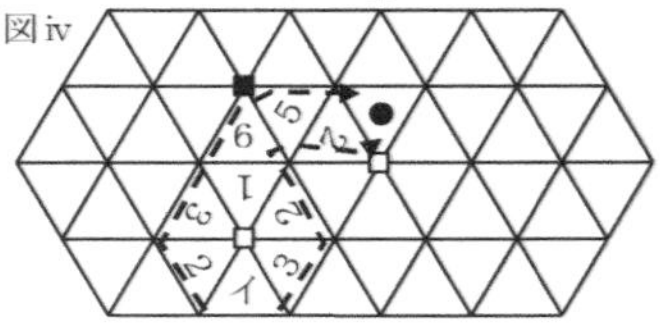

2 〔問題１〕(1)　アフリカについて，1986 年は 676.5÷230.5＝2.93…，2000 年は 694.2÷230.5＝3.01…になる。東南アジアについて，1986 年は 651.9÷123.4＝5.28…，2015 年は 4003.5÷123.4＝32.44…になる。南アメリカについて，2000 年は 3622.2÷434.7＝8.33…，2015 年は 9479.5÷434.7＝21.80…になる。　(2)　複数の折れ線グラフを作るときは，地域ごとに異なる線や記号を使うようにする。　(3)　資料２より，東南アジアへの便数は，３倍(1970 年→1986 年)，1.5 倍(1986 年→2000 年)，2.9 倍(2000 年→2015 年)に増え続けていることが読み取れる。(2)より，折れ線グラフの傾きが急なほど経済発展は進んでいるから，2000 年－2015 年の東南アジアの経済が最も発展したことが読み取れる。資料４より，東南アジアは東京から7000㎞未満のきょりに位置することが読み取れる。

〔問題２〕　アより，Ａ駅行きのバスは平日の７時から９時と，16 時から 18 時に便数が多いことを読み取り，これらの時間帯が通勤・通学者で交通機関が混雑するラッシュアワーと重なることを導く。また，週末(休日)の昼前にバスの便数が比較的多いことから，大きなショッピングセンターなどに買い物に行く子ども連れの家族が多いことも考えられる。

〔問題３〕　災害発生時に公共交通機関が止まると，外出先に取り残された人々が自宅に向けて一斉に徒歩で帰宅しようとする。そうすると，路上で大混雑が発生するので，集団転倒などに巻き込まれる恐れがある。また，道路の混雑によって，救助活動や消火活動，救援物資の輸送などが妨げられる恐れもある。さらに，沿道の避難所に食料やトイレ等を求める人々が集まることから，十分に対応ができないで混乱が生じる恐れもある。

3 〔問題１〕(1)　ここでは５分間液体につけておくときのよごれの落ち方を考える必要があるので，表１と２では，５分後の結果に着目し，表１からは色がついているよごれの落ち方，表２からはでんぷんのよごれの落ち方を読み取る。５分間では，色のついているよごれはアとウで最も落ちやすく，でんぷんのよごれはウで最も落ちやすい。よって，どちらのよごれも落ちやすいウが適切である。　(2)　表２より，水だけのときの５分後の粒《つぶ》の数は804，60分後の粒の数は484だから，55分間で804－484＝320減っている。５分後の粒の数をもとにした，減少した粒の割合は320÷804×100＝39.8…(％)である。ウについても同様にして求めると，(476－166)÷476×100＝65.1…(％)となるから，ウの方がでんぷんのよごれの程度をより変化させたといえる。

〔問題２〕(1)　表３の乾燥《かんそう》させた後のふきんの重さから最初のふきんの重さ20.6ｇを引いたものが，ふきんに残っているサラダ油の重さだと考えられる。24滴《てき》までは，洗剤《せんざい》の量を多くすると，残っている油の重さが軽くなっていくが，28滴のときには24滴のときよりも多くの油が残っていて，28滴より多くしても残っている油の重さが軽くならないから，太郎さんの予想は正しくないといえる。　(2)　サラダ油100滴の重さが2.5ｇだから，サラダ油0.4ｇは$100\times\frac{0.4}{2.5}$＝16(滴)である。よって，表４で，加えたサラダ油の量が16滴より多いＡ～Ｄでは，液体の上部にサラダ油が見えなくなる。また，実験４から考えられる，サラダ油0.4ｇを落とすことができる最低限の洗剤の重さは，サラダ油の量が17滴のときに上部にサラダ油が見えた(16滴のサラダ油は落とすことができる)Ｄに入っている洗剤の重さと同じである。入っている洗剤の重さは，Ａが１ｇの半分，ＢがＡの半分，ＣがＢの半分，ＤがＣの半分だから，Ｄに入っている洗剤の重さは$1\div\overset{A}{2}\div\overset{B}{2}\div\overset{C}{2}\div\overset{D}{2}=0.0625$（ｇ）である。よって，洗剤100滴の重さが２ｇだから，洗剤0.0625ｇは$100\times\frac{0.0625}{2}=3.125$（滴）であり，最低４滴の洗剤が必要である。

《解答例》

1 〔問題1〕つばさをふり下ろすとき。たくさんの空気をおし下げて，自分の体を持ち上げるから。

〔問題2〕(1)オオゴマダラは，と中まで点と点のきょりがあまり変わらず，だいたい同じ速さで飛んでいるが，その後はとてもゆっくりおりている。　(2)イシガケチョウが急こう下するように飛んでいるのは，はねが小さくとがっており，風のえいきょうを受けにくいから。　(3)イシガケチョウは速く飛ぶことによって天てきからにげやすくなる。

〔問題3〕(1)風のえいきょうを受けないようにしめ切った部屋で行う。風のえいきょうによって飛ぶきょりに差が出るから。／同じ強さの風をあてて飛ばす。あてる風の強さによって同じ種でも飛ぶきょりが変わるから。

(2)綿毛の広がり方によって，綿毛が受ける風の力がちがうから。／種の重さがちがうため，飛んだときに落ちる力がちがうから。

(3)次の条件に当てはまる種を4個選び，同時に風をあてて飛ばす。

・綿毛が広がっていて，重い種

・綿毛が広がっていて，軽い種

・綿毛がとじていて，重い種

・綿毛がとじていて，軽い種

結果：綿毛が広がっていて軽い種が最も遠くまで飛ぶ。

〔問題4〕すでに同じ種類の植物が多く育っているので，新たに発芽できる場所が少なく，先に発芽した同じ植物の日かげになってしまうなど，同じ種類の中での競争がある。

2 〔問題1〕だんごとにできあがる立体図形の体積を求める。

5だん目の体積は，(12×2×2)×2＋32×4×2＝352(㎤)

4だん目の体積は，(16×2×2)×2＋32×12×2＝896(㎤)

3だん目の体積は，(20×2×2)×2＋32×20×2＝1440(㎤)

2だん目の体積は，(24×2×2)×2＋32×28×2＝1984(㎤)

1だん目の体積は，(28×2×2)×2＋32×36×2＝2528(㎤)

よって，求める体積は7200㎤となる。

〔問題2〕できない／1だん目の山折り，谷折りはできる。しかし，2だん目の山折り線が，1だん目で，すでに山折りした部分と交わるので，2だん目の山折り線を90度に折ることができないから。

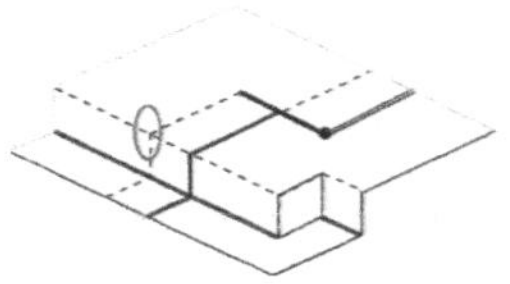

〔問題3〕(1)図Aは，4本の茶づつを入れて，横から見た図である。茶づつは，側面の面積の6分の1だけ紙とくっついているので，アの角度は60度である。そうすると，図Aのように，合同な正三角形ができるので，茶づつの半径は紙が茶づつとくっついていない部分の長さと等しくなり，3㎝となる。紙が茶づつとくっついているところとくっついていないところの長さは，3×2×3.14÷6×4＋3×3＝21.56(㎝)

図A

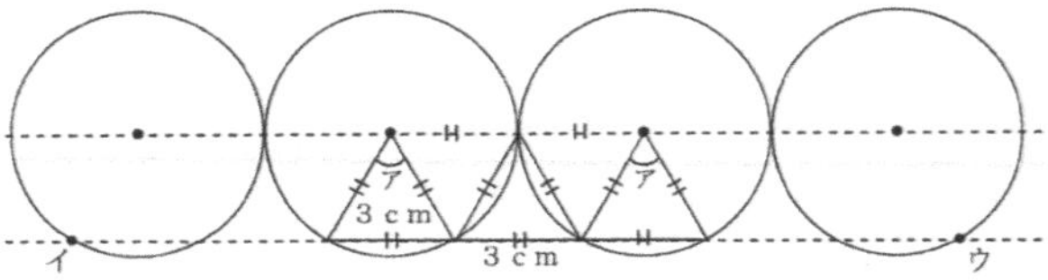

また，図Aのイからウまでの直線の長さは，３×７＝21(㎝)である。
よって，求めたい部分の長さは，0.56÷２＝0.28(㎝)となる。
⑵図Bは直径の４分の１の長さだけしずんだものを横から見た図である。どの横線も直径の長さを４等分した線で，すべて平行である。ここで，エの角度を求めるために，図Cのように線を引くと，合同な正三角形が６個できる。よって，エの角度は120度であることがわかる。

図B

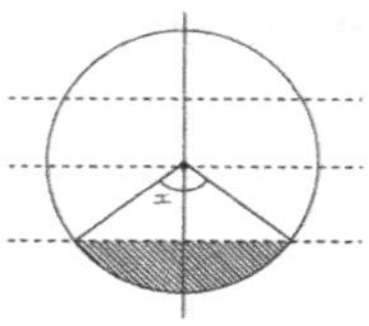

図C

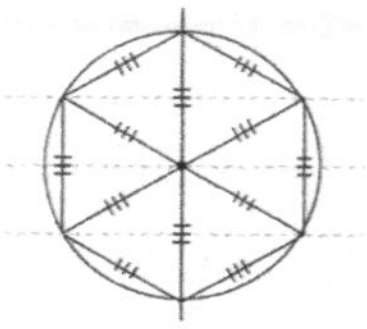

茶づつの円周は，141.3÷15×３＝28.26(㎝)だから，茶づつの半径は，28.26÷3.14÷２＝4.5(㎝)
よって，４本の茶づつの体積の和は，4.5×4.5×3.14×15×４＝3815.1(㎤)となる。

《解　説》

1　〔問題２〕⑶　解答例の他に，「オオゴマダラはゆっくりおりることができるので，花が動いていてもとまりやすい。」などでもよい。

〔問題３〕⑴　解答例の他に，「同じ高さから飛ばす。飛ばす高さによって同じ種でも飛ぶきょりが変わるから。」などでもよい。　⑵　綿毛が最も広がっているＣで飛ばされたきょりが最も大きいことや，種が最も大きい(最も重いと考えられる)Ｆで飛ばされたきょりが最も小さいことなどから考える。

〔問題４〕　その植物にとって生育できる条件がそろっている場所だとしても，生活場所，日光，水分などには限りがあるので，同じ種類の植物どうしでそれらのうばい合いが起きる。

2　〔問題１〕　出来上がる５段の立体図形について，上から１段ごとに立体をわけてそれぞれの体積を考える。
(下から)５段目は，色付き部分アを底面とする，高さが２㎝の柱体となる。アの色付き部分のうち，うすいグレーを底面とした立体とこいグレーを底面とした２つの立体でわけて，それぞれの体積を足す。
４段目は，色付き部分アとイを合わせた部分を底面とする，高さが２㎝の柱体となる。アの２つの色付き部分とイのうすいグレーを底面とした立体と，イのこいグレーを底面とした２つの立体でわけて，それぞれの体積を足す。
３段目はア～ウ，２段目はア～エ，１段目はア～オを合わせた部分を底面とする高さが２㎝の柱体となるので，同様に立体をわけて体積を考えると，解答例のようになる。

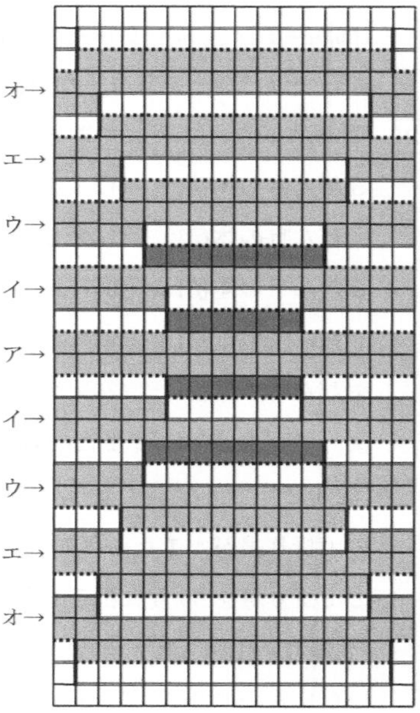

〔問題２〕　山折り線，谷折り線どうしが交わった部分は，２つの線を同時に90°折ることができない。

〔問題３〕(1)　まず，４本の茶づつがどのように紙に入るのかを考える。
図４には谷折り線がなく，紙が重なり合っている部分以外は山折り線になっているから，茶づつは紙の上から置くように入れていることがわかる。また，４本の茶づつがくっついて入るから，茶づつとくっついている紙の部分は図ｉの色付き部分の４か所となる。

図ｉ

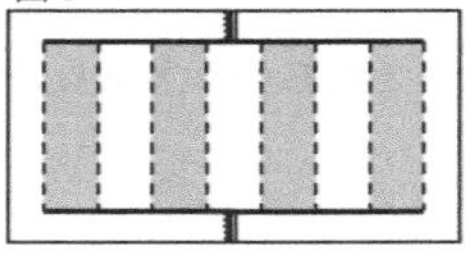

また，実際に茶づつを入れると図ⅱのようになる(茶づつの高さはわからないので，図ⅱのようにぴったり茶づつが入るとは限らない)。図ⅱを茶づつの底面を正面として見ると，図ⅲのようになる。図ⅲの各点の位置で紙が山折りになっていることがわかるので，この入れ方は正しい。

図ⅱ

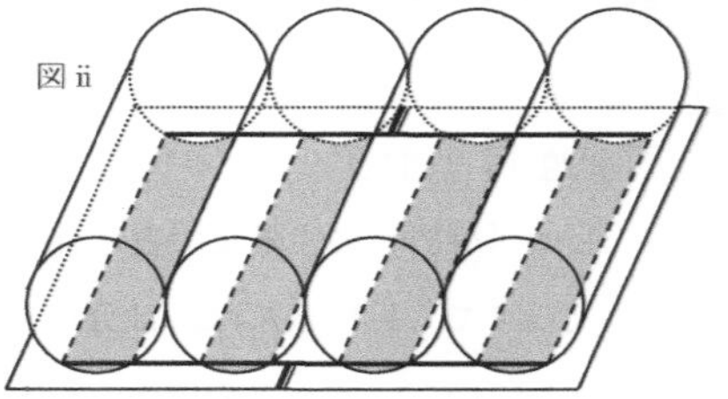

図ⅲ

例えば，右図のような弓の形を考える。２本の曲線ＡＢがあり，これを輪のようにつなぎ，一方だけを短くすることで弓型をつくることができる。短くした長さが，曲線ＡＢと直線ＡＢの長さの差だから，この問題だと，紙を重ねることで短くして，たわみをつくる。

つまり太線と直線イウとの長さの差が，山折り，谷折りをして紙が重なり合うことで短くなった長さだから，求める長さは，{(図ⅲの太線の長さ)－(イとウの直線の長さ)}÷２で求められることがわかる。
よって，解答例のように説明できる。なお，図ｉの山折り線の間隔は色付き部分が広くなっている。
(2)　(1)をふまえて，茶づつの中心と山折り線によってできるおうぎ形の中心角の大きさ→茶づつの円周→茶ずつの半径→茶ずつの体積の和，の順で求める。
エの角度は，次のように考えることもできる。右のように作図する(太線は茶づつと紙が重なっている部分)。ＤＢは直径の$\frac{1}{4}$だから，半径の$\frac{1}{2}$である。よって，三角形ＯＡＤと三角形ＢＡＤは合同だとわかるので，ＯＡ＝ＢＡ＝ＯＢより，三角形ＯＡＢは正三角形である。三角形ＯＣＢも同様に正三角形だとわかるので，角エ＝60°＋60°＝120°

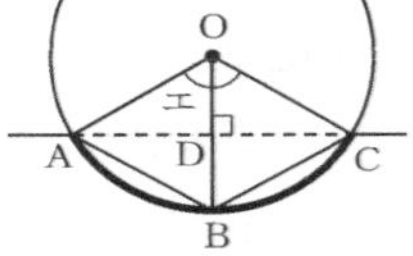

また，(図の太線部分の長さ)×(茶づつの高さ)＝(紙とくっついている部分の面積)だから，
(図の太線部分の長さ)＝(紙とくっついている部分の面積)÷(茶づつの高さ)であり，茶づつの円周は，図の太線部分の360°÷120°＝３(倍)だから，解答例のように円周が求められる。

《解答例》

1 〔問題１〕自分らしい音　〔問題２〕もっと鳴らそうと気負いすぎたから。

〔問題３〕(例文)

私は「好む」の段階まで表されていると考える。

文章２で、村田さんは、自分らしい音とはどんな音なのかと胸を高鳴らせたり、もっと大きく響かせたいと思ったりしていて、やる気や積極性が感じられる。文章１では、「好む」者は、「やる気」をもっているので、積極性があると説明されている。

村田さんは、この日初めて小鼓を触っているので、「知る」段階まで表されていると考えられるかもしれない。しかし、何度か小鼓を打った後はどんどん積極的になり、主体的にかかわっているので、「知る」段階は通りすぎたと考えられる。また、お稽古の場面の最後の方では、全身から力を抜いて素直で大きな音を鳴らすことができた。そのため、安らぎの理想像に達した「楽しむ」の段階まで表されているとも考えられる。しかし、その直後で、もっと鳴らそうと気負いすぎて変な音を出しているので、やはりまだ「好む」の段階にあると考えられる。

《解　説》

1 **〔問題１〕**　個性とは，ここではその人特有の性質のこと。文章２の「自分らしい音」は，先生の言う「村田さんらしい鼓《つづみ》の音」であり，村田さん特有の音である。

〔問題２〕　直前で鳴らした音は「とても素直《すなお》な音」だった。それは，「とにかく素直に，素直に，と自分に言い聞かせて，身体の全部を先生の言葉に任せるような感覚で，全身から力を抜《ぬ》いた」ことで出た音だった。それに対して，傍線部④で鳴らした音は，「もっと鳴らそうと思う」ことで出た音だった。この気持ちを文章１にある表現を使って表すと，「気負いすぎ」ということになる。

〔問題３〕　「知る」については，文章１で「確かに『知る』ことは大切だ。しかし，そのことに心を使いすぎると，それに疲《つか》れてしまったり，情報量の多さに押《お》し潰《つぶ》されてしまって，それに主体的にかかわっていく力がなくなってしまう」と書かれている。「好む」については，文章１で「『やる気』をもっているので，積極性がある」「下手《へた》をすると気負いすぎになる」と書かれている。「楽しむ」については，文章１で「客体の中に入ってあるいはそれと一体化して安住すること」「安らぎの理想像」「それ(＝『好む』)を超《こ》え，あくまで積極性を失ってはいないが安らぎがある」と書かれている。これらを手がかりに，どの段階《だんかい》まで表されているのかを考える。

小石川中等教育学校　2021 令和3年度　適性検査Ⅱ

《解答例》

1 〔問題1〕右図　説明…AとCの和はBの2倍になっていて，DとFの和はEの2倍になっている。したがって，BとEの和の3倍が，6個の数の和と同じになる。
135÷3＝45なので，BとEの和が45になる場所を見つければよい。

14	21	28
16	24	32

〔別解〕

16	20	24
20	25	30

〔問題2〕アの側面に書く4個の数…1，2，3，5　イの側面に書く4個の数…1，3，4，5
ウの側面に書く4個の数…1，2，3，7　エの側面に書く4個の数…1，3，4，7

〔アの展開図〕

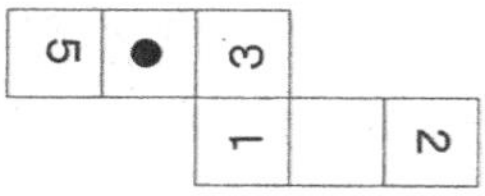

〔イの展開図〕

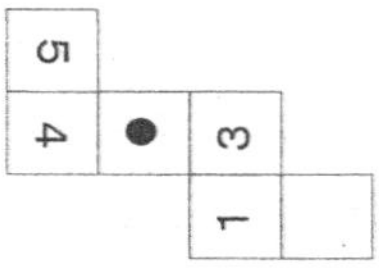

〔ウの展開図〕

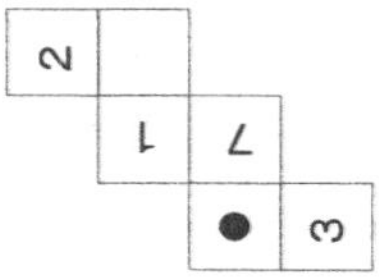

〔エの展開図〕

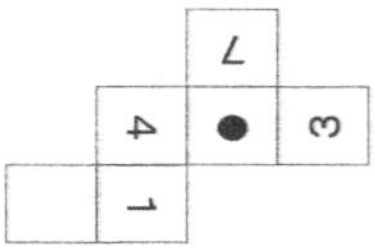

2 〔問題1〕運送業では，必要な時に必要な品物を，小売店に運べるようになるので，人件費やガソリン代を節約できる。

〔問題2〕(1)2003年…0.6　2007年…1.2　2011年…1.7　2015年…3.1　2019年…5.1　(2)右図　(3)「世帯の割合」の変化よりも，「支出の割合」の変化の方が大きい。特に「支出の割合」の変化は2011年より後で大きくなっている。　(4)インターネットで買い物ができる店の数や，売っている品物の種類が増えたことで，買い物が便利になった。そのため，買い物をする人の数が増えただけでなく，買い物で使う金額も増えたと考えられる。

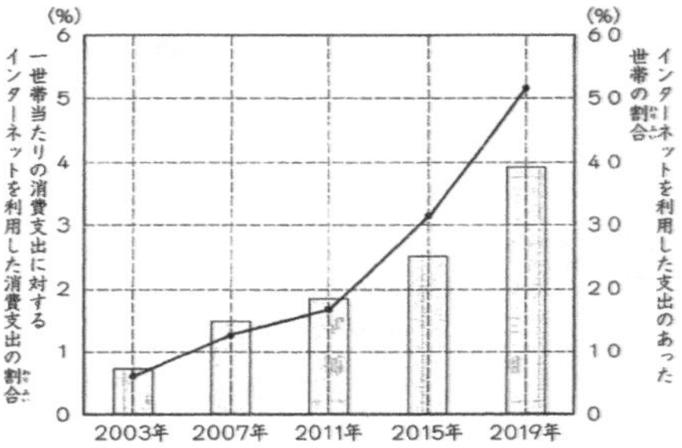

〔問題3〕課題…高齢化　(例文) 日本は4人に1人が65歳以上の超高齢社会であり，今後も高齢化は進行すると予測されている。高齢者の健康寿命をのばすため，生活習慣病の予防として，自分で計測した歩数計や血圧計の情報をスマートフォンで医者に送り，健康状態を記録したり，アドバイスを受けたりすることができるようになる。

3 〔問題1〕(1)右図　(2)右図　理由…図6から，㋣は㋐に対して，つつの右側のじ石の極は変わらないが，左側のじ石の極は反対である。図7のイより，鉄板に置く4個のじ石のうち，右側の2個のじ石の上側の極は変えずに，左側の2個のじ石の上側をN極からS極に変えるとよいから。

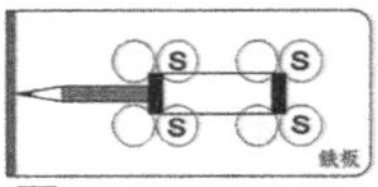

3〔問題1〕(1)の図

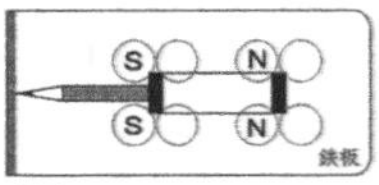

3〔問題1〕(2)の図

〔問題2〕(1)2　(2)大きい場合…②　理由…①はA方向がそろっていないので，N極とS極が引き合う部分と，N極どうしやS極どうしがしりぞけ合う部分がある。それに対して，②はA方向がそろっているので，ほとんどの部分でN極とS極が引き合う。そのため，①より②のほうが引き合う部分が大きいから。

《解　説》

[1] 〔問題１〕　表内のどこであっても，横に並んだ３つの数を見てみると，左の数と真ん中の数の差と，右の数と真ん中の数の差が等しいので，３つの数の和は真ん中の数の３倍に等しくなる。よって，解答例のように説明できる。

〔問題２〕　九九の表にある数は，すべて１～９までの２つの整数の積になるので，ア～エのうち２つの立方体の数の積で１～９までの整数をすべて表せるような組み合わせを作り，その組み合わせが２組あれば，九九の表にあるすべての数を表せる(例えば，８×９＝72を表す場合は，２つ立方体の数の積で８，残り２つの立方体の数の積で９を表せばよい)。１から７までの数を書くから，１から９までの数を，１から７までの積で表すと，

１＝１×１，２＝１×２，３＝１×３，４＝１×４＝２×２，５＝１×５，６＝１×６＝２×３，７＝１×７，８＝２×４，９＝３×３となる。

１＝１×１，９＝３×３を表したいので，２つの立方体両方に１と３を書く。８＝２×４を表したいので，２つの立方体について，一方に２，もう一方に４を書く。５＝１×５，７＝１×７を表したいので，２つの立方体について，一方に５，もう一方に７を書く。よって，２つの立方体に書く数は，(１，２，３，５)と(１，３，４，７)になるか，(１，２，３，７)と(１，３，４，５)になる(この２つの立方体の数の積で，２，３，４，６も表せる)。このような組み合わせの立方体を２組書けばよい。解答例は，アとエ，イとウの積で，１から９までの整数を作ることができる。

また，ア～エについて，「●」の面の辺と重なる辺は，右図の太線部分になるから，この太線の辺が上の辺となるように４つの数字を書けばよい。

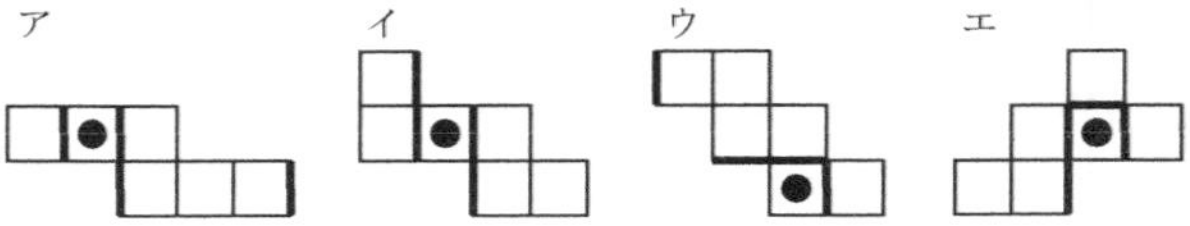

[2] 〔問題１〕　おじいさんが「ＰＯＳシステムは，いつ，どこで，何が，どれくらい売れたのかをコンピュータで管理して，売れ切れを防いだり，売れ残りを少なくしたりできる」と言っていることに着目する。商品ごとに在庫数を管理したり，常に新しい在庫数を確認したりできるので，効率的な発注業務が可能となる。解答例の「人件費やガソリン代を節約できる」を「時間を短縮できる」にしても良い。

〔問題２〕(1)　一世帯当たりの消費支出に対するインターネットを利用した消費支出の割合は，2003年が1526÷266432×100＝0.57…(％)，2007年が3059÷261526×100＝1.16…(％)，2011年が4103÷247223×100＝1.65…(％)，2015年が7742÷247126×100＝3.13…(％)，2019年が12683÷249704×100＝5.07…(％)になる。　(3)　2011年から2019年にかけて，「世帯の割合」はおよそ２倍増えたのに対し，「支出の割合」は３倍増えたことを読み取る。

(4)　インターネット上では，お店に出向かなくても24時間いつでも買物できるといった利点がある。近年では携帯電話やスマートフォンが広く使われるようになり，さらにオンラインショッピングの販売額が急増している。

〔問題３〕　高齢化や過疎化などの課題と，ＩＣＴ活用を関連付けて考えると良い。スマートフォンにふれるだけで，その人の体調の情報が読み取れる技術を活用し，近くに病院がない場所に住む人でも，医者に診断してもらえるようになることなどを考えても良い。

3 〔問題１〕(1) (あ)のつつの磁石のＮ極の真下の鉄板には上側がＮ極の磁石を２個，Ｓ極の真下の鉄板には上側がＳ極の磁石を２個置く。解答例の他に，右図のように磁石を置いてもよい。 (2) 解答例の他に下図のように磁石を置いてもよい。

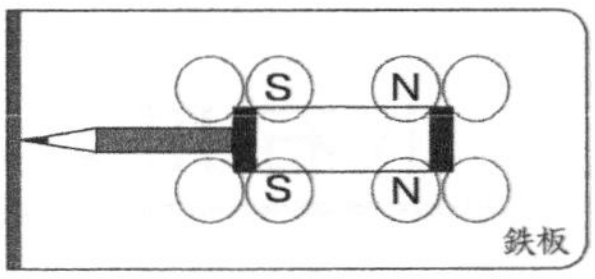

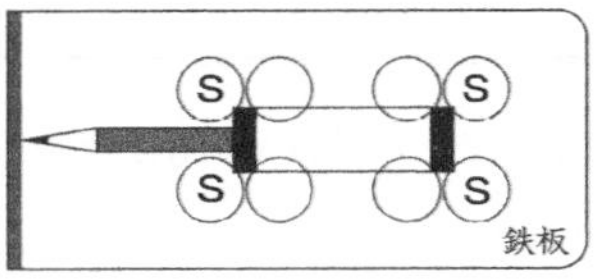

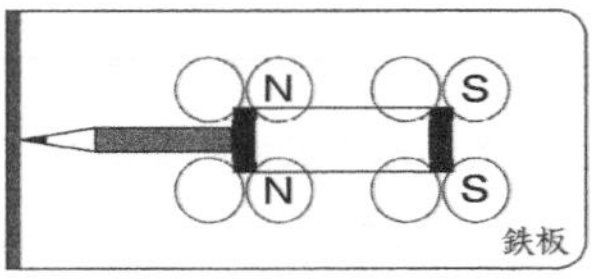

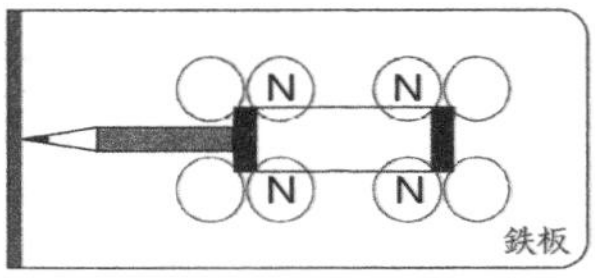

〔問題２〕(1) 表１のＡ方向が地面に平行なときの記録に着目する。１辺が１cm の正方形のシートの面積は１×１＝１(㎠)で，このときの記録は０個(０ｇ)，１辺が２cm の正方形のシートの面積は２×２＝４(㎠)で，このときの記録は２個(20ｇ)，１辺が３cm の正方形のシートの面積は３×３＝９(㎠)で，このときの記録は５個(50ｇ)である。１辺が３cm以下の正方形では，つりさげることができる最大の重さはシートの面積に比例するので，１辺が２cmの正方形のシートと比べると 20÷４＝５(ｇ)，１辺が３cm の正方形のシートと比べると 50÷９＝5.5…(ｇ)までつりさげることができる。したがって，１辺が１cm の正方形について，２ｇのおもりでの記録は２個と考えられる。

(2) ①(表２の１番下の記録)よりも②(表２の真ん中の記録)の方が記録が大きい。このように記録の大きさにちがいが出るのは，シートのＮ極とＳ極が図 10 のように並んでおり，２枚のシートのＡ方向がそろっていると，ほとんどの部分でＮ極とＳ極が引き合うが，２枚のシートのＡ方向がそろっていないと，引き合う部分としりぞけ合う部分ができるからである。なお，表２の１番上の記録よりも②の方が記録が大きいのは，②では，おもりをつけたシートが下にずれようとするとき，それぞれの極が，黒板に貼りつけたシートから上向きの引きつける力と上向きのしりぞける力を受けるためである。

《解答例》

1　〔問題１〕大きい氷を小さくわることで，水に接する氷の表面の面積の合計が増えるため，短い時間で水を冷やすことができる。また，わっていない大きい氷は，とけてなくなるまで時間がかかるから，長い時間冷やすことができる。

〔問題２〕⑴図１に比べて，図２の方が，大根１個当たりのにじるにふれる表面の面積が増えるから。　⑵大根にようじであなをあけること。にじるにふれる大根の面積を増やすため。　⑶同じ大きさの輪切りにした大根を二つ用意し，一つにはようじでいくつもあなをあけておき，もう一つはそのままの形を使う。なべに，しょくべにをとかした水を入れる。そのなべで，用意した二つの大根を同じ時間にる。にた後に切り，大根の中に色がしみこんでいる面積を比かくする。

〔問題３〕⑴小さいイヌ…759.6　大きいイヌ…421.0　⑵子ウサギの方が，体重１kg当たりの体の表面の面積が大きい。そのため，体重１kg当たりでは，子ウサギの方が体の外に出る熱が多い。子ウサギは，多く食べることで，体の中の熱を多く作り出し，ほぼ一定の体温を保っている。

〔問題４〕①まきをわる。　②空気にふれる面積を増やし，燃えやすくする。

2　〔問題１〕⑴選んだ整数…３　できる整数…１１１３１２２１１３　⑵もとの１けたの整数…２　理由…最初に考えた１けたの整数に〔規則Ｙ〕を何回当てはめても，できる整数の一の位は，必ずもとの１けたの整数といっちするから。

〔問題２〕⑴２２　⑵できない／４けたの整数に〔規則Ｙ〕を１回当てはめて４けたの整数ができるのは，○○○□，○□□□，○○□□の３通りであるが，○○○□は３○１□となって，この二つはいっちしていない。○□□□は１○３□となって，この二つはいっちしていない。○○□□は２○２□となるが，その場合，もとの整数は２２２２で，〔規則Ｙ〕を１回当てはめることによって２けたの整数４２となってしまうから。

〔問題３〕・左からぐう数番めの数字が４にならない理由

　会話ではるかさんとゆうきさんが説明している０が現れない理由と同じである。

・左からき数番めの数字が４にならない理由

　左からき数番めの数字に４が現れるためには，〔規則Ｙ〕を１回当てはめる前の整数に，同じ数字が◎◎◎◎のようにならぶ部分がふくまれなければならない。ところで，〔規則Ｙ〕では，ぐう数番めの数字は，数字の種類を表すから，○□△□のようにならぶことはない。もし，○□△□のようにならんだとすると，〔規則Ｙ〕を１回当てはめる前の整数には，○個の□と△個の□がならんでいることになるが，これは(○＋△)個の□とまとめられるからである。このことから，同じ数字が◎◎◎◎のようにならぶ部分がふくまれることはない。

《解　説》

1　**〔問題１〕**　氷を小さくするほど体積に対する表面の面積の割合が大きくなるので，小さい氷は短時間で冷やすときに役立つ。一方，大きい氷は体積に対する表面の面積の割合が小さいので，とけにくく，長時間冷やすときに役立つ。

〔問題２〕⑴　図１と比べて図２では，体積に対する表面の面積の割合が大きく，大根の表面とにじるがふれやすいので，味がしみるまでの時間が短い。　(2)　図１の大根の形を残したまま行う工夫であることに注意する。大根がにじるにふれやすくなるような工夫を考える。　(3)　液体が大根の中にしみこんだことを確かめる実験を考える。解答例の食べにをとかした水のように，色水を使った実験が考えられる。大根を切ることで，食べにをとかした水がしみこみやすくなるので，にた後で大根をたて半分に切り，断面で色がしみこんでいる面積(深さ)を比かくすればよい。

〔問題３〕(1)　体重１kg当たりの体の表面の面積は，小さいイヌが 2423÷3.19＝759.56…→759.6 ㎠，大きいイヌが 7662÷18.2＝420.98…→421.0 ㎠となる。　(2)　(1)解説より，小さいイヌの方が体重１kg当たりの体の表面の面積が大きく，体重１kg当たりの体の外に出る熱が多い。したがって，子ウサギでも同様に，体重１kg当たりの体の外に出る熱が親ウサギよりも多く，親ウサギよりも子ウサギの方が熱を作り出すためのエネルギーを多く必要とするため，体重に対して食べるえさの量が多い。

〔問題４〕　表面積を大きくするつくりには，肺の肺胞，小腸のじゅう毛，植物の根の根毛などがある。

2　〔問題１〕(1)　選んだ整数がＡのとき，「１個のＡ」だから１Ａ，「１個の１と１個のＡ」だから１１１Ａ，
「３個の１と１個のＡ」だから，３１１Ａ，「１個の３と２個の１と１個のＡ」だから，１３２１１Ａ，
「１個の１と１個の３と１個の２と２個の１と１個のＡ」だから，１１１３１２２１１Ａ
よって，最初に選んだ整数がＡのとき，〔規則Ｙ〕を５回あてはめたときにできる整数は，１１１３１２２１１Ａ
(2)　(1)より，選んだ整数がＡのとき，〔規則Ｙ〕を何回あてはめても，最後に「１個のＡ」がくるので，できる整数の一の位の整数はＡとなる。よって，もとの１けたの整数は２だとわかる。

〔問題２〕(1)　ある２けたの整数をＢＣとすると，それを言葉で表したものが「Ｂ個のＣ」となればよい。
よって，数字は同じものが２つ入ることがわかるので，「２個の２」と表せる。したがって，求める整数は，
22 である。
(2)　４けたの整数が「Ｄ個のＥとＦ個のＧ」と表せれば，〔規則Ｙ〕を１回あてはめたあと，ＤＥＦＧとなるので，解答例のような３通りについて考えることができる。

〔問題３〕　０が現れないときの説明と同じように，左から偶数《ぐうすう》番めと奇数《きすう》番めの数字に分けて考えるとよい。
解答例の奇数番めの説明について，例えば，〔規則Ｙ〕を１回当てはめたてできた整数が２２２２となるのは，
「２個の２と２個の２」と表せるものになるが，これは「４個の２」とまとめられるので，同じ数字が◎◎◎◎のようにならぶ部分がふくまれることはないとわかる。

《解答例》

1 〔問題１〕藤丸は作者から見た言い方で、藤丸さんは本村さんから見た言い方だというちがいをはっきりさせるため。

〔問題２〕のびやかで、鋭い観察眼を持ち、相手をそのまま受け止めるような、おおらかで優しい

〔問題３〕(例文)

文章１では、「ちがい」に対して気味悪く感じることがあっても、よく観察・分析し、自分との共通点を見つけて相手を受け入れ、思いやることが必要だとしている。文章２では、自分とちがういきものに対して、なぜそういう格好や生き方をしているのかを追究し、それぞれのちがいに感動し、おもしろさを感じている。また、それによって広く深いものの見方ができるようになると考えている。

みなが全く同じになってしまったら、新しいアイデアや行動が生まれない。すると、何か困難な状きょうにおちいった時に、だれも対処できない、新たな発展が望めないといった問題が起こると思う。

学校のなかにはさまざまな考え方を持った人がいる。その考え方の「ちがい」を生かすために、文化祭や体育祭の計画を立てる時には、いろいろな人の意見を聞き、それをまとめる役をしようと考えた。人前で話すのが苦手な人は話し合いの場で意見を言えないことがあるので、必ずアンケートをとり、はば広く意見をくみ上げるようにしたい。

《解　説》

1 **〔問題１〕**　傍線部《ぼうせんぶ》㋑のある段落全体を見てみよう。「それにしても，藤丸《ふじまる》さんはすごい。と本村《もとむら》は思った」で始まり，その後も本村が思ったこと(本村の心の中の言葉)が語られている。それらは，本村のせりふとして「カッコ」をつけて解釈《かいしゃく》することができる。つまり，本村にとっての呼び方を表すときに「藤丸さん」と書かれているのだ。それ以外の地の文では「藤丸」と表現している。

〔問題２〕　傍線部㋒の直後で「そうすることで，不思議に広く深く，静かなものの見方ができるようになるだろう」と述べている。この「広く深く，静かなものの見方」にあたる内容を，文章１からさがす。それは，藤丸のものの見方である。よって，本村が藤丸について「なんてのびやかで，でも鋭《するど》い観察眼なんだろう」「いろいろ考えて，最終的には相手をそのまま受け止めるのだろう。おおらかで優《やさ》しいひとだから」と思っている部分(傍線部㋑のある段落)を用いてまとめよう。

〔問題３〕　文章１では，「ちがい」に対する向き合い方として，「自分の理解が及《およ》ばないもの，自分とは異《こと》なる部分があるものを，すぐに『気味が悪い』『なんだかこわい』と締《し》めだし遠ざけようとしてしまう」ことを「悪いところ」だとし，「ちがいを認《みと》めあうためには，相手を思いやる感情が不可欠だ」と述べている。そのためには，本村が「同じ地球上で進化してきた生き物だから，当然ながら共通する点も多々《たた》あるのだ」と思ったように，共感できる部分を見つけることも第一歩となる。そのように，「感情と思考」によって，また，「理性と知性」によって，自分とはちがう人のことを理解しようとするのである。文章２では，「ちがい」に対する向き合い方として，「あらゆるいきものにはそれぞれに生きる理由がある」ということを知る，具体的には「こんな生き方もできるんだなあ，そのためにはこういう仕組みがあって，こういう苦労があるのか～それでやっと生きていられるのか」などを理解することを取り上げている。すると，「感激《かんげき》」したり「感心」したりして，「生物多様性」の大切さがわかるように

なるのである。つまり，文章２の筆者のように「いきものは全部，いろいろあるんだな，あっていいんだな」「それぞれに，それぞれの生き方があるのだ」というとらえ方になる。これらの内容をふまえると，「『ちがい』がなく，みなが全く同じ」になってしまったら，相手の気持ちを察することができなくなったり，一つのあり方しか認めないせまい心になったり，いろいろな視点でものを考えることができなくなったりするのだろうと想像できる。それらが引き起こす問題を第二段落で取り上げよう。第三段落では，「『ちがい』を生かして活動していく」際に，どのように「ちがい」を生かせばより良い活動になるのか，そのために自分はどうするべきかを考える。文章１，文章２で読み取った「ちがい」に対する姿勢を参考にしながら，学校生活の具体的な場面を思いうかべてみよう。

小石川中等教育学校　2020 令和2年度　適性検査Ⅱ

《解答例》

1　〔問題１〕①25　②10　③15　④10　　〔問題２〕必要なパネルの台数…４　説明…横向きの画用紙は，パネル１面に最大で８枚はることができるので，１面に８枚ずつはると，４面で 32 枚はることができる。残りの６枚は，１面ではれるので，合わせて５面使う。縦向きの画用紙は，パネル１面に最大で９枚はることができるので，１面に９枚ずつはると，２面で 18 枚はることができる。残りの３枚は，１面ではれるので，合わせて３面使う。したがって，すべての画用紙をはるのに８面使うから，パネルは４台必要である。

〔問題３〕アに入る数…４　イに入る数…２　ウに入る数…３　エに入る数…２　オに入る数…４〔別解〕２

2　〔問題１〕⑴サウジアラビア…11.９　オーストラリア…29.１　アメリカ合衆国…65.１　ブラジル…32.１

⑵グループＡ…アメリカ合衆国／イギリス　グループＢ…オーストラリア／サウジアラビア／ブラジル　理由…輸出額の方が多いグループＡと，輸入額の方が多いグループＢに分けた。　⑶下グラフ　⑷おたがいに機械などを貿易している国に対しては輸出額の方が多いが，原料や燃料を輸入している国に対しては輸入額の方が多い。

〔問題２〕［１アメリカドル＝90 円／１アメリカドル＝110 円］　自動車…［22222／18182］　機械…［1800000／2200000］　〔問題３〕円安／円安になると輸出品の外国での価格が安くなり，よく売れるようになるからです。円安の問題点は，原料の輸入価格が高くなって生産コストが上がってしまう点です。解決策として，技術開発を進め，価格を上げても売れる付加価値の高い製品をつくっていくと良いと考えます。

グループＡ…アメリカ合衆国　グループＢ…オーストラリア ／ サウジアラビア ／ ブラジル　のうち１つ

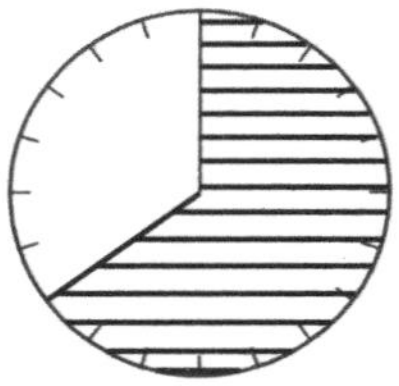

3　〔問題１〕選んだプロペラ…Ａ　示す値のちがい…13.３　〔問題２〕⑴モーター…ウ　プロペラ…Ｈ

⑵選んだ予想…①　予想が正しくなる場合…ありません　理由…Ｅ，Ｆ，Ｇ，Ｈのどのプロペラのときでも，アとイのモーターの結果を比べると，アのモーターの方が軽いのに，かかった時間が長くなっているから。

〔問題３〕⑴×　⑵車が前に動く条件は，㋐が 50° から 80° までのときで，さらに，㋐と㋑の和が 100° か 110° のときである。

《解　説》

1　**〔問題１〕**　パネルの横の長さは１.４ｍ＝140 cm，画用紙の横の長さが 40 cmだから，140÷40＝３余り 20 より，横にはれる枚数は最大で３枚である。また，パネルの縦の長さは２ｍ＝200 cm，画用紙の縦の長さが 50 cmだから，200÷50＝４より，長さ③と④が０cmのとき，縦に４枚はれるが，長さ③と④はそれぞれ５cm以上だから，縦にはれる枚数は最大で３枚である。したがって，６＝２×３より，画用紙のはり方は右図Ｉ，Ⅱの２通り考えられる。

図Ⅰ

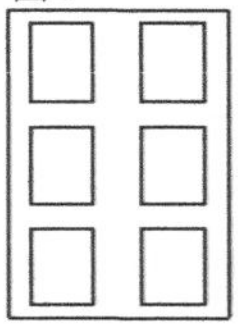

図Ⅱ

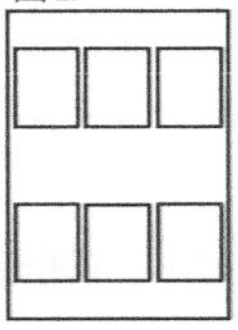

図Ⅰの場合について考える。横にならぶ画用紙の横の長さの和は，40×２＝80(㎝)だから，長さ①と②の和は，140－80＝60(㎝)である。例えば，長さ②を 10 ㎝とすると，長さ①は(60－10)÷２＝25(㎝)となる。縦にならぶ画用紙の縦の長さの和は，50×３＝150(㎝)だから，長さ③と④の和は，200－150＝50(㎝)である。例えば，長さ④を 10 ㎝とすると，長さ③は(50－10×２)÷２＝15(㎝)となる。また，他の長さ①と②，長さ③と④の組み合わせは右表のようになる。

図Ⅰの場合

長さ①	長さ②
5	50
10	40
15	30
20	20
25	10

長さ③	長さ④
5	20
10	15
15	10
20	5

（単位：㎝）

図Ⅱの場合

長さ①	長さ②
5	5

長さ③	長さ④
5	90
10	80
15	70
20	60
25	50
30	40
35	30
40	20
45	10

（単位：㎝）

同様に図Ⅱの場合も求めると，右表のような組み合わせが見つかる。
ただし，作品の見やすさを考えると，長さ①よりも長さ②の方がかなり長い，または，長さ③よりも長さ④の方がかなり長いはり方は，しない方がよいであろう。

〔問題２〕　横向きの画用紙は，140÷50＝２余り 40 より，横に２枚はって，長さ①と②の和が 40 ㎝となればよい。このとき長さ②は１か所だから，長さ①＝10 ㎝，長さ②＝20 ㎝などが考えられる。したがって，横には最大で２枚はれる。また，横向きの画用紙は，200÷40＝５より，縦に４枚はって，長さ③と④の和が 40 ㎝となればよい。このとき長さ③は３か所だから，長さ③＝10 ㎝，長さ④＝５㎝とできる。したがって，縦には最大で４枚はれる。よって，パネルの１面に横向きの画用紙は，最大で４×２＝８(枚)はれる。38÷８＝４余り６より，横向きの画用紙を全部はるのに，４＋１＝５(面)必要となる。
縦向きの画用紙は，〔問題１〕の解説より，パネルの１面に最大で３×３＝９(枚)はれるとわかる。21÷９＝２余り３より，縦向きの画用紙を全部はるのに，２＋１＝３(面)必要となる。
パネル１台に２面ずつあるから，求める必要なパネルの台数は，(５＋３)÷２＝４(台)である。

〔問題３〕　〔ルール〕の(3)について，サイコロで出た目の数に 20 を足して，その数を４で割ったときの余りの数を求めるが，20 は４の倍数だから，サイコロの目に 20 を足して４で割っても，サイコロの目の数を４で割っても余りの数は同じになる。
先生のサイコロの目は，１，２，５，１だから，進んだ竹ひごの数は，５÷４＝１余り１より，１，２，１，１である。したがって，**あ→え→う→い→う**となり，**い**でゲームが終わる。よって，先生の得点は，１＋２＋１＝ア4(点)となる。
サイコロを４回ふってゲームが終わるのは，４回目に**か**に着くか，４回目に一度通った玉にもどる目が出たときである。このことから，１回目に**い**，**う**，**え**，**お**のいずれかに進んだあとは，**い**，**う**，**え**，**お**のならびを時計周りか反時計回りに２つ進んだあとに，**か**に進むかまたは一度通った玉にもどる目が出たとわかる。したがって，１回目に進む玉で場合を分けて調べていき，３回目に進んだときの得点を求め，それが７点ならば，そこから一度通った玉にもどる目が出ることで条件に合う進み方になり，７点ではなくても，そこから**か**に進むことで７点になれば，条件に合う進み方になる。
例えば，１回目に**い**に進んだ場合，３回目までは**あ→い→う→え**の３＋１＋２＝６(点)か**あ→い→お→え**の３＋０＋３＝６(点)となるが，ここから**か**に進んでも６＋０＝６(点)にしかならない。このため，この場合は条件に合わないとわかる。
このように１つ１つ調べていってもよいが，得点が７点であることから，１回進むごとに２点か３点ずつ増えたのではないかと，あたりをつけることもできる。このように考えると，１回目は**い**か**お**に進んだと推測できる。**い**はすでに条件に合わないことがわかったので，**お**に進んだ場合を調べると，**あ→お→え→う**で得点が

２＋３＋２＝７(点)になるとわかる。このあと，**あ**か**え**にもどる目が出ればよいので，サイコロの目はイ2，ウ3，エ2，オ4(オは２でもよい)となればよい。

なお，サイコロの目の数が６のときも，４で割った余りの数は２だから，２は６でもよい。

2 〔問題１〕(1)　(貿易総額に対する輸出額の割合)＝(輸出額)÷(輸出額＋輸入額)×100 で求められる。よって，貿易総額に対する輸出額の割合は，サウジアラビアが 4189÷(4189＋31150)×100＝11.85…(%)，オーストラリアが17956÷(17956＋43650)×100＝29.14…(%)，アメリカ合衆国が151135÷(151135＋80903)×100＝65.13…(%)，ブラジルが 3805÷(3805＋8041)×100＝32.12…(%)となる。　(2)　(1)で計算した数値とあさこさんが求めた数値で，貿易総額に対する輸出額の割合が 50%以上であるアメリカ合衆国とイギリスは輸出額の方が多く，50%以下であるオーストラリアとサウジアラビアとブラジルは輸入額の方が多い。　(3)　円グラフの目もりが５%ごとであることに注意して作図すること。　(4)　(2)のグループ分けを参考にして資料１を見てみよう。輸出額の方が多いアメリカ合衆国やイギリスとは「一般機械」「電気機器」などの機械を貿易している。輸入額の方が多いオーストラリアからは「石炭」「液化天然ガス」「鉄鉱石」，サウジアラビアからは「原油」，ブラジルからは「鉄鉱石」などの原料や燃料を輸入している。

〔問題２〕　2000000 円の自動車を日本から輸出する場合，１アメリカドル＝90 円のときは 2000000÷90＝22222.2…(アメリカドル)，１アメリカドル＝110 円のときは 2000000÷110＝18181.8…(アメリカドル)になる。20000 アメリカドルの機械を日本に輸入する場合，１アメリカドル＝90 円のときは 90×20000＝1800000(円)，１アメリカドル＝110 円のときは 110×20000＝2200000(円)になる。

〔問題３〕　円安は日本の輸出産業に有利にはたらき，円高は輸入産業に有利にはたらく。「円高」を選んだ場合も解決策は同じにして，解答例の前半を「円高になると原料の輸入価格が安くなって生産コストを下げられるからです。円高の問題点は，輸出品の外国での価格が高くなり，製品が売れなくなってしまう点です。」にすると良い。

3 〔問題１〕　A．123.5－(54.1＋48.6＋7.5)＝13.3(g)　B．123.2－(54.1＋48.6＋2.7)＝17.8(g)　C．120.9－(54.1＋48.6＋3.3)＝14.9(g)　D．111.8－(54.1＋48.6＋4.2)＝4.9(g)

〔問題２〕(1)　表５で，５m地点から 10m地点まで(同じきょりを)走りぬけるのにかかった時間が短いときほど車の模型が速く走ったと考えればよい。　(2)　①…モーターはアが最も軽いが，プロペラがＥとＦのときにはイ，プロペラがＧのときにはイとウ，プロペラがＨのときにはウが最も速く走ったので，予想が正しくなる場合はない。②…プロペラの中心から羽根のはしまでの長さは長い順にＨ，Ｇ，Ｆ，Ｅで，これはモーターがウのときの速く走った順と同じだから，予想が正しくなる場合がある。

〔問題３〕(1)　(あ)が 60° で，(あ)と(い)の和が 70° になるのは，(い)が 70－60＝10(°)のときである。したがって，表６で，(あ)が 60°，(い)が 10° のときの結果に着目すると，×が当てはまる。　(2)　(1)のように考えて表７に記号を当てはめると，右表のようになる。車が前に動くのは記号が○のときだけだから，○になるときの条件をまとめればよい。

		(あ)と(い)の和					
		60°	70°	80°	90°	100°	110°
(あ)	20°	×	×	×	×		
	30°	×	×	×	×	×	
	40°	×	×	×	△	△	△
	50°	×	×	×	△	○	○
	60°		×	×	△	○	○
	70°			×	△	○	○
	80°				△	○	○

《解答例》

1 〔問題1〕①空気の成分が緑茶の成分と結び付くことで，色や風味が変わる。ビタミンCは，空気の成分と結び付くことで緑茶の成分が変化するのを防ぐ。　②きゅうすでいれた緑茶を形や大きさが同じである三つのふた付きの容器に入れる。容器Aには容器の半分まで緑茶を入れる。緑茶にはビタミンCを加え，ふたをとじる。容器Bには容器の半分まで緑茶を入れる。緑茶にはビタミンCを加えず，ふたをとじる。容器Cは容器のふちのぎりぎりまで緑茶を入れ，空気が入らないようにしてふたをとじる。またビタミンCは加えない。三つの容器をしばらく置いておく。　③容器A，容器Cの緑茶は色が変化しない。容器Bの緑茶は色が茶色くなる。

〔問題2〕温めると，周りにある空気の成分とビタミンCが次から次へと結び付き，ビタミンCが少なくなっていく。そうすると空気の成分が緑茶の成分と結び付いて色や味などの性質が変化する。

〔問題3〕①空気の成分と緑茶の葉の成分が結び付くことでこう茶の葉になる。あたたかくしめっていると，空気の成分と緑茶の葉の成分が結び付きやすくなる。　②表のA～Hの条件で実験を行う。葉をしめらせるときは，きりふきで葉に水分をふきかける。「空気なし」は，とう明なふくろに葉を入れ，空気をぬいてとじる。　③Aが最もこう茶の葉に近い色に変化する。B，D，F，Hは変化しない。

	部屋の温度	葉の状態	空気
A	上げる	しめらせる	あり
B	上げる	しめらせる	なし
C	上げる	かんそうさせる	あり
D	上げる	かんそうさせる	なし
E	下げる	しめらせる	あり
F	下げる	しめらせる	なし
G	下げる	かんそうさせる	あり
H	下げる	かんそうさせる	なし

〔問題4〕ポスターにフィルムをはる。日光の成分の中にはポスターの色を変えてしまうものがある。その成分をきゅうしゅうするフィルムをはることで，ポスターにとどかなくなるから。

2 〔問題1〕Bさん　理由…適当に選んだ10枚とそれ以外のグループに分け，選んだ10枚を全て裏返せば，青色の面が表になっているカードの枚数がそれぞれのグループで同じになり，必ずBさんが勝てるから。

〔問題2〕1回め…2　2回め…1　3回め…2　理由…最初にDさんが置く赤と青のカードの枚数の組み合わせとして考えられるのは，「0枚，4枚」または「1枚，3枚」である。Cさんが1回めに2枚裏返したとき，最初に「0枚，4枚」だった場合は，「2枚，2枚」となってCさんが勝つ。最初に「1枚，3枚」だった場合は，「1枚，3枚」のままである。Cさんが2回めに1枚裏返すと，「2枚，2枚」となってCさんが勝つか，「0枚，4枚」となる。Cさんが3回めに2枚裏返せば，「2枚，2枚」となって，3回以内の操作でCさんが確実に勝つことができるから。

〔問題3〕②→③→③→②〔別解〕③→②→②→③

《解　説》

1 **〔問題1〕**　①きゅうすで入れた緑茶をしばらく置いておくということは，緑茶が長い時間空気とふれているということである。空気の成分が緑茶の成分と結び付くことが原因で色や風味が変わるとすれば，ビタミンCは何らかの方法(例えば緑茶の成分よりも先に空気の成分と結び付くことなど)でそれを防いでいると考えられる。なお，実際にお茶の色や風味を変える空気の成分とは酸素のことである。　②③AとBの結果のちがいを比べることで，ビタミンCがあれば空気があっても色が変化しないことを確かめられる。また，CではビタミンCがなくても空気がなければ色が変化しないことを確かめられる。

〔問題２〕　あたためることで空気の成分(酸素)とビタミンＣの反応が活発になり，ビタミンＣが早くなくなってしまうということである。

〔問題３〕　①暖かくしめった部屋にしばらく置くと，ペットボトルのお茶を温めたときと同様に，空気の成分と緑茶の葉の成分が反応しやすくなる。　②③「暖かくしめった」とあるから，温度が高いか低いか，しめっているかかんそうしているかの条件を組み合わせて実験を行う。さらに，空気があるかないかの条件も合わせれば，チャノキの葉が紅茶《こうちゃ》の葉になる仕組みがよくわかる。

〔問題４〕　解答例の他に，金属製品の表面が塗装《とそう》されていることで空気中の酸素と結び付きにくく(さびにくく)なっていることなどについて説明してもよい。

2　〔問題１〕　後に操作を行うＢさんが必ず勝つ方法がないかを考えるとよい。

〔問題２〕　ゲームの最初，途中，終わりのとき，赤と青のカードの枚数の組み合わせは，「０枚，４枚」，「１枚，３枚」，「２枚，２枚」の３通りある。「２枚，２枚」になるとゲームは終わる。
「０枚，４枚」のときに，１枚裏返すと「１枚，３枚」，２枚裏返すと「２枚，２枚」となる。「１枚，３枚」のときに，１枚裏返すと「０枚，４枚」または「２枚，２枚」，２枚裏返すと「１枚，３枚」となる。
したがって，解答例のように裏返すと，３回以内に「２枚，２枚」とすることができ，Ｃさんの勝ちとなる。

〔問題３〕　左右対称だから，①を最初にめくった場合と④を最初にめくった場合については，同じように考えることができる。同様に②，③を最初にめくった場合も同じとなるから，最初に①または②をめくった場合についての２通りを考えればよい。めくったカードの下にコインがあれば，Ｆさんの勝ちが決まるので，３回めまでめくったカードの下にコインがなくても，４回めのときにコインがある場所が確実にわかればよい。
１回めに①をめくってコインがない場合，コインは最初に②～④にあったとわかる。②にあったとすると①または③，③にあったとすると②または④，④にあったとすると③に移動させるから，コインは①～④の４か所のどこにあるのかわからず，１回めにめくる前と状況《じょうきょう》が変化しない。
１回めに②をめくってコインがない場合，コインは最初に①，③，④にあったとわかる。この次の移動後コインは②，③，④の３か所のどこかにある。２回めに，②をめくってコインがない場合，この次の移動後コインは②，③，④の３か所，③をめくってコインがない場合，この次の移動後コインは①，③の２か所，④をめくってコインがない場合，この次の移動後コインは①，②，③，④の４か所となるから，コインがある可能性のある場所が少なくなる③をめくればよいとわかる。３回めに，①をめくってコインがない場合，この次の移動後コインは②，④の２か所，③をめくってコインがない場合，この次の移動後コインは②の１か所となるから，３回めは③，４回めは②をめくればよいとわかる。
よって，Ｆさんが確実に勝つカードをめくる順番は②→③→③→②である。なお，左右対称に操作を行う③→②→②→③でもよい。

《解答例》

1 〔問題１〕本を読み通すだけでなく、積極的に調べたり、ちがう本を読んだりする

〔問題２〕本の内容が二十年後にも通用するという見通しをもって書くようにする

〔問題３〕(例文)

「子ども向けの本としてはつまらない本になってしまう」という点が誤解だと思います。

かこさんは、「まず原理原則を子どもさんにわかるようにしてもらおうと考えました。」、「順を追ってゆっくりと記述しながら、だんだんと遠い宇宙へ一緒に旅をするということを心がけました。」と述べています。また、科学の本の軸にしたいこととして、「おもしろさ」と「総合性」と「発展性」の三つを挙げる中で、「私は内容がよければよいほど、おもしろさというものが必要だと考えています。」と述べています。これらの考えをもとに書かれるから、つまらない本にはならず、わかりやすくておもしろい本になるはずです。

本を読んでおもしろいと感じ、関心や興味を持ったら、さらに他の本を読んだり、自分で考えを深めたりします。その際に、かこさんが挙げた「総合性」と「発展性」が大事になると考えました。だから私は、これから本を読むときに、本質や全体像をつかもうとする姿勢と、未来につなげて考える視点を持つことを心がけようと思います。

《解　説》

1 **〔問題１〕**　まず、傍線部《ぼうせんぶ》㋐の直後の「『もうやめなさい』とこちらが言いたくなるぐらいに熱中して、突《つ》き進《すす》んじゃう」ということになる。これにあたる内容を文章２の中から探《さが》す。子どもがおもしろさを感じるとどうなるかを述べているのは第２段落《だんらく》。「おもしろいというのは、一冊《さつ》の本をよみ通し、よく理解してゆく原動力になるだけでなく、もっとよく調べたり、もっと違《ちが》うものをよんだりするというように、積極的な行動にかりたてる」という部分からまとめる。

〔問題２〕　かこさんが本を書くとき、子どもたちの将来《しょうらい》を考えて、どのようなことを心がけているか。もっとも明確に述べているのが、文章１の、かこさんの最初の発言。「子どもさんが成人したときに、『なんだ、昔読んだ本と内容がちょっと違うじゃないか』なんてことになったら、大変問題になります」と、子どもたちの将来を考えている。そして「ですから、二〇年後にも通用するという見通しを持って書かなければいかん」とあるのが、そのためのかこさんの態度。よって、下線部を用いてまとめる。

〔問題３〕　まず、ひかるさんが「それは誤解《ごかい》のような気がします」と言った、「それ」の指す内容を読み取る。それは、直前で友だちが言った「それだと(＝むずかしそうな専門知識《せんもんちしき》を調べた上で本を作っていると)、私《わたし》たち子ども向けの本としてはつまらない本になってしまう」ということ。この内容を第一段落に書く。次に、なぜそれが誤解なのか、実際はどうなのか、ということを、文章１と文章２の内容を用いて説明する。かこさんは、科学絵本を書くときに、たくさんの論文《ろんぶん》を読《よ》み込《こ》んで書く。しかし、そのことが絵本をむずかしくしているわけではなく、むしろ「まず原理原則を子どもさんにわかるようにしてもらおう」「順を追ってゆっくりと記述しながら」と、わかりやすく導く工夫がされている。そして、子どもたちが「真っ当な面白《おもしろ》さ」にであえるように、「興味を持ってもらえればと思って」書いているのである。さらに、科学の本の軸《じく》にしたいという「おもしろさ」「総合性」「発《はっ》

展性《てんせい》」のうち、「おもしろさ」について、「私は内容がよければよいほど、おもしろさというものが必要だと考えています」と述べている。つまり、かこさんは、わかりやすくおもしろい本にすることを心がけて書いているのである。ここから、「つまらない本になってしまう」とは言えないことを説明しよう。ここまでの内容をふまえて、本を読むときに何を心がけるべきか。ひかるさんは「かこさんの考えを知って、本を読むときに心がけたいこともできました」と言っているから、かこさんが本を書くときに大切にしていることを、自分が本を読むときに重ねて考えてみよう。

《解答例》

1 〔問題１〕

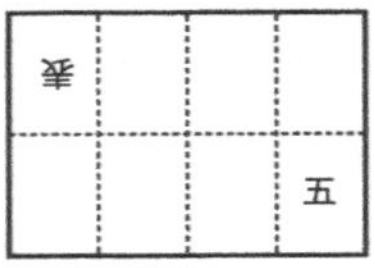

〔別解〕

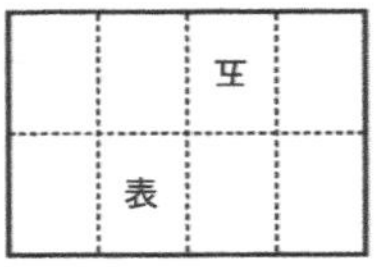

〔問題２〕約束２で表現したときの漢字と数字の合計の個数…44　漢字と数字の合計の個数が少ない約束…１

理由…このも様では、文字と数字でも様を表現するとき、列よりも行で表現したほうが、同じ色がより多く連続するため。

〔問題３〕「★」の位置に置くおもちゃの向き…

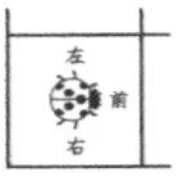

カードの並べ方…①②⑤④①②⑤①③①

〔別解〕「★」の位置に置くおもちゃの向き…

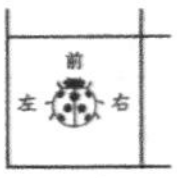

カードの並べ方…①③①②⑤①④②⑤①

2 〔問題１〕(1)人口のわり合は、1893年にはどの都道府県も同じくらいだったが、東京都と大さか府でだんだんと高くなり、現在は太平洋ベルトで高い。

(2)1925年…7.5　1955年…8.9　1985年…9.8　2015年…10.6

〔問題２〕(1)[全国／東京都]　1955年…[5.0／4.5]

1985年…[3.1／2.6]　2015年…[2.3／2.0]　(2)右グラフ

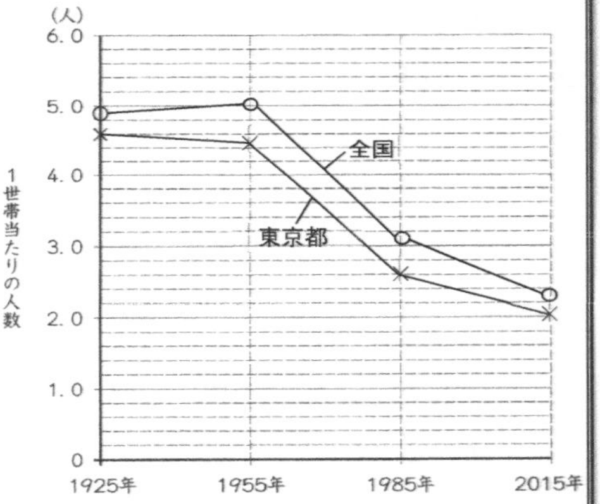

〔問題３〕共通する理由…一家族当たりの子どもの人数が減ったり、祖父母と同居する家族が減ったりしたから。

特別な理由…しゅう職や進学のために東京都にやって来たわかい人たちが、ひとりぐらしをしているから。

〔問題４〕東京都は、核家族世帯が増えて子どもの人数が減ってきたと考えられる。私たちがこれから変えていくべきことは、子どもを産み育てやすい環境をつくっていくことだと思う。具体的には、保育所の整備や短時間勤務の実現などだ。社会としては、仕事と子育ての両立に向けた意識を浸とうさせていくべきだと思う。

3 〔問題１〕比べたい紙…プリント用の紙　基準にするもの…紙の面積　和紙は水を何倍吸うか…2.3

〔問題２〕選んだ紙…新聞紙　せんいの向き…Ｂ　理由…実験２の結果ではどちらの方向にも曲がっていないのでせんいの向きは判断できないが、実験３の結果より短ざくＢの方のたれ下がり方が小さいから、せんいの向きはＢ方向だと考えられる。

〔問題３〕(1)Ａ　(2)４回めのおもりの数が３回めより少ないので、なるべく紙がはがれにくくなるのりを作るために加える水の重さが、３回めの70ｇと４回めの100ｇの間にあると予想できるから。

《解　説》

1　〔問題１〕　図２のしおりの作り方より，しおりにする前の紙の真ん中の横の点線がしおりの上になるとすると，文字の向きは右図ｉのようになるとわかる。

図ｉ

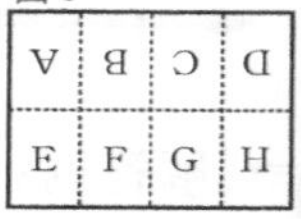

右図ⅱの矢印で示したページを表紙とすると，１ページ目から，ＡＥＦＧＨＤＣＢとなるとわかるから，５ページ目はＨのページである。また，Ｆのページを表紙とすると，５ページ目はＣのページとなる。他に表紙にできるページはＨとＣのページがあり，それぞれ解答例の図を上下逆にしたものと同じになる。

図ⅱ

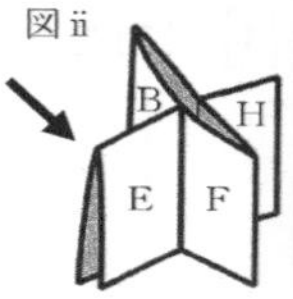

〔問題２〕　図９で表現された模様を図10に書きこむと，右図ⅲのようになる。したがって，約束２で表現すると，右図ⅳのようになるから，漢字と数字の合計の個数は，

５＋９＋７＋５＋５＋５＋５＋３＝44(個)である。

図９より，約束１で表現すると，漢字と数字の合計の個数は，

２＋３＋３＋４＋４＋４＋３＋２＝25(個)だから，約束１を使ったほうが表現する漢字と数字の合計の個数は少なくなる。

図ⅲ

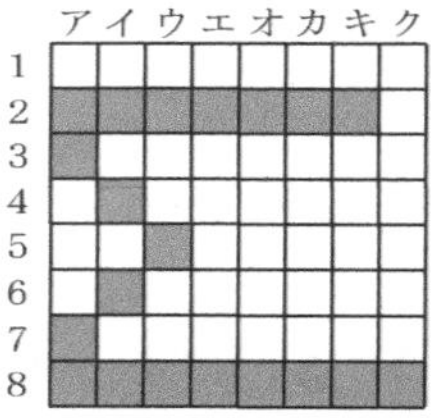

図ⅳ

白	白	白	白	白	白	白	白
1	1	1	1	1	1	1	7
2	1	1	1	1	1	1	1
3	1	2	5	5	5	5	
2	1	1	1	1	1	1	
	1	2					
	1	1					
	1						
	1						

〔問題３〕　「え」を通り「お」まで行くときの最短の行き方は，それぞれ右表のようになる。

このときのカードの並べ方を考えると表のようになり，それぞれ10枚で行けるとわかる。

最初のおもちゃの向き	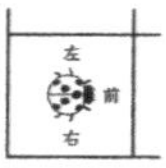	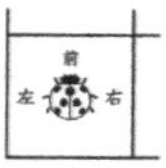
最短の行き方	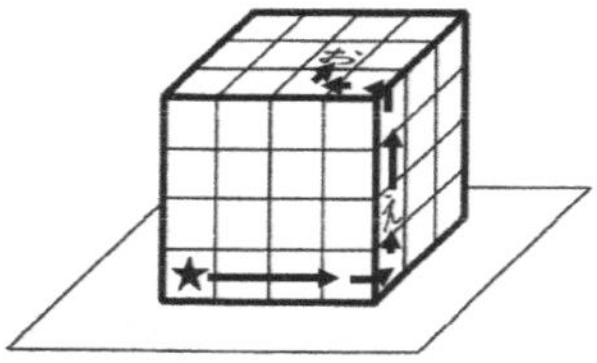	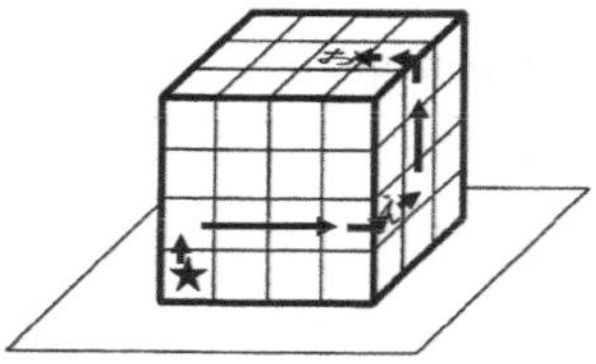
カードの並べ方	①②⑤④①②⑤①③①	①③①②⑤①④②⑤①

なお，①②が連続して並んでいるところは，②①の順番でもよい。

2　〔問題１〕⑴　太平洋ベルトとは，関東から東海，近畿，中国・四国，北九州の各地方の臨海部に，帯状に連なる工業地域のことをいう(右図参照)。高度経済成長期の1960年代に，政府が京浜・阪神などの工業地帯の中間地域を開発して太平洋沿岸を帯状に結ぶ構想を打ち出してから，瀬戸内や東海地方に新しい工業地域がつくられ，日本の経済発展の中心的な役割を果たしてきた。

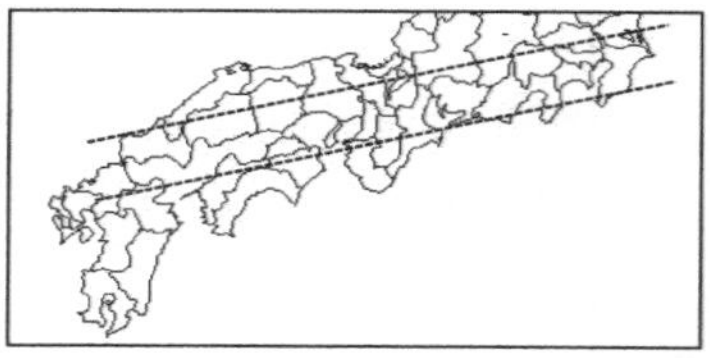

⑵　全国の人口に対する東京都の人口の割合は，(東京都の人口)÷(全国の人口)×100で求められるので，1925年は4485144÷59736822×100＝7.50…(%)，1955年は8037084÷90076594×100＝8.92…(%)，1985年は11829363÷121048923×100＝9.77…(%)，2015年は13515271÷127094745×100＝10.63…(%)となる。

〔問題２〕⑴　１世帯当たりの人数は，(人口)÷(世帯数)で求められる。よって，全国の１世帯当たりの人数は，1955年が86390720÷17383321＝4.96…(人)，1985年が119333780÷37979984＝3.14…(人)，2015年が124296331÷53331797＝2.33…(人)となる。同様に計算すると，東京都の１世帯当たりの人数は，1955年が7543743÷1665499＝4.52…(人)，1985年が11666760÷4488493＝2.59…(人)，2015年が13315400÷6690934＝1.99…(人)となる。

⑵　⑴の解説を参考にすると，1925年の１世帯当たりの人数は，全国が54336356÷11122120＝4.88…(人)で小数第二位を四捨五入すると4.9人，東京都が3545925÷765326＝4.63…(人)で小数第二位を四捨五入すると4.6人となるので，○は全国，×は東京都を表していると判断できる。

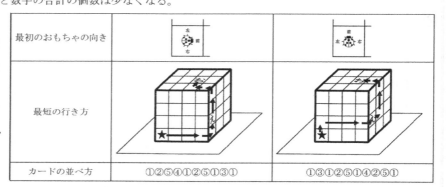

3 〔問題１〕　解答例のように，プリント用の紙で，紙の面積を基準にしたときは，面積１㎠あたりで吸う水の重さを比べればよい。和紙では $0.8 \div 40 = \frac{0.8}{40}$(g)，プリント用の紙では $0.7 \div 80 = \frac{0.7}{80}$(g)だから，和紙はプリント用の紙より水を $\frac{0.8}{40} \div \frac{0.7}{80} = 2.28\cdots \rightarrow 2.3$ 倍吸うと考えられる。また，プリント用の紙で，紙の重さを基準にしたときには，重さ１ｇあたりで吸う水の重さを比べればよい。和紙では0.8÷0.2＝４(g)，プリント用の紙では0.7÷0.5＝1.4(g)だから，和紙はプリント用の紙より水を４÷1.4＝2.85…→2.9 倍吸うと考えられる。同様に考えると，新聞紙では，面積を基準にしたときには 1.9 倍，重さを基準にしたときには 1.5 倍となり，工作用紙では，面積を基準にしたときには0.5倍，重さを基準にしたときには3.2倍となる。

〔問題２〕　紙には，せんいの向きに沿って長く切られた短冊の方が垂れ下がりにくくなる性質があるから，図５で，短冊Ｂの方が垂れ下がりにくいことがわかる新聞紙のせんいの向きはＢ方向である。同様に考えれば，プリント用の紙のせんいの向きはＡ方向である。また，水にぬらしたときに曲がらない方向がせんいの向きだから，図３より，せんいの向きは，プリント用の紙はＡ方向，工作用紙はＢ方向である。どの紙について答えるときも，実験２の結果と実験３の結果のそれぞれについてふれなければいけないことに注意しよう。

〔問題３〕　表２では，加える水の重さが重いほどおもりの数が多くなっているので，４回めに加える水の重さを100ｇにしたとき，おもりの数が 53 個より多くなるのか少なくなるのかを調べ，多くなるようであれば５回めに加える水の重さを 100ｇより重くし，少なくなるようであれば５回目に加える水の重さを 70ｇと 100ｇの間にして実験を行えばよい。したがって，⑴はＡかＤのどちらかを選び，Ｄを選んだときには，⑵の理由を「４回めのおもりの数が３回目より多いので，なるべく紙がはがれにくくなるのりを作るために加える水の重さが４回めの 100ｇより重いと予想できるから。」などとすればよい。

《解答例》

1　〔問題１〕ハンカチはしわになりやすいが、毛布はしわになりにくい。ハンカチがしわになりやすいのは、き地の厚さがうすいからである。き地の厚さがうすいとせんいが元にもどろうとする力が弱く、折りめが残ってしわとなる。

〔問題２〕⑴布の折りめのところに加熱によって固まる薬品をぬる。アイロンなどで加熱すると薬品が固まり、接着ざいのような役目をする。

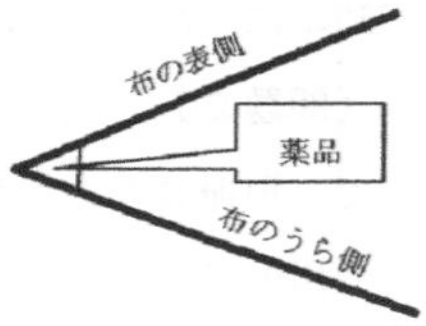

⑵薬品が付きやすいせんいで作った布と付きにくいせんいで作った布がある。薬品が付きにくい布は折りめをつける加工がしにくい。

〔問題３〕⑴せんいの中に水がしみこみ、せんいがふくらむことによって、しわの形で固まっていたせんいの一本一本がまっすぐになるから。　⑵しわになっているハンカチを水の中に入れるとしわがのびる。

⑶熱を加えること。　⑷①しわになっているハンカチをストーブの近くに置いておく。　②しわはのびない。

③熱を加えただけでは、しわはのびない。

〔問題４〕①ふだんは風を通さずあたたかいが、あせをかくと空気をよく通してすずしくなる布。

②水分をふくむとのびて細くなり、せんいとせんいの間にすき間ができる。かんそうするとちぢんで太くなり、すき間がなくなるせんい。　③雨でぬれると、空気をよく通してしまうので寒い。

2　〔問題１〕⑴

⑵

理由…４回谷折りして重ねると、元の６にもどる。折る回数はカードの枚数より１少ない。100枚のカードのときは99回谷折りするので、99÷４＝24余り３となり、求める形は３回谷折りしたときの形である。

〔問題２〕

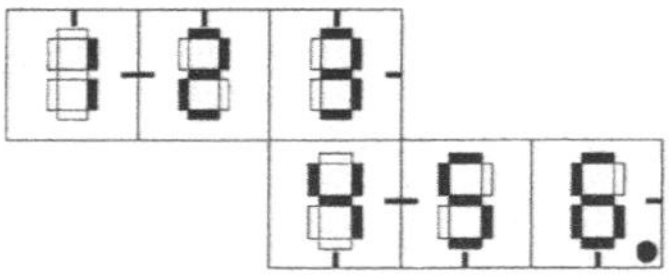

理由…５と６がかかれたカードに付く切れこみは、つなぎめを対しょうのじくとして線対しょうである。同じように４と５、３と４、２と３、１と２もつなぎめを対しょうのじくとして線対しょうに切れこみが付くから。

〔問題３〕

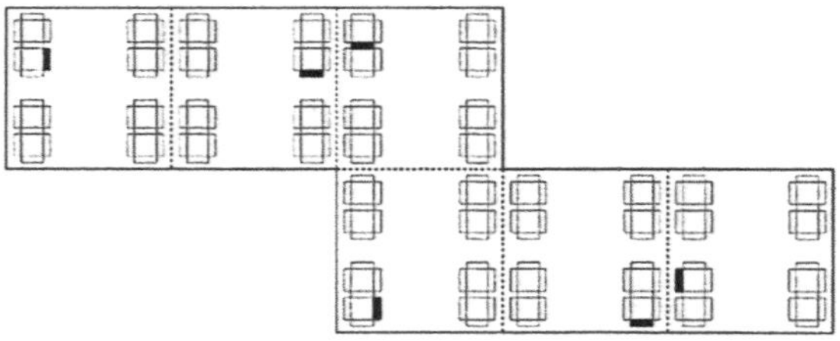

《解　説》

1 〔問題１〕　折り曲げられた部分で元にもどろうとする力が弱いと，折りめがしわとなって残る。元にもどろうとする力は，き地の厚さやせんいの種類によって異なる。き地はうすい方がしわになりすい。また，もめんや麻などはしわになりやすく，ウール，ポリエステル，ナイロンなどはしわになりにくい。

〔問題２〕(1)　解答例のように薬品を使わなくても，少量の水をつけ，アイロンで熱を加えて強く押し付けるだけでも折りめをつけることができる。

〔問題３〕(1)　問題２(1)で，折りめをつけるのに薬品などを使ったとしていれば，折りめにつけた薬品が水にとけたからなどの理由も考えられる。　(3)(4)　アイロンは水を使うだけでなく，熱を加えている。熱を加えることにしわをのばす役割があることも考えられるため，水を使わずに熱を加えるだけでしわがのびるかどうかを確かめる必要がある。

〔問題４〕　あなたが便利だと考える布を自由に書いてよい。ただし，①～③で，性質や特ちょうが統一された内容にする。

2 〔問題１〕(1)　図２で，それぞれのカードのつなぎ目を対称《たいしょう》の軸として，線対称になるように順番に「わく」をぬると，右図のようになる。

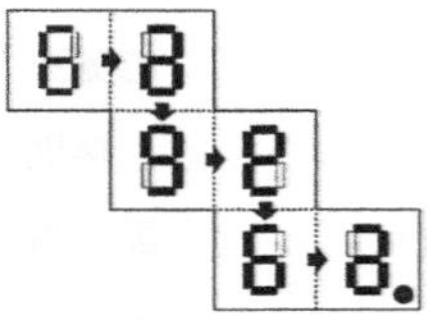

〔問題３〕　左上のカードの右図の実線の○印の「わく」の１つがぬられているから，破線の○印の「わく」を１つずつぬればよい。６枚のカードが重なったとき，右下のカードの破線の○印のように，黒くぬった「わく」が重なればよいから，太線で示した「わく」と重なる「わく」をぬらないようにする。太線で示したぬらない「わく」をそれぞれのつなぎ目で対称移動すると，図のようになるから，太線で示した「わく」以外を，カードを折り重ねたときに黒くぬった「わく」が重ならないように１つずつぬればよい。

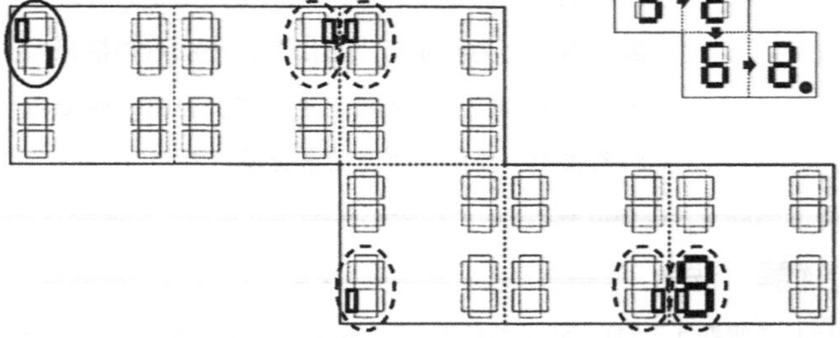

《解答例》

1 〔問題１〕⑴「知りたい」という気持ち。　⑵不思議な快さや満足。

〔問題２〕「腑に落ちる」／自分の頭で考えぬく

〔問題３〕（例文）

文章１では、知ることによって快さや喜びが伴って来るような素朴な姿があまり見られなくなってしまったと述べられている。文章２では、最近は、安直に答えをほしがる傾向にあり、腑に落ちるまで自分の頭で考え抜いているかどうか、私たちはもう少し慎重になったほうがいいと述べられている。共通して、情報があふれている現代、自分でそれを検証しないでわかった気になっていたり、必要なときにそれを引き出せると思いこんでいたりする人が多いという問題点をあげている。

私は、日々の生活の中で、素朴な疑問をもち、知ることによって快さや喜びを得ることができるという感覚を大切にしたい。

疑問を解決するために、まず、図書館で調べたり、インターネットで情報を得たりして、すでにある知識を得る努力をする。しかし、それらの情報は、必ずしも正しいとは限らないことをふまえて、先生や両親などの助言を求める。そして、自分の頭で考えて検証し、最終的には「腑に落ちた」という感覚が得られるまで、妥協せずに探求を続けたい。

《解　説》

1 〔問題１〕⑴　最初の段落の、小学三年生の男の子とのエピソードが、「知ること」の具体例になっている。この段落の最後に「彼はまだ小学校の三年生、ただ名前を知ればよいのです。というより、彼が知りたいと思ったのはその名前だけなのです」とある。つまり、「知ること」の出発点には「知りたい」という思いがあるのである。

⑵　２段落目の最初に「『知識の獲得《かくとく》には、ある不思議な快さと喜びがある』という古い言葉がありますが～彼《かれ》も、(蛾《が》の幼虫の名前を知って)確かに満足の色を顔に浮《う》かべて帰って行きます」とある。ここから、「知ること」ができると「ある不思議な快さと喜び」を感じ、満足することが読みとれる。

〔問題２〕　傍線部《ぼうせんぶ》㋑の前後に「誰《だれ》かの話をちょっと聞いただけで『分かった』と思うのは安易な解決法です～自分の頭で考えて、本当に『そうだ、その通りだ』と腹《はら》の底から思えるかどうかが大切なのです」「結論《けつろん》を急いで『分かった』と言おうとするのは間違《まちが》いのもとです。『腑《ふ》に落ちる』まで自分の頭で考え抜《ぬ》いているかどうか、私たちはもう少し慎重《しんちょう》になったほうがいいと思います」とある。つまり、筆者が「分かった」と思うのは、「自分の頭で考えて、本当に『そうだ、その通りだ』と腹の底から思え」たとき、「『腑に落ちる』まで自分の頭で考え抜い」たときなので、「人の話を聞いてすぐに『分かった』と思うことはほとんど」ないのである。

〔問題３〕　２つの文章の筆者の主張をふまえて書く。文章１では、「知ること」の喜びに関するエピソードを挙げて、最近では「知ることによって快さや喜びが伴《ともな》って来るような、ごく素朴《そぼく》な姿があまり見られなくなってしまいました」と述べ、知ることの大切さをうったえている。文章２では、「最近は安直に『答え』をほしがる傾向《けいこう》が」あるとした上で、「自分の頭で考えて、本当に『そうだ、その通りだ』と腹の底から思えるかどうかが大切」「『腑に落ちる』まで自分の頭で考え抜いているかどうか、私たちはもう少し慎重《しんちょう》になったほうがいい」と述べている。設問に「それぞれの内容に関連づけて～書きなさい」とあるので、２つの文章に共通する考え方に関連づけて書くと、まとめやすい。

《解答例》

1 〔問題1〕

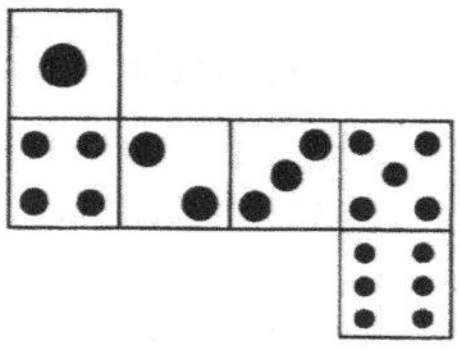

〔問題2〕式… 4 ÷ 2 ⊕ 1 ⊗ 5 ＝ 7

説明…⊕の前の部分と後ろの部分に着目して、和が7になる二つの数の組み合わせを考えると、2と5がある。異なる四つの数を使って、4÷2＝2、1×5＝5となるから。

〔問題3〕手前に見える二つの面の目の数の組み合わせ…2，4　合計…60

太郎さんが気づいたおもしろいこと…1の目の面を上にしたままで、さいころの置き方をいろいろ変えても、見かけ上8個のさいころの見えている面の目の数の合計は60になること。

2 〔問題1〕⑴右グラフ

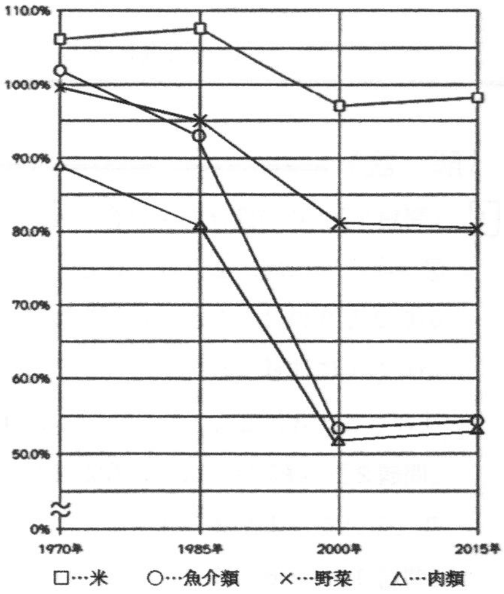

⑵選んだ食料…魚介類

1970年から2015年の間に、ほぼ2分の1になっている。特に1985年から2000年の減少がはげしく、2000年には1985年の約57%になっている。

〔問題2〕⑴地元産の農作物を使うので、地いきの農業がさかんになるから。また、輸送するきょりが短くなるので、輸送中にはい出される二酸化炭素の量が減るから。

⑵国内で生産するより、生産に向いた気候の地いきで育てて運んだ方が、必要なエネルギー量や二酸化炭素はい出量が減ることがあるから。また、運ぶことで輸送の仕事が増えるから。

〔問題3〕チリのサケ・マス類は輸出されるものが多く、その約4わりが日本向けなので、日本の輸入は、チリの漁業や貿易業をさかんにし、チリの経ざいを活発にしている。

〔問題4〕あさこさん／(例文)日本が輸入をやめると、日本向けの輸出産業に頼っている国の経済が衰退してしまうから。問題として、輸送中にはい出される二酸化炭素の量が多いことがある。解決のためには、先進国はより二酸化炭素排出量の少ない輸送技術を開発すること、発展途上国は、経済発展と環境保全をバランスよく進めていくことが必要である。

3 〔問題１〕選んだ観察…花子

選んだ花粉…スギ

１㎠あたりの花粉の数…250

説明…見えているはん囲の面積は４㎟で、そこにスギの花粉が10個ある。

１㎠＝100㎟で、100㎟は４㎟の25倍である。よって１㎠あたりの花粉の数は、10個の25倍で250個となる。

〔問題２〕⑴(あ)上空の砂の量が多い　(い)上空の砂が高いところにある

⑵選んだ図の番号…①　グラフの記号…ア　〔別解〕選んだ図の番号…②　グラフの記号…エ

〔問題３〕選んだ図…図５

説明…図５によると、春に比べて夏は平均月降水量が多い。

そのため、要因①のかわいた砂の量が少なくなり、日本で黄砂が観測された日数が、春に比べて夏になると少なくなっていると考えられる。

選んだ図…図７

説明…図７によると、春に比べて夏は地表でふく強い風の観測回数が少ない。

そのため、要因②の巻き上げられる砂の量が少なくなり、日本で黄砂が観測された日数が、春に比べて夏になると少なくなっていると考えられる。

《解　説》

1 〔問題１〕　６の面と向かい合う面の目の数は１だから，１は右図の位置とわかる。残りの㋐～㋓の面には，２と５，３と４がそれぞれとなりあわないように目をかけばよい。図１から２と３の目の向きがわかるので，図２と上下の方向が同じになるように２と３の目をかくことに注意する。それさえ正しければ「㋐，㋑，㋒，㋓」の目は，「４，２，３，５」，「５，４，２，３」，「３，５，４，２」，「２，３，５，４」のいずれであってもよい。

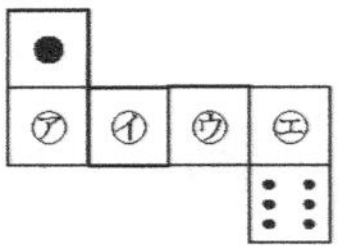

〔問題２〕　解答例のように和が７になる２つの数の組み合わせが２と５のとき，他に，６÷３＋１×５＝７などが考えられる。また３＋４＝７より，６÷２＋１×４＝７などが考えられる。

〔問題３〕　図６の上にある花子さんの発言に，「２組の向かい合う面については，それぞれ向かい合う面を同時に見ることができる」とあるが，これがヒントになっている。図６で言うと，「２組の向かい合う面」とは「２と５」の組と「３と４」の組である。「２と５」の組が４組，「３と４」の組が４組見えている。どちらの組も目の数の和は７だから，これら２組が見える面(全部で16面ある)の目の数の合計は，７×(４＋４)＝56となる。これに１の面４つ分を足すと，目の数の合計が56＋４＝60になるとわかる。花子さんが言う「２組の向かい合う面」がどのような組であっても，これら２組が見える16面の目の数の合計は必ず56になるので，面の目の数の合計は必ず60になる。「手前に見える二つの面の目の数の組み合わせ」は「２と４」，「４と５」，「３と５」のいずれでもよい。

2 〔問題１〕(1)　食料自給率は，(国内生産量)÷(国内消費仕向量)×100 で求められる。よって，資料１より，1970 年の食料自給率は，米が 12689÷11948×100＝106.2…(%)，野菜が 15328÷15414×100＝99.4…(%)，肉類が 1695÷1899×100＝89.2…(%)，魚介類が 8794÷8631×100＝101.8…(%)となるので，□は米，○は魚介類，×は野菜，△は肉類を表していると判断できる。同様に計算すると，1985 年の食料自給率は，米が 11662÷10849×100＝107.4…(%)，野菜が 16607÷17472×100＝95.0…(%)，肉類が 3490÷4315×100＝80.8…(%)，魚介類が 11464÷12263×100＝93.4…(%)，2000 年の食料自給率は，米が 9490÷9790×100＝96.9…(%)，野菜が 13704÷16826×100＝81.4…(%)，肉類が 2982÷5683×100＝52.4…(%)，魚介類が 5736÷10812×100＝53.0…(%)，2015 年の食料自給率は，米が 8429÷8600×100＝98.0…(%)，野菜が 11909÷14814×100＝80.3…(%)，肉類が 3268÷6035×100＝54.1…(%)，魚介類が 4177÷7672×100＝54.4…(%)となる。　(2)　食料を選んだら，解答用紙のグラフの 1970 年と 2015 年を比べてみて，食料自給率の増減を確かめる。そして，一番変化の大きい年に着目すると解答をまとめやすい。説明文に「具体的な数値」を用いることを忘れないようにしよう。例えば，魚介類の自給率において，2000 年は 1985 年の 53.0÷93.4×100＝56.7…(%)になっており，減っていることがわかる。

〔問題２〕(1)　フードマイレージについて，あさこさんが「数値が大きいほど，たくさんの農産物や食料を遠くまで輸送しているということになるから，エネルギーをたくさん使うし，二酸化炭素のはい出量も多くなる」と言っていることを踏まえて資料２を見ると，地元産の大豆よりも輸入した大豆の方が，輸送中にはい出される二酸化炭素の量が圧倒的に多いことを読み取れる。また，地産地消によって地元の人々が地元の農家がつくった農産品を買えば，その地域のお金は他の地域に流出することなく，地域内で循環するといった長所もある。　(2)　資料３について，おじいさんが「エネルギー量は，農産物１ｔを生産したり，輸送したりするためにどれだけのエネルギーが必要かを表している」と言っていること，けんじさんが「二酸化炭素排出量の単位は，農産物１ｔを生産したり，輸送したりするために排出される二酸化炭素が何ｔになるかを表している」と言っていることに着目する。それを踏まえて資料３を見ると，トマトやイチゴ１ｔをイギリス国内で生産する場合と，より生産に向いている気候のスペインから輸入する場合とでは，必要なエネルギー量において，輸送の差に比べて生産の差の方が大きく，イギリスよりもスペインの方が圧倒的に抑えられていることがわかる。また，二酸化炭素排出量においても同じことが読み取れる。

〔問題３〕　資料４から，チリのサケ・マス類の使い道の内訳において，輸出量が国内消費量を上回っていることを読み取る。それを踏まえて資料５を見ると，チリのサケ・マス類の輸出量の半分近くが日本向けであることがわかる。以上のことから，日本の輸入量が，チリの漁業や貿易業に大きな影響を与えていること，チリの経済活動を活発化させていることを導き出す。

〔問題４〕　あさこさんの立場を選ぶ場合，その理由には〔問題３〕の解答例を参考にして，問題・解決法にはフードマイレージの数値が大きいことが環境に与える悪影響に着目してまとめよう。けんじさんの立場を選ぶ場合，その理由には〔問題２〕(1)の解答例を参考にして，問題・解決法には〔問題２〕(2)や〔問題３〕の解答例を参考にしてまとめよう。けんじさんの立場を選んだ場合の解答例として「食料自給率を高めることで，地元産の農産物を使うので国内の農業がさかんになるから。問題として，それまで日本向けの輸出産業に頼っていた国の経済が衰退してしまうことがある。解決のためには，生産に向いた気候の地域で農産物を生産するとともに，各国の輸出入量のバランスを考えていくことが必要である。」なども良い。

３ 〔問題１〕 太郎さんが観察した花粉の様子では，見えているはん囲がせまく，数えられる花粉の数が少なすぎるので，花粉の数を求めるのには適していない。花子さんの観察でヒノキの花粉を選んだ場合の説明は「見えているはん囲の面積は４㎟で，そこにヒノキの花粉が８個ある。１㎠＝100 ㎟で，100 ㎟は４㎟の 25 倍である。よって１㎠あたりの花粉の数は，８個の 25 倍で 200 個となる。」とすればよい。

〔問題２〕(1) (あ)Ａ１とＢ１のちがいは上空の砂の量のちがいであり，上空の砂の量が多いＡ１のほうがはね返ってきた光の量が多いことがわかる。(い)Ａ１とＣ１のちがいは上空の砂の高さのちがいであり，上空の砂が高いところにあるＡ１のほうが光がはね返ってくるまでの時間が長いことがわかる。 (2) ①Ａ１に対して砂の数が$\frac{2}{3}$倍で，砂の高さが$\frac{3}{4}$倍になっているので，Ａ２に対してはね返ってきた光の量が$\frac{2}{3}$倍で，光がはね返ってくるまでの時間が$\frac{3}{4}$倍になっているアが正答となる。②Ａ１に対して砂の数が$\frac{4}{3}$倍で，砂の高さが$\frac{1}{4}$倍になっているので，Ａ２に対してはね返ってきた光の量が$\frac{4}{3}$倍で，光がはね返ってくるまでの時間が$\frac{1}{4}$倍になっているエが正答となる。

〔問題３〕要因③と関連付けた説明は，図８を選び，「図８によると，春に比べて夏は上空の西から東へ向かう風の平均の速さがおそい。そのため，要因③の運ばれる砂の量が少なくなり，日本で黄砂が観測された日数が，春に比べて夏になると少なくなっていると考えられる。」とすればよい。

《解答例》

1 〔問題１〕

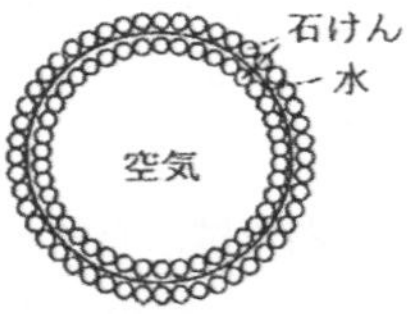

〔問題２〕羽根のようなものが回転し、空気と石けん液を混ぜ合わせてあわを作っている(右図)。

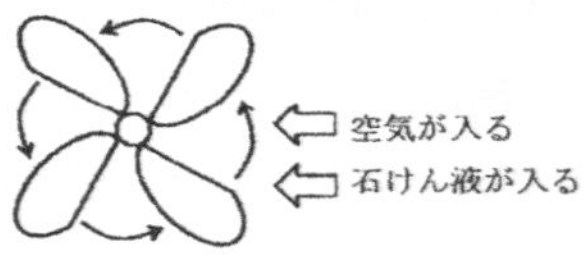

〔問題３〕⑴容器に新しく入れた石けん液が、もともと入っていた石けん液よりも、こいものまたはうすいものだった。

⑵石けん液を水でうすめたものや、しばらく放置してこくしたものを何種類か作る。これらを一種類ずつ容器に入れかえて、できたあわの様子がどのように変化するのかを観察する。

⑶石けん液がある程度のこさのときに、細かいあわになる。こすぎても、うすすぎても、細かいあわはできない。

〔問題４〕⑴なべ料理をしているときに、あわがたくさん出て、ふきこぼれてしまう。

⑵加熱したときに、ふっとうしてあわができる。しるには食材から出るあくなどが混ざっていて、ねばり気があるので、あわはすぐには消えない。

⑶水を加える。温度を下げたり、しるをうすめてねばり気を少なくしたりするため。

2 〔問題１〕⑴∧∨∨

⑵折り目の並び方…∧∧∨∧∧∨∨∨∧∧∨∨∧∨∨

理由…折る回数を増やすごとに新たにできる折り目を、右の図のように○を付けて表すと、左から∧と∨が交ごにならんでいることが分かるから。

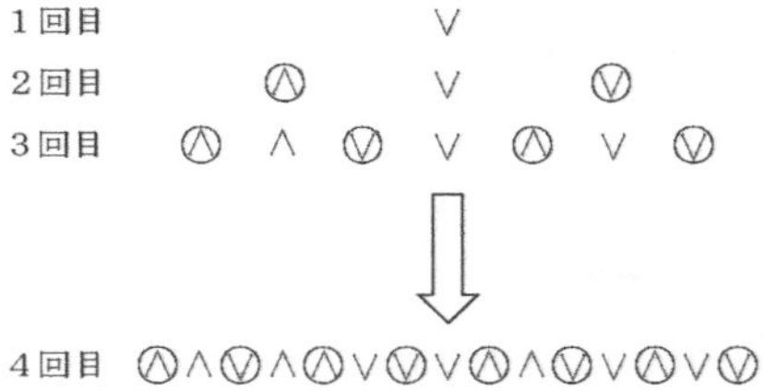

〔問題２〕[折り方の順番／折り目の並び方]　[①→②→①／∨∧∧∨∨∨∧]，[①→②→②／∨∧∧∨∨∨∧]，
[②→①→①／∧∨∨∨∧∧∨]，[②→①→②／∧∨∨∨∧∧∨]，
[②→②→①／∨∨∧∨∨∧∧]　のうち１つ

〔問題３〕⑴[折り方／山折り線の数／谷折り線の数]　[①／10／12]，[②／10／12]，[③／10／14]，
[④／10／14]　のうち１つ

※⑵１回目に折り方①で折り、残りの９回のうち３回以上を折り方③で折った場合。

１回目に折ったときについた谷折り線をのぞくと、山折り線と谷折り線の数は同じであると図５から考えられる。よって、１回目に折ったときについた谷折り線を八つ以上に分ければよい。

※の別解は解説を参照してください。

《解　説》

1 〔問題１〕　シャボン玉は右図のように表されることが多い。石けんのつぶには水になじみやすい部分と水になじみにくい部分があり，右図のように水の表面をおおうことで，水だけの泡《あわ》よりも割れにくくなる。

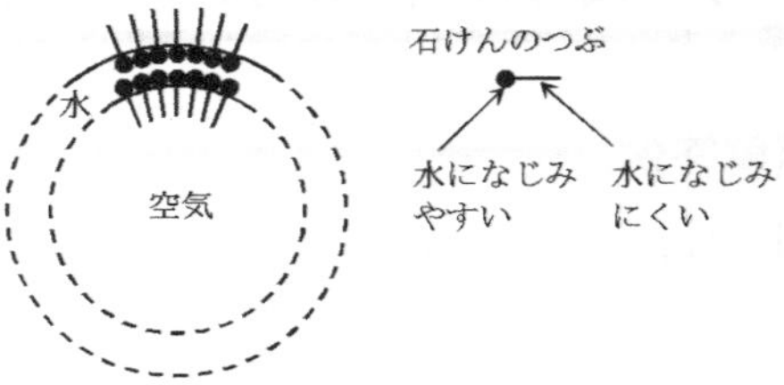

〔問題２〕　泡立て用のネットを使うと，石けん液と空気がよく混ざり合うため，よく泡立つ。実際の石けん液が細かい泡になって出てくる容器では，石けん液と空気をよく混ぜたあと，それが目の細かい網目《あみめ》状の部品を通ってくることで，細かい泡になって出てくるようになっているものが多い。

〔問題３〕　固形の石けんや泡にならずに出てくる石けん液は，手にとったあとに水をつけて泡立てている。これに対し，石けん液が細かい泡になって出てくる容器では手にとったときにすでに泡立っていることを考えると，この容器に入れる石けん液は，泡にならずに出てくる石けん液よりも水を多くふくんでいる(こさがうすくなっている)と考えられる。

2 〔問題１〕(1)　図４は折り方①で３回折って開いたときの折り目なので，この中で２回折ってできた折り線がどれかを考える。
右図の○印の折り線が２回折ってできた折り線なので，折り方①で２回折って開いたときの折り目の並び方は，左から∧∨∨となる。

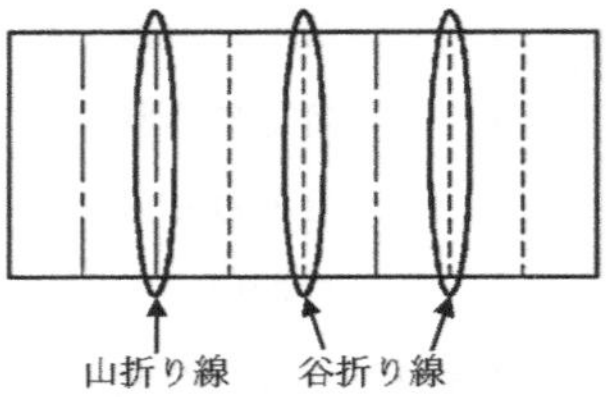

(2)　ここでも図４を利用して考える。右図のＡは１回目でできた折り線，Ｂは２回目でできた折り線，Ｃは３回目でできた折り線である。
Ａは谷折り線で，Ｂは左から山折り線，谷折り線となり，Ｃは左から山折り線，谷折り線，山折り線，谷折り線となっているとわかる。
したがって，折り方①で折る回数を増やすと，増える折り線は，左から山折り線，谷折り線が交互《こうご》になっているとわかる。

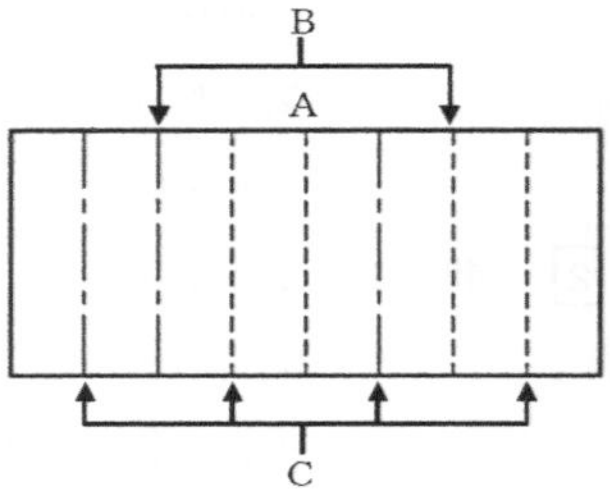

〔問題２〕　まず，問題文にあるように，①→①→①でも①→①→②でも折り目の並び方が変わらない理由を考えてみる。①→①と折ったとき，折り線は∧∨∨となる。このあと①で折ろうと②で折ろうと，新しくつく折り線のうち一番左の折り線は必ず∧となり，〔問題１〕(2)で考えたように，新しい折り線は左から∧と∨が交互に並ぶ。したがって，①→①→①でも①→①→②でも折り目の並び方は変わらない。
しかし，①→②と折ったあとは，３回目に①で折ろうと②で折ろうと，新しくつく折り線のうち一番左の折り線は必ず∨となり，新しい折り線は左から∨∧∨∧と並ぶので，３回分の折り線は，$\underline{\vee}\wedge\underline{\wedge}\vee\underline{\vee}\vee\underline{\wedge}$となる(下線部が３回目の折り目)。
つまり，直前の折り方が①であれば，次につく折り線は左から∧と∨が交互に並び，直前の折り方が②であれば，次につく折り線は左から∨と∧が交互に並ぶ。
したがって，②→①→①と②→①→②は，$\underline{\wedge}\vee\underline{\vee}\vee\underline{\wedge}\wedge\underline{\vee}$となり，②→②→①は，$\underline{\vee}\vee\underline{\wedge}\vee\underline{\vee}\wedge\underline{\wedge}$となる(下線部が３回目の折り目)。

〔**問題３**〕(1)　①→③→①のあと，一番下の部分にある紙(右図の色付き部分)に注目する。４回目に折るときに色付き部分にできる折り線は，谷折り線である。①または②で折れば縦の谷折り線，③または④で折れば横の谷折り線ができる。したがって，①と②，③と④でできる折り線はそれぞれ同じである。色付き部分以外にできる折り線は，すでにある折り線をはさんで山折り線と谷折り線が交互になるように並ぶ。折り線を図で表すと右図のようになり，山折り線の数と谷折り線の数を数えると解答例のようになる。

①または②で折った場合

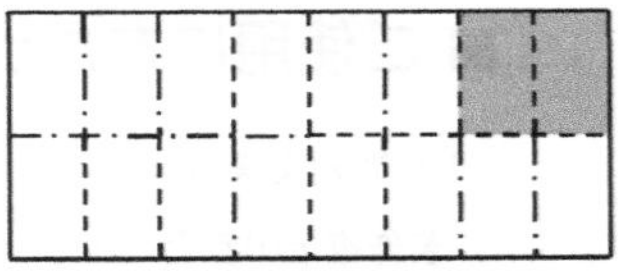

③または④で折った場合

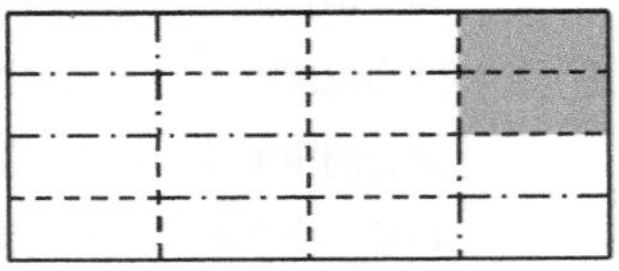

(2)　２回目以降にできる折れ線は，山折り線と谷折り線が交互にできるので，常に数が等しい。また，新しい折り線がすでにある折り線を分割するが，１回目に折ったときの折り線を除けば同じ数ずつに分けるので，１回目の折り線以外の山折り線と谷折り線の数の差が変化することはない。

したがって，１回目に折ったときの折り線を８等分することを考えればよい。

よって，１回目に①または②で折った場合，残りの９回のうち３回以上を③または④で折ればよく，１回目に③または④で折った場合，残りの９回のうち３回以上を①または②で折ればよい。

■ ご使用にあたってのお願い・ご注意

（1）問題文等の非掲載

著作権上の都合により，問題文や図表などの一部を掲載できない場合があります。

誠に申し訳ございませんが，ご了承くださいますようお願いいたします。

（2）過去問における時事性

過去問題集は，学習指導要領の改訂や社会状況の変化，新たな発見などにより，現在とは異なる表記や解説になっている場合があります。過去問の特性上，出題当時のままで出版していますので，あらかじめご了承ください。

（3）配点

学校等から配点が公表されている場合は，記載しています。公表されていない場合は，記載していません。

独自の予想配点は，出題者の意図と異なる場合があり，お客様が学習するうえで誤った判断をしてしまう恐れがあるため記載していません。

（4）無断複製等の禁止

購入された個人のお客様が，ご家庭でご自身またはご家族の学習のためにコピーをすることは可能ですが，それ以外の目的でコピー，スキャン，転載（ブログ，ＳＮＳなどでの公開を含みます）などをすることは法律により禁止されています。学校や学習塾などで，児童生徒のためにコピーをして使用することも法律により禁止されています。

ご不明な点や，違法な疑いのある行為を確認された場合は，弊社までご連絡ください。

（5）けがに注意

この問題集は針を外して使用します。針を外すときは，けがをしないように注意してください。また，表紙カバーや問題用紙の端で手指を傷つけないように十分注意してください。

（6）正誤

制作には万全を期しておりますが，万が一誤りなどがございましたら，弊社までご連絡ください。

なお，誤りが判明した場合は，弊社ウェブサイトの「ご購入者様のページ」に掲載しておりますので，そちらもご確認ください。

■ お問い合わせ

解答例，解説，印刷，製本など，問題集発行におけるすべての責任は弊社にあります。

ご不明な点がございましたら，弊社ウェブサイトの「お問い合わせ」フォームよりご連絡ください。迅速に対応いたしますが，営業日の都合で回答に数日を要する場合があります。

ご入力いただいたメールアドレス宛に自動返信メールをお送りしています。自動返信メールが届かない場合は，「よくある質問」の「メールの問い合わせに対し返信がありません。」の項目をご確認ください。

また弊社営業日（平日）は，午前９時から午後５時まで，電話でのお問い合わせも受け付けています。

2025 春

株式会社教英出版
〒422-8054　静岡県静岡市駿河区南安倍３丁目 12-28
TEL　054-288-2131　　FAX　054-288-2133
URL　https://kyoei-syuppan.net/
MAIL siteform@kyoei-syuppan.net

教英出版　2025年春受験用　中学入試問題集

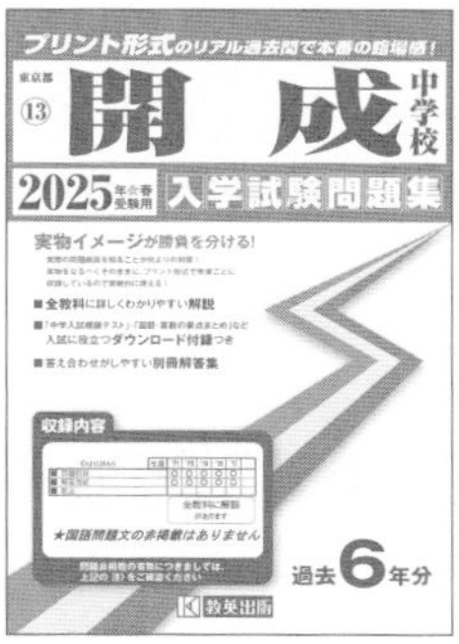

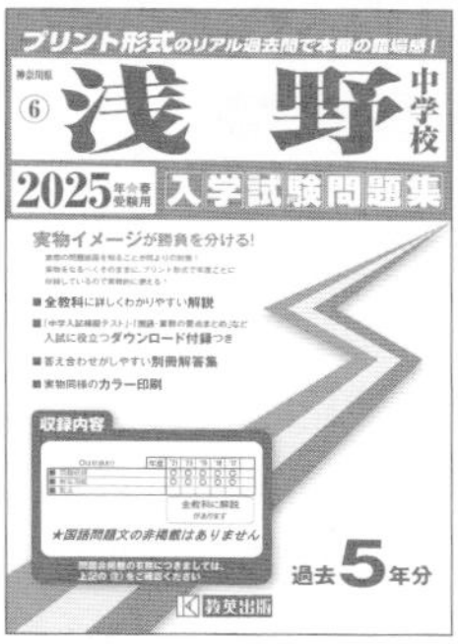

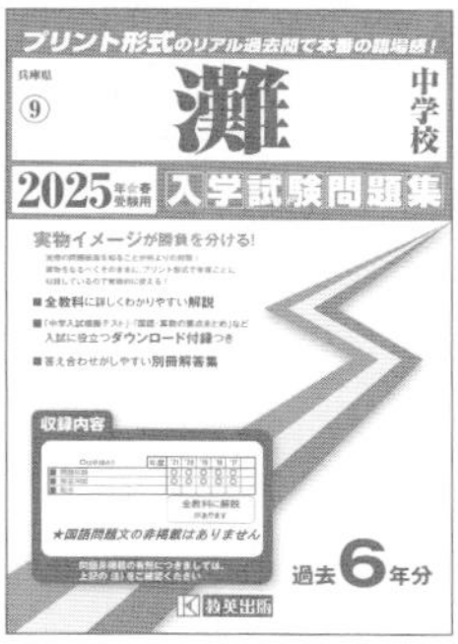

学校別問題集

✿はカラー問題対応

北海道

①[市立]札幌開成中等教育学校
②藤女子中学校
③北嶺中学校
④北星学園女子中学校
⑤札幌大谷中学校
⑥札幌光星中学校
⑦立命館慶祥中学校
⑧函館ラ・サール中学校

青森県

①[県立]三本木高等学校附属中学校

岩手県

①[県立]一関第一高等学校附属中学校

宮城県

①[県立]宮城県古川黎明中学校
②[県立]宮城県仙台二華中学校
③[市立]仙台青陵中等教育学校
④東北学院中学校
⑤仙台白百合学園中学校
⑥聖ウルスラ学院英智中学校
⑦宮城学院中学校
⑧秀光中学校
⑨古川学園中学校

秋田県

①[県立]
- 大館国際情報学院中学校
- 秋田南高等学校中等部
- 横手清陵学院中学校

山形県

①[県立]
- 東桜学館中学校
- 致道館中学校

福島県

①[県立]
- 会津学鳳中学校
- ふたば未来学園中学校

茨城県

①[県立]
- 日立第一高等学校附属中学校
- 太田第一高等学校附属中学校
- 水戸第一高等学校附属中学校
- 鉾田第一高等学校附属中学校
- 鹿島高等学校附属中学校
- 土浦第一高等学校附属中学校
- 竜ヶ崎第一高等学校附属中学校
- 下館第一高等学校附属中学校
- 下妻第一高等学校附属中学校
- 水海道第一高等学校附属中学校
- 勝田中等教育学校
- 並木中等教育学校
- 古河中等教育学校

栃木県

①[県立]
- 宇都宮東高等学校附属中学校
- 佐野高等学校附属中学校
- 矢板東高等学校附属中学校

群馬県

①
- [県立]中央中等教育学校
- [市立]四ツ葉学園中等教育学校
- [市立]太田中学校

埼玉県

①[県立]伊奈学園中学校
②[市立]浦和中学校
③[市立]大宮国際中等教育学校
④[市立]川口市立高等学校附属中学校

千葉県

①[県立]
- 千葉中学校
- 東葛飾中学校

②[市立]稲毛国際中等教育学校

東京都

①[国立]筑波大学附属駒場中学校
②[都立]白鷗高等学校附属中学校
③[都立]桜修館中等教育学校
④[都立]小石川中等教育学校
⑤[都立]両国高等学校附属中学校
⑥[都立]立川国際中等教育学校
⑦[都立]武蔵高等学校附属中学校
⑧[都立]大泉高等学校附属中学校
⑨[都立]富士高等学校附属中学校
⑩[都立]三鷹中等教育学校
⑪[都立]南多摩中等教育学校
⑫[区立]九段中等教育学校
⑬開成中学校
⑭麻布中学校
⑮桜蔭中学校
⑯女子学院中学校
✿⑰豊島岡女子学園中学校
⑱東京都市大学等々力中学校
⑲世田谷学園中学校
✿⑳広尾学園中学校（第2回）
✿㉑広尾学園中学校（医進・サイエンス回）
㉒渋谷教育学園渋谷中学校（第1回）
㉓渋谷教育学園渋谷中学校（第2回）
㉔東京農業大学第一高等学校中等部（2月1日 午後）
㉕東京農業大学第一高等学校中等部（2月2日 午後）

神奈川県

①[県立]
- 相模原中等教育学校
- 平塚中等教育学校

②[市立]南高等学校附属中学校
③[市立]横浜サイエンスフロンティア高等学校附属中学校
④[市立]川崎高等学校附属中学校
✿⑤聖光学院中学校
✿⑥浅野中学校
⑦洗足学園中学校
⑧法政大学第二中学校
⑨逗子開成中学校（1次）
⑩逗子開成中学校（2·3次）
⑪神奈川大学附属中学校（第1回）
⑫神奈川大学附属中学校（第2·3回）
⑬栄光学園中学校
⑭フェリス女学院中学校

新潟県

①[県立]
- 村上中等教育学校
- 柏崎翔洋中等教育学校
- 燕中等教育学校
- 津南中等教育学校
- 直江津中等教育学校
- 佐渡中等教育学校

②[市立]高志中等教育学校
③新潟第一中学校
④新潟明訓中学校

石川県

①[県立]金沢錦丘中学校
②星稜中学校

福井県

①[県立]高志中学校

山梨県

①山梨英和中学校
②山梨学院中学校
③駿台甲府中学校

長野県

①[県立]
- 屋代高等学校附属中学校
- 諏訪清陵高等学校附属中学校

②[市立]長野中学校

岐阜県

①岐阜東中学校
②鶯谷中学校
③岐阜聖徳学園大学附属中学校

静岡県

①[国立]静岡大学教育学部附属中学校（静岡·島田·浜松）
②
- [県立]清水南高等学校中等部
- [県立]浜松西高等学校中等部
- [市立]沼津高等学校中等部

③不二聖心女子学院中学校
④日本大学三島中学校
⑤加藤学園暁秀中学校
⑥星陵中学校
⑦東海大学付属静岡翔洋高等学校中等部
⑧静岡サレジオ中学校
⑨静岡英和女学院中学校
⑩静岡雙葉中学校
⑪静岡聖光学院中学校
⑫静岡学園中学校
⑬静岡大成中学校
⑭城南静岡中学校
⑮静岡北中学校
⑯
- 常葉大学附属常葉中学校
- 常葉大学附属橘中学校
- 常葉大学附属菊川中学校

⑰藤枝明誠中学校
⑱浜松開誠館中学校
⑲静岡県西遠女子学園中学校
⑳浜松日体中学校
㉑浜松学芸中学校

愛知県

①[国立]愛知教育大学附属名古屋中学校
②愛知淑徳中学校
③
- 名古屋経済大学市邨中学校
- 名古屋経済大学高蔵中学校

④金城学院中学校
⑤椙山女学園中学校
⑥東海中学校
⑦南山中学校男子部
⑧南山中学校女子部
⑨聖霊中学校
⑩滝中学校
⑪名古屋中学校
⑫大成中学校
⑬愛知中学校
⑭星城中学校
⑮名古屋葵大学中学校（名古屋女子大学中学校）
⑯愛知工業大学名電中学校
⑰海陽中等教育学校（特別給費生）
⑱海陽中等教育学校（I·II）
⑲中部大学春日丘中学校
新刊⑳名古屋国際中学校

三重県

①[国立]三重大学教育学部附属中学校
②暁中学校
③海星中学校
④四日市メリノール学院中学校
⑤高田中学校
⑥セントヨゼフ女子学園中学校
⑦三重中学校
⑧皇學館中学校
⑨鈴鹿中等教育学校
⑩津田学園中学校

滋賀県

①[国立]滋賀大学教育学部附属中学校
②[県立]
- 河瀬中学校
- 守山中学校
- 水口東中学校

京都府

①[国立]京都教育大学附属桃山中学校
②[府立]洛北高等学校附属中学校
③[府立]園部高等学校附属中学校
④[府立]福知山高等学校附属中学校
⑤[府立]南陽高等学校附属中学校
⑥[市立]西京高等学校附属中学校
⑦同志社中学校
⑧洛星中学校
⑨洛南高等学校附属中学校
⑩立命館中学校
⑪同志社国際中学校
⑫同志社女子中学校（前期日程）
⑬同志社女子中学校（後期日程）

大阪府

①[国立]大阪教育大学附属天王寺中学校
②[国立]大阪教育大学附属平野中学校
③[国立]大阪教育大学附属池田中学校

④[府立]富田林中学校
⑤[府立]咲くやこの花中学校
⑥[府立]水都国際中学校
⑦清風中学校
⑧高槻中学校（A日程）
⑨高槻中学校（B日程）
⑩明星中学校
⑪大阪女学院中学校
⑫大谷中学校
⑬四天王寺中学校
⑭帝塚山学院中学校
⑮大阪国際中学校
⑯大阪桐蔭中学校
⑰開明中学校
⑱関西大学第一中学校
⑲近畿大学附属中学校
⑳金蘭千里中学校
㉑金光八尾中学校
㉒清風南海中学校
㉓帝塚山学院泉ヶ丘中学校
㉔同志社香里中学校
㉕初芝立命館中学校
㉖関西大学中等部
㉗大阪星光学院中学校

兵庫県

①[国立]神戸大学附属中等教育学校
②[県立]兵庫県立大学附属中学校
③雲雀丘学園中学校
④関西学院中学部
⑤神戸女学院中学部
⑥甲陽学院中学校
⑦甲南中学校
⑧甲南女子中学校
⑨灘中学校
⑩親和中学校
⑪神戸海星女子学院中学校
⑫滝川中学校
⑬啓明学院中学校
⑭三田学園中学校
⑮淳心学院中学校
⑯仁川学院中学校
⑰六甲学院中学校
⑱須磨学園中学校（第1回入試）
⑲須磨学園中学校（第2回入試）
⑳須磨学園中学校（第3回入試）
㉑白陵中学校
㉒夙川中学校

奈良県

①[国立]奈良女子大学附属中等教育学校
②[国立]奈良教育大学附属中学校
③[県立]
国際中学校
青翔中学校
④[市立]一条高等学校附属中学校
⑤帝塚山中学校
⑥東大寺学園中学校
⑦奈良学園中学校
⑧西大和学園中学校

和歌山県

①[県立]
古佐田丘中学校
向陽中学校
桐蔭中学校
日高高等学校附属中学校
田辺中学校
②智辯学園和歌山中学校
③近畿大学附属和歌山中学校
④開智中学校

岡山県

①[県立]岡山操山中学校
②[県立]倉敷天城中学校
③[県立]岡山大安寺中等教育学校
④[県立]津山中学校
⑤岡山中学校
⑥清心中学校
⑦岡山白陵中学校
⑧金光学園中学校
⑨就実中学校
⑩岡山理科大学附属中学校
⑪山陽学園中学校

広島県

①[国立]広島大学附属中学校
②[国立]広島大学附属福山中学校
③[県立]広島中学校
④[県立]三次中学校
⑤[県立]広島叡智学園中学校
⑥[市立]広島中等教育学校
⑦[市立]福山中学校
⑧広島学院中学校
⑨広島女学院中学校
⑩修道中学校
⑪崇徳中学校
⑫比治山女子中学校
⑬福山暁の星女子中学校
⑭安田女子中学校
⑮広島なぎさ中学校
⑯広島城北中学校
⑰近畿大学附属広島中学校福山校
⑱盈進中学校
⑲如水館中学校
⑳ノートルダム清心中学校
㉑銀河学院中学校
㉒近畿大学附属広島中学校東広島校
㉓AICJ中学校
㉔広島国際学院中学校
㉕広島修道大学ひろしま協創中学校

山口県

①[県立]
下関中等教育学校
高森みどり中学校
②野田学園中学校

徳島県

①[県立]
富岡東中学校
川島中学校
城ノ内中等教育学校
②徳島文理中学校

香川県

①大手前丸亀中学校
②香川誠陵中学校

愛媛県

①[県立]
今治東中等教育学校
松山西中等教育学校
②愛光中学校
③済美平成中等教育学校
④新田青雲中等教育学校

高知県

①[県立]
安芸中学校
高知国際中学校
中村中学校

福　岡　県

- ① [国立] 福岡教育大学附属中学校（福岡・小倉・久留米）
- ② [県立] 育徳館中学校
  - 門司学園中学校
  - 宗像中学校
  - 嘉穂高等学校附属中学校
  - 輝翔館中等教育学校
- ③西南学院中学校
- ④上智福岡中学校
- ⑤福岡女学院中学校
- ⑥福岡雙葉中学校
- ⑦照曜館中学校
- ⑧筑紫女学園中学校
- ⑨敬愛中学校
- ⑩久留米大学附設中学校
- ⑪飯塚日新館中学校
- ⑫明治学園中学校
- ⑬小倉日新館中学校
- ⑭久留米信愛中学校
- ⑮中村学園女子中学校
- ⑯福岡大学附属大濠中学校
- ⑰筑陽学園中学校
- ⑱九州国際大学付属中学校
- ⑲博多女子中学校
- ⑳東福岡自彊館中学校
- ㉑八女学院中学校

佐　賀　県

- ① [県立] 香楠中学校
  - 致遠館中学校
  - 唐津東中学校
  - 武雄青陵中学校
- ②弘学館中学校
- ③東明館中学校
- ④佐賀清和中学校
- ⑤成穎中学校
- ⑥早稲田佐賀中学校

長　崎　県

- ① [県立] 長崎東中学校
  - 佐世保北中学校
  - 諫早高等学校附属中学校
- ②青雲中学校
- ③長崎南山中学校
- ④長崎日本大学中学校
- ⑤海星中学校

熊　本　県

- ① [県立] 玉名高等学校附属中学校
  - 宇土中学校
  - 八代中学校
- ②真和中学校
- ③九州学院中学校
- ④ルーテル学院中学校
- ⑤熊本信愛女学院中学校
- ⑥熊本マリスト学園中学校
- ⑦熊本学園大学付属中学校

大　分　県

- ① [県立] 大分豊府中学校
- ②岩田中学校

宮　崎　県

- ① [県立] 五ヶ瀬中等教育学校
- ② [県立] 宮崎西高等学校附属中学校
  - 都城泉ヶ丘高等学校附属中学校
- ③宮崎日本大学中学校
- ④日向学院中学校
- ⑤宮崎第一中学校

鹿　児　島　県

- ① [県立] 楠隼中学校
- ② [市立] 鹿児島玉龍中学校
- ③鹿児島修学館中学校
- ④ラ・サール中学校
- ⑤志學館中等部

沖　縄　県

- ① [県立] 与勝緑が丘中学校
  - 開邦中学校
  - 球陽中学校
  - 名護高等学校附属桜中学校

もっと過去問シリーズ

北　海　道

北嶺中学校
7年分（算数・理科・社会）

静　岡　県

静岡大学教育学部附属中学校（静岡・島田・浜松）
10年分（算数）

愛　知　県

愛知淑徳中学校
7年分（算数・理科・社会）
東海中学校
7年分（算数・理科・社会）
南山中学校男子部
7年分（算数・理科・社会）
南山中学校女子部
7年分（算数・理科・社会）
滝中学校
7年分（算数・理科・社会）
名古屋中学校
7年分（算数・理科・社会）

岡　山　県

岡山白陵中学校
7年分（算数・理科）

広　島　県

広島大学附属中学校
7年分（算数・理科・社会）
広島大学附属福山中学校
7年分（算数・理科・社会）
広島学院中学校
7年分（算数・理科・社会）
広島女学院中学校
7年分（算数・理科・社会）
修道中学校
7年分（算数・理科・社会）
ノートルダム清心中学校
7年分（算数・理科・社会）

愛　媛　県

愛光中学校
7年分（算数・理科・社会）

福　岡　県

福岡教育大学附属中学校
（福岡・小倉・久留米）
7年分（算数・理科・社会）
西南学院中学校
7年分（算数・理科・社会）
久留米大学附設中学校
7年分（算数・理科・社会）
福岡大学附属大濠中学校
7年分（算数・理科・社会）

佐　賀　県

早稲田佐賀中学校
7年分（算数・理科・社会）

長　崎　県

青雲中学校
7年分（算数・理科・社会）

鹿　児　島　県

ラ・サール中学校
7年分（算数・理科・社会）

※もっと過去問シリーズは国語の収録はありません。

教英出版
〒422-8054
静岡県静岡市駿河区南安倍3丁目12－28
TEL 054-288-2131
FAX 054-288-2133
詳しくは教英出版で検索
教英出版　検索
URL https://kyoei-syuppan.net/

⑥

適性検査Ⅰ

注意

1 問題は 1 のみで、5ページにわたって印刷してあります。
2 検査時間は**四十五分**で、終わりは**午前九時四十五分**です。
3 声を出して読んではいけません。
4 答えは全て解答用紙に明確に記入し、**解答用紙だけを提出しなさい。**
5 答えを直すときは、きれいに消してから、新しい答えを書きなさい。
6 **受検番号**を解答用紙の決められたらんに記入しなさい。

東京都立小石川中等教育学校

問題は次のページからです。

1

次の 文章1 と 文章2 を読んで、あとの問題に答えなさい。
（＊印の付いている言葉には、本文のあとに〈注〉があります。）

文章1

桜の咲《さ》く時期になると、必ず思い出す＊歌がいくつかある。ソメイヨシノの並木《なみき》の花がいっせいに満開になって、咲いてるなあ、と首を空に向けながら思い出すのは、次の歌である。

桜ばないのち一ぱいに＊咲くからに生命《いのち》をかけて＊わが眺《なが》めたり
＊岡本《おかもと》かの子《こ》

そして桜満開の夜となれば、この歌。

＊清水《きよみず》へ＊祇園《ぎおん》をよぎる桜月夜《さくらづきよ》＊こよひ《（こよい）》逢ふ《（あう）》人みなうつくしき
＊与謝野晶子《よさのあきこ》

桜の咲くころの祇園を訪《たず》ねたことはないのだが、脳内《のうない》には＊花灯《はなあか》りの下を、浮《う》かれたような、＊ほろ酔《よ》いのような表情を浮《う》かべて道を歩く人々《ひとびと》の、うつくしい顔がくっきりと浮かぶ。夜桜見物を一度だけしたことがあるが、結構寒くて、じっと座《すわ》ってるとガタガタ震《ふる》えてくるし鼻水は出るし、思うほどロマンチックではない。けれども人をうつくしいと思う気持ちは、この歌を胸《むね》に抱《いだ》いていたため失わずにすんだ。

先ほどのかの子の歌が桜の花と自分を同一化させて自分を主人公として短歌の額縁《がくぶち》の真中におさめたのに対し、この晶子の歌は、あくまでも自分はレンズとしての存在《そんざい》で、きれいな夜桜のある風景をまるごと＊愛《め》でている。きれいな花が咲いたらそれだけを見るのではなく、そこにある気配までも感知する晶子の懐《ふところ》の深さに感じいる。

「こよひ逢ふ人みなうつくしき」は、桜の咲いている時期以外でも、いろいろな場所にあてはめることができる。気後《きおく》れしがちなパーティーなどでも「こよひ逢ふ人みなうつくしき」の言葉を唱えながら現地に向かえば、自《おの》ずと前向きになり、好意的に人と会える気持ちになれて勇気がわくのである。

自分の気に入った詩の言葉を心の中でつぶやく行為《こうい》は、願いをかなえるために呪文《じゅもん》を唱えることにとても似ている。短歌を知る、覚えていくということは、自分の気持ちを保つための言葉を確保していくことでもあるのだと思う。

てのひらをくぼめて待てば青空の見えぬ傷《きず》より花こぼれ来る
＊大西民子《おおにしたみこ》

この短歌を胸に抱いてつくづく思うのは、さびしいのは自分だけではない、ということ。桜のはなびらがはらはらと散っていく様子を見ると、なんともいえず切ない気持ちになる。この歌ではそれが「青空の見えぬ傷」よりこぼれてきたものだというのである。あのきれいな青い空にも傷がある。自分の中の見えない場所にあるもののように。そんなことを考えている孤独《こどく》な一人の女性を思うと、桜も青空もそれを受け止めようとしている人も、それを遠くで思う人（読者）も、すべてが無限の切なさに覆《おお》われているように感じられてくる。こんなにおおらかに「傷」を言葉にできるとは。ほんとうにさびしいときに、この歌を唱えつづけると、いつの間にかうれしい気持ちに変わっていくような気がする。

（東《ひがし》　直子《なおこ》「生きていくための呪文《じゅもん》」による）

〔注〕

歌――――短歌。

咲《さ》くからに――咲いているから。

わが眺《なが》めたり――私《わたし》は（その桜の花を）ながめるのだ。

岡本《おかもと》かの子《こ》――大正、昭和時代の小説家、歌人。

清水《きよみず》――京都《きょうと》の清水寺《きよみずでら》。

祇園《ぎおん》――京都の祇園神社《ぎおんじんじゃ》。

こよひ《（こよい）》――今夜。

与謝野晶子《よさのあきこ》――明治、大正時代の歌人。

花灯《はなあか》り――桜の花が満開で、その辺りのやみがほのかに明るく感じられること。

ほろ酔《よ》いのような表情を浮《う》かべて――うっとりした顔つきで。

愛《め》でている――味わい楽しんでいる。

大西民子《おおにしたみこ》――昭和時代の歌人。

文章2

> 次の文章は、江戸《えど》時代に俳諧《はいかい》と呼《よ》ばれていた俳句について、当時活やくしていた松尾芭蕉《まつおばしょう》が述べた言葉を説明したものです。

謂応《いいおお》せて何か有《ある》。

江戸の*其角《きかく》が、「下臥《したぶし》につかみ分《わけ》ばやいとざくら」という*巴風《はふう》（其角の門人）の句を知らせてきたが、「どうおもうかね」と芭蕉がたずねられた。*去来《きょらい》は、「枝垂桜《しだれざくら》（糸桜）のようすをうまく言い表しているではありませんか」と応じました。一句は、みごとに咲《さ》いた糸桜の下に臥《ふ》せって、花の枝をつかんでたぐってみたい、といった意味です。そこで言った芭蕉の返答がこれです。物のすがたを表現し尽《つ》くしたからといって（㋐「いいおおせて」）、それがどうしたのだという批判《ひはん》です。ことばの裏側《うらがわ》に、「余韻《よいん》」とか「想像力」といった考えを置いてはどうでしょう。俳句にかぎらず、詩という文芸は、表面的な理解だけでわかった気になってはつまりません。

舌頭《ぜっとう》に千転《せんてん》せよ。

これは去来の苦い経験に発することばのようです。「*有明《ありあけ》の花に乗《の》り込《こ》む」とはじめの五・七をよんで、最後をどうするか悩《なや》んだことがありました。馬をよみ込みたかったものの、「*月毛馬《つきげうま》」「葦毛馬《あしげうま》」と置いたり、あいだに「の」を入れたりしてみても、どうもうまくいかない。ところが友人許六《きょりく》（前に登場した、芭蕉の画の師になった弟子《でし》）の、「*卯《う》の花《はな》に月毛の馬のよ明《あけ》かな」を目にして、なるほどとうなった、この手があったのか、と。許六は中の七文字に馬を置いて、すらりとよんだところ、去来はこだわって五・七を動かそうとせず、どうしてもうまくいかなかったのです。常々《つねづね》芭蕉が、「口のなかで千回でも唱えてみよ」とおっしゃっていたのはこのことだったのだ。ほんのわずかの工夫《くふう》でうまくいく。そこに気づくまで、「千転せよ」というわけです。去来の句は結局完成しなかったのでしょう。

不易流行《ふえきりゅうこう》。

たいへん有名なことばですが、はたして芭蕉がそのまま口にしたかどうか、よくわかりません。でも、一門のあいだではいろいろと議論《ぎろん》があったと、去来は言っています。「不易」とは永久に変わらないこと、「流行」とはつねに変化すること、「不易流行」というのは、まったく正反対のことを一語にまとめたことになります。*諸説紛々《しょせつふんぷん》だといいつつ、去来は、「不易流行の教えは、俳諧不変の本質と、状況《じょうきょう》ごとの変化という二面性を有するものだ」というのです。一貫性《いっかんせい》と流動性の同居、これが俳諧というものだということでしょうか。

『三冊子《さんぞうし》』でも、「不易流行」に言及《げんきゅう》しています。そこでは、「*師の風雅《ふうが》に、万代不易《ばんだいふえき》あり、一時の変化あり。この二つに究《きわま》り、その本一《もといつ》なり」と、根本は同一だと説いています。そこで、つぎに土芳《どほう》の『三冊子』をみてみましょう。

土芳は、*伊賀上野《いがうえの》*藩士《はんし》、一六五七年生まれ、一七三〇年没《ぼつ》。姓《せい》は服部《はっとり》氏。若《わか》いころから芭蕉を慕《した》い、伊賀の俳諧を盛《も》り上《あ》げた人物です。『三冊子』は、芭蕉晩年《ばんねん》の教えを書きとどめた書で、出版はずっと遅《おく》れるものの、多くのひとに筆写されて早くから広まりました。「白双紙《しろぞうし》」「赤双紙《あかぞうし》」「わすれ水」の三部をまとめて、『三冊子』として知られています。

高く心を悟《さと》りて、俗《ぞく》に帰るべし。

俳句をよむ精神は目標を高くもって、同時に日々《ひび》の生活にいつも目を向けるように心がけなさい、という教えです。むかしのひとの作品や精神をしっかり学ぶとともに、生活する人びとの気持ちになってこそ、すばらしい俳句が生まれるのだというのです。困難《こんなん》な事柄《ことがら》にひるまず勉強するうちに、いつか高尚《こうしょう》なこころを得ることができる。かといって、学問をひけらかしては嫌《いや》みなだけ。何気《なにげ》ない、ふつうに送る日常生活のなかから、俳句のおもしろさを発見することがだいじなのです。芭蕉俳諧の*真髄《しんずい》は、この境地にこそあります。

（藤田真一《ふじたしんいち》「俳句《はいく》のきた道　芭蕉《ばしょう》・蕪村《ぶそん》・一茶《いっさ》」

岩波ジュニア新書（一部改変）による）

〈注〉

其角《きかく》——芭蕉《ばしょう》の弟子《でし》。

巴風《はふう》——其角の弟子。

去来《きょらい》——芭蕉の弟子。

「有明《ありあけ》の花に乗《の》り込《こ》む」——夜明けに花の下で乗り込む。

「月毛馬《つきげうま》」「葦毛馬《あしげうま》」——どちらも白みがかった毛色の馬。

「卯《う》の花《はな》に月毛の馬のよ明《あけ》かな」

——白く咲《さ》き乱《みだ》れる卯の花の中、月毛の馬に乗って旅立つ、さわやかな初夏の明け方だなあ。

諸説紛々《しょせつふんぷん》——いろいろな意見やうわさが入り乱れているさま。

「師の風雅《ふうが》に、……この二つに究《きわま》り、その本一《もといつ》なり」

——芭蕉先生の風流についての教えには、ずっと変わらないことと常に変化することの二つがある。この二つをつきつめると、その根本は一つである。

伊賀上野《いがうえの》——いまの三重県伊賀市《みえけんいがし》。

藩士《はんし》——大名に仕える武士。

真髄《しんずい》——ものごとの本質。

〈問題1〉 短歌や俳句《はいく》をくり返し唱えたり、思いうかべたりすることには、どのような効果があると述べられているでしょうか。**文章1**・**文章2** で挙げられている例を一つずつ探《さが》し、解答らんに合うように書きなさい。

〈問題2〉 ㋐「余韻《よいん》」とか「想像力」といった考えとありますが、**文章1** の筆者は、短歌を読んでどのような情景を想像しているでしょうか。連続する二文を探《さが》しなさい。ただし、一文めの最初の四字と、二文めの終わりの四字をそれぞれ書くこと。

〈問題3〉 あなたは、これからの学校生活で仲間と過ごしていく上で、言葉をどのように使っていきたいですか。今のあなたの考えを四百字以上四百四十字以内で書きなさい。ただし、次の条件と下の〈**きまり**〉にしたがうこと。

条件
① **文章1**・**文章2** の筆者の、短歌・俳句《はいく》に対する考え方のいずれかにふれること。
② 適切に段落《だんらく》分けをして書くこと。

〈**きまり**〉
○題名は書きません。
○最初の行から書き始めます。
○各段落《だんらく》の最初の字は一字下げて書きます。
○行をかえるのは、段落をかえるときだけとします。
○、や。や」などもそれぞれ字数に数えます。これらの記号が行の先頭に来るときには、前の行の最後の字と同じますに書きます（ますの下に書いてもかまいません）。
○。と」が続く場合は、同じますに書いてもかまいません。この場合、。」で一字と数えます。
○段落をかえたときの残りのますは、字数として数えます。
○最後の段落の残りのますは、字数として数えません。

解答用紙

適性検査Ⅰ

1

〔問題1〕20点

文章1

という効果。

文章2

という効果。

〔問題2〕20点

〜

〔問題3〕60点

20

100

※100点満点

受検番号

得点
※

※

※

※

※

※

※のらんには、記入しないこと。

（6　小石川）

解答用紙　適性検査Ⅱ

1

〔問題１〕　15点

〔太《た》郎《ろう》さんの作業〕

〔花子さんの作業〕

〔６枚《まい》のマグネットシートを切り終えるのにかかる時間〕　（　　　）分

※

〔問題２〕　15点

〔得点板の数字を４５６から９８７にするのにかかる最短の時間〕（　　　）秒

〔　　　〕→〔　　　〕

〔　　　〕→〔　　　〕

〔　　　〕→〔　　　〕

〔　　　〕→〔　　　〕

〔　　　〕→〔　　　〕

※

受　検　番　号	得　点
	※

※のらんには、記入しないこと

※100点満点

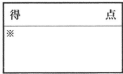

2

〔問題１〕26点

（１）

森林面積の２０００年に対する割《わり》合《あい》と、増加と減少の割合（数値は％）

	２０１０年		２０２０年	
世界全体	９８.８	１.２減少	９７.６	２.４減少
アジア				
アフリカ				
ヨーロッパ				
北アメリカ	１００.３	０.３増加	１００.１	０.１増加
南アメリカ				
オセアニア				

※

（２）

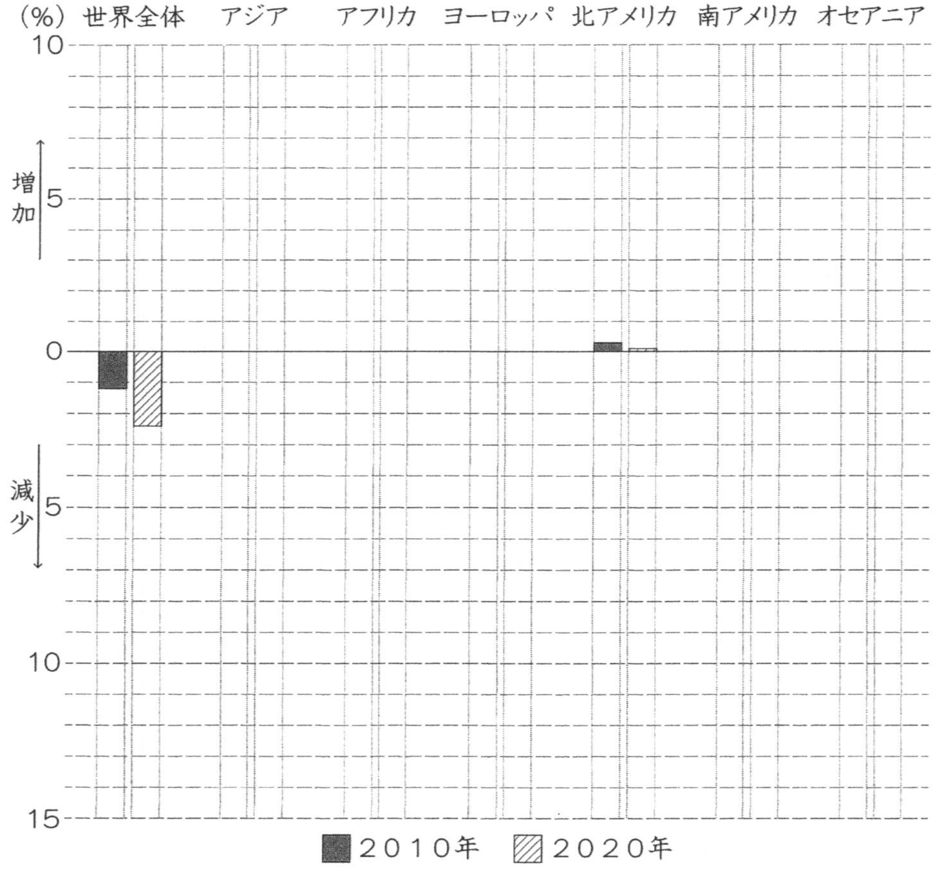

※

解答用紙　適性検査Ⅲ

1

〔問題１〕 15点

（１）

選んだ図… ＿＿＿＿＿、＿＿＿＿＿

（２）

選んだ図… ＿＿＿＿＿、＿＿＿＿＿

※

〔問題２〕 25点

（１）

（２）

※

※100点満点

受　検　番　号	得　点
	※

※のらんには、記入しないこと

〔問題２〕
（３）

※

〔問題３〕 10点

※

〔問題４〕 10点

※

2

〔問題１〕 15点

（1）

メンバー	Aさん	Bさん	Cさん	Dさん	Eさん
プレゼント					

（2）

※

〔問題２〕 10点

グループ1	Aさん	Bさん	Cさん	Dさん	Eさん
グループ2	さん	さん	Pさん	さん	さん

※

〔問題３〕 15点

ゆうきさんがタッチする人数：　　　　　　　　　　　　　　　人

理由：

※

（3）

選んだ地域《ちいき》	

※

〔問題2〕（横書きで書きなさい）14点

150

210

※

3

〔問題１〕12点

※

〔問題２〕 18点

〔組み合わせ〕
〔理由〕

※

（６　小石川）

440　400　300　200

※

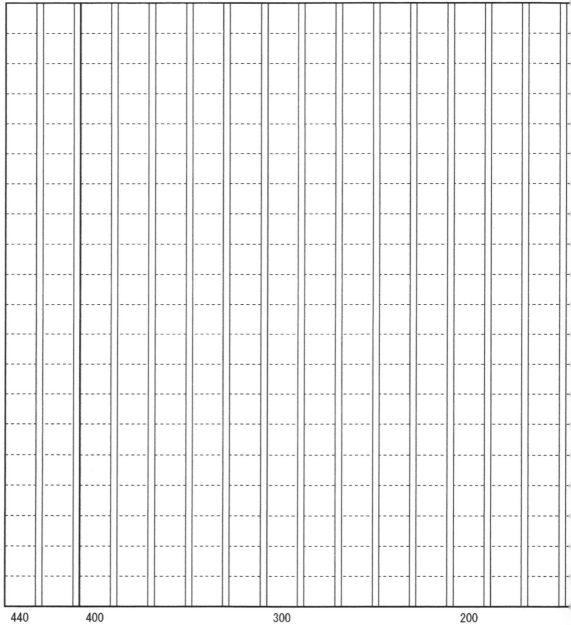

適性検査Ⅱ

注　　意

1　問題は **1** から **3** までで、１２ページにわたって印刷してあります。

2　検査時間は**４５分**で、終わりは**午前１１時００分**です。

3　声を出して読んではいけません。

4　計算が必要なときは、この問題用紙の余白を利用しなさい。

5　答えは全て解答用紙に明確に記入し、**解答用紙だけを提出しなさい。**

6　答えを直すときは、きれいに消してから、新しい答えを書きなさい。

7　**受検番号**を解答用紙の決められたらんに記入しなさい。

東京都立小石川中等教育学校

問題は次のページからです。

1　運動会の得点係の**花子**さんと**太郎**《たろう》さんは、係活動の時間に得点板の準備をしています。

花　子：今年は新しい得点板を作ろうよ。
太　郎：私《わたし》もそう思っていたので用意してきたよ。ボード（**図１**）に棒状《ぼうじょう》のマグネット（**図２**）をつけて、数字を表すんだ。
花　子：ボードが３枚《まい》あれば、３けたまでの得点を表すことができるんだね。赤組と白組があるから、６枚のボードが必要だね。

図１　ボード

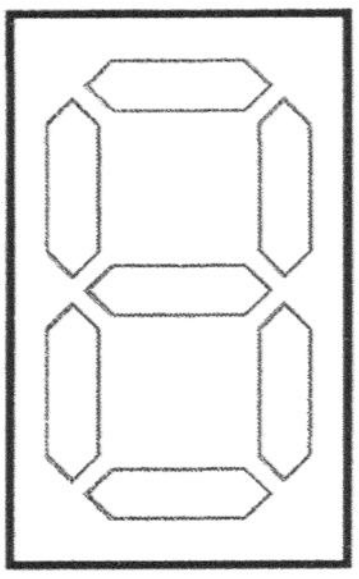

図２　棒状《ぼうじょう》のマグネット

太　郎：６枚のとう明でないボードは用意してあるから、ボードにつける棒状のマグネットを作ろうよ。
花　子：どのような作業が必要かな。
太　郎：マグネットシートに棒状のマグネットの型を「かく」作業と、かいたものを型どおりに「切る」作業の、２種類の作業が必要だよ。
花　子：先に「かく」作業から始めないといけないね。マグネットシート１枚から、棒状のマグネットは何個作れるのかな。
太　郎：１枚のマグネットシートからは、６個の棒状のマグネットが作れるんだよ。だから、マグネットシートを７枚用意したよ。
花　子：作業には、それぞれどのくらいの時間がかかるのかな。
太　郎：以前に試《ため》してみたことがあるけれど、私はマグネットシート１枚当たり「かく」作業に１０分、「切る」作業に５分かかったよ。
花　子：私は「かく」作業と「切る」作業に、それぞれどのくらいの時間がかかるかな。
太　郎：試してみようよ。どのくらいの時間がかかるのか、計ってあげるよ。

花子さんは１枚のマグネットシートから、６個の棒状のマグネットを作りました。

太　郎：**花子**さんは、「かく」作業も「切る」作業も、マグネットシート１枚当たりそれぞれ７分かかったよ。これで、二人の作業にかかる時間が分かったね。

花　子：二人で力を合わせて、棒状のマグネットを作ろうよ。作業をするときに注意することはあるかな。

太　郎：作業中のシートが混ざらないようにしたいね。

花　子：では、「かく」作業をするときも、「切る」作業をするときも、マグネットシート１枚分の作業を終わらせてから、次の作業をするようにしよう。

太　郎：それがいいね。でも、どちらかの人が「かく」作業を終えた１枚分のマグネットシートを、もう一方の人が「切る」作業をすることはいいことにしよう。

花　子：マグネットシートが残っている間は、休まずにやろう。

太　郎：マグネットシートは、あと６枚残っているよ。

花　子：６枚のマグネットシートを全て切り終えると、私の試した分と合わせて棒状のマグネットが４２個になるね。

太　郎：それだけあれば、十分だよね。次の係活動の時間に、６枚のマグネットシートを全て切り終えよう。

花　子：それまでに、作業の順番を考えておこうか。

太　郎：分担《ぶんたん》の仕方を工夫《くふう》して、できるだけ早く作業を終わらせたいよね。

花　子：係活動の時間が４５分間なので、時間内に終わるようにしたいね。

〔問題１〕　二人で６枚のマグネットシートを切り終えるのが４５分未満になるような作業の分担《ぶんたん》の仕方を考え、答え方の例のように、「かく」、「切る」、「→」を使って、解答らんに**太郎《たろう》**さんと**花子**さんの作業の順番をそれぞれ書きなさい。また、６枚のマグネットシートを切り終えるのにかかる時間を答えなさい。

　ただし、最初の作業は同時に始め、二人が行う「かく」または「切る」作業は連続して行うものとし、間は空けないものとします。二人が同時に作業を終えなくてもよく、それぞれが作業にかかる時間は常に一定であるものとします。

行った作業	答え方の例
１枚のマグネットシートに「かく」作業をした後に、型がかかれているマグネットシートを「切る」作業をする場合。	かく　→　切る
１枚のマグネットシートに「かく」作業をした後に、他の１枚のマグネットシートを「かく」作業をする場合。	かく　→　かく

太郎さんと**花子**さんは、次の係活動の時間で棒状のマグネットを作りました。そして、運動会の前日に、得点係の打ち合わせをしています。

太　郎：このマグネットで、0から9の数字を表すことができるよ。(**図3**)

図3　マグネットをつけて表す数字

花　子：マグネットは、つけたり取ったりすることができるから便利だね。1枚のボードを180度回して、別の数字を表すこともできそうだね。

太　郎：そうだよ。6のボードを180度回すと9になるんだ。ただし、マグネットをつけるボードはとう明ではないから、ボードを裏返《うらがえ》すと数字は見えなくなるよ。

花　子：そうなんだ。

太　郎：2枚のボードを入れかえて、違《ちが》う数字を表すこともできるよ。例えば、123の1と3のボードを入れかえて、321にすることだよ。(**図4**)

花　子：工夫をすると、短い時間で変えられそうだね。

太　郎：操作《そうさ》にかかる時間を計ってみようか。全部で操作は4種類あるから、操作に番号をつけるよ。

図4　ボードを入れかえる前と後

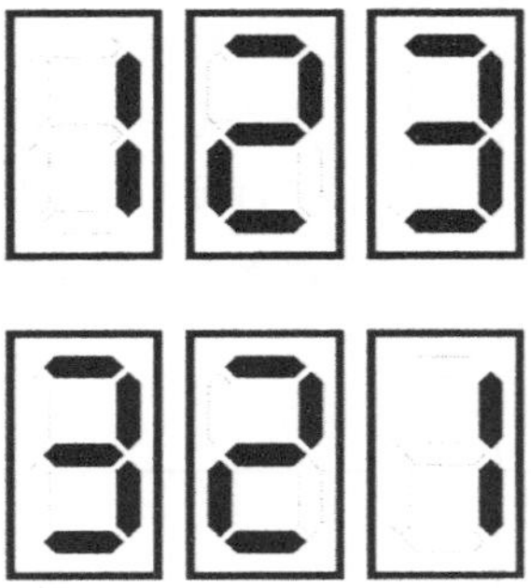

得点板の操作を一人で行ったときにかかる時間
- 操作1：1個のマグネットをつける　2秒
- 操作2：1個のマグネットを取る　2秒
- 操作3：1枚のボードを180度回す　3秒
- 操作4：2枚のボードを入れかえる　3秒

花　子：得点は、3けたまで必要だよね。短い時間で変えられるような、工夫の仕方を考えよう。

太　郎：では、私一人で得点板の数字を456から987にしてみるよ。何秒で、できるかな。

〔問題２〕 得点板の数字を４５６から９８７にする場合、最短で何秒かかるのか答えなさい。
また、答え方の例を参考にして、解答らんに元の数字と変えた数字をそれぞれ一つずつ書き、文章で説明しなさい。ただし、解答らんの全ての段《だん》を使用しなくても構いません。

操作《そうさ》 (かかる時間)	答え方の例
００１を００８にする場合 (１０秒)	〔 １ 〕→〔 ８ 〕 １にマグネットを５個つける。
００８を００９にする場合 (２秒)	〔 ８ 〕→〔 ９ 〕 ８からマグネットを１個取る。
００４を００５にする場合 (６秒)	〔 ４ 〕→〔 ５ 〕 ４にマグネットを２個つけて１個取る。
０１６を０１９にする場合 (３秒)	〔 ６ 〕→〔 ９ 〕 ６のボードを１８０度回す。
１２３を３２１にする場合 (３秒)	〔 １ 〕→〔 ３ 〕 一の位と百の位のボードを入れかえる。 〔 ３ 〕→〔 １ 〕 ※どちらの書き方でもよい。

2　学校の社会科クラブで地球の環境《かんきょう》問題について学んだ**あさこ**さんと**けんじ**さんは、世界のいろいろな地域《ちいき》の森林面積について、より深く調べたいと思い、たくさんの資料を持っている**おじいさん**の家を訪《たず》ねました。

あ　さ　こ： 世界全体では森林面積が減少していることを学んだけれど、世界のどの地域でも同じなのかな。地域によるちがいはないのかな。

け　ん　じ： 地域によっては、増加しているところもあるかもしれないね。

おじいさん： **資料１**に示した６つの地域について、いくつかの資料があるよ。まず、世界全体と地域ごとの森林面積についての**資料２**を見てごらん。変化の様子を知るために、２０００年の森林面積に対する２０１０年と２０２０年の森林面積の割合《わりあい》を計算してみるとよいね。

あ　さ　こ： ２０００年の森林面積の何％なのかだけでなく、それぞれの年の森林面積が、２０００年の森林面積から、何％増加しているか、何％減少しているかを計算して、表やグラフにしてみると、増加や減少の変化が分かりやすくなりそうだね。

け　ん　じ： では、**資料２**をもとに**資料３**を作ってみよう。まずは、世界全体と北アメリカについて計算して、表とグラフにしてみたよ。地域によってずいぶんとちがいがありそうだね。

おじいさん： それぞれの地域の一人当たりの国民総所得についての**資料４**、人口についての**資料５**も見てごらん。国民総所得とは、国民が１年間に生産した物の価値《かち》や、物としては表せない情報産業や運輸業のような仕事の価値をお金に置きかえて合計したものだよ。人々《ひとびと》の経済的《けいざいてき》な豊かさの目安になる数値《すうち》だよ。

〔問題１〕（１）　**資料２**の数値を用いて、解答用紙の表を完成させなさい。答えは、表に書かれている数値と同じように、小数第二位を四捨五入《ししゃごにゅう》した小数第一位までの数値で書きなさい。

（２）（１）で計算した数値を用いて、解答用紙のグラフを完成させなさい。

（３）　６つの地域の中から一つの地域を選び、**資料４**や**資料５**をふまえて、森林面積の増加や減少の理由について、あなたの考えを書きなさい。

資料１　世界の地域《ちいき》

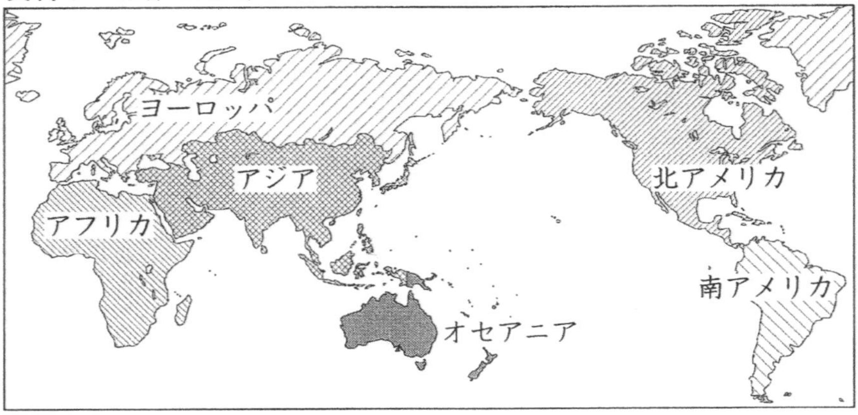

資料２　世界全体と地域ごとの森林面積（単位：万ｋｍ^2）

	２０００年	２０１０年	２０２０年
世界全体	4158.1	4106.3	4058.9
アジア	587.4	611.0	622.7
アフリカ	710.0	676.0	636.6
ヨーロッパ	1002.3	1014.0	1017.5
北アメリカ	752.3	754.2	752.7
南アメリカ	922.6	870.2	844.2
オセアニア	183.3	181.0	185.2

（国際連合食糧《しょくりょう》農業機関「世界森林資源《しげん》評価２０２０」より作成）

資料３　森林面積の２０００年に対する割合《わりあい》と、増加と減少の割合（数値は％）

	２０１０年		２０２０年	
世界全体	98.8	1.2減少	97.6	2.4減少
アジア				
アフリカ				
ヨーロッパ				
北アメリカ	100.3	0.3増加	100.1	0.1増加
南アメリカ				
オセアニア				

資料４　世界全体と地域ごとの一人当たりの国民総所得（単位：ドル）

	２０００年	２０１０年	２０２０年
世界全体	5135.3	9001.2	10872.8
アジア	2293.9	4565.4	7003.5
アフリカ	695.1	1527.4	1774.2
ヨーロッパ	13243.1	27043.4	27973.1
北アメリカ	22568.4	32197.3	41624.0
南アメリカ	3622.2	8165.5	6532.8
オセアニア	14950.2	33473.5	36908.8
参考：日本	35606.8	42004.8	42028.3

（二宮書店「データブック オブ・ザ・ワールド」より作成）

資料５　世界全体と地域ごとの人口（単位：万人）

	２０００年	２０１０年	２０２０年
世界全体	608738	692542	778212
アジア	371062	419205	463375
アフリカ	79264	103144	133883
ヨーロッパ	72701	73247	74961
北アメリカ	48180	54152	58767
南アメリカ	34557	39298	43046
オセアニア	2974	3495	4182

（二宮書店「データブック オブ・ザ・ワールド」より作成）

けんじ：世界の中でも地域によって増加と減少の様子にちがいがあることが分かったね。でも、なぜちがいがあるのだろう。

あさこ：森林の木を切るということは、何かに使うということだよね。切った木の使い道に、地域によるちがいがあるということなのかな。

けんじ：一人当たりの国民総所得も、地域によってちがいがあるね。何か関係があるのかな。

おじいさん：世界のそれぞれの地域についての資料は、ここには無いよ。そのかわりに、日本についての二つの資料があるので、それをもとに考えてみると、世界のそれぞれの地域について分かるかもしれないよ。**資料6**は、日本での木材の使い道の移り変わりを示したものだよ。**資料7**は、日本の一人当たりの国民総所得の移り変わりを示したものだよ。

けんじ：**資料6**にある「薪炭材《しんたんざい》」とは、何のことかな。

おじいさん：「薪」は習っていない字だね。訓読みは「まき」だよ。だから薪炭材とは、「まき」と「炭」のことだね。昔は、「まき」や「炭」を燃料として使っていた家庭も多かったよ。

あさこ：昔と最近とでは、木材の使い道にちがいがあるし、一人当たりの国民総所得にもちがいがあるね。木材の使い道と一人当たりの国民総所得との間には、何か関係がありそうだね。

けんじ：日本の一人当たりの国民総所得の昔と最近とのちがいは、最近の世界の地域の間のちがいを考える参考になりそうだね。

あさこ：なぜ木を切ってしまうのだろう、とばかり考えていたけれど、切らなければいけない理由もあるかもしれないね。

けんじ：林業は、木を切ることが大切な仕事の一つだよね。

あさこ：林業以外でも、人々が生活していくために木を切らなければいけない理由もあるだろうね。

けんじ：けれども、森林面積が減ることは、地球の環境にとって良いことではないよね。

あさこ：人々の生活を守りながら、森林を守らないといけないね。

けんじ：森林を守るには、森林面積を増加させないといけないね。何をしたらよいのだろう。

おじいさん：増加させるために何をしたらよいかを考えることも大切だけれど、減少させないために何をしたらよいかを考えることも大切なのではないかな。

けんじ：なるほど、さっき作ったグラフを上にのばしていくためにやるべきことと、下にのばさないようにするためにやるべきことは、同じではないかもしれないね。

あさこ：森林面積を増加させるために、それから、減少させないために、私《わたし》たちにできることはたくさんあるよね。よく考えて行動しなくてはいけないね。

けんじ：一人一人の行動も大切だけれど、国同士で協力することも大切だよね。

〔問題２〕　今までの会話文、問題、解答、**資料６**、**資料７**を参考にして、「世界の森林面積を増加させるためにはどうしたらよいか」「世界の森林面積を減少させないためにはどうしたらよいか」について、世界の国々《くにぐに》はどのような協力をすればよいと考えますか。あなたの考える国同士の協力を、それぞれの目的ごとに分けて、１５１字以上２１０字以内で書きなさい。

なお、解答らんには、段落《だんらく》をかえずに書きなさい。「、」や「。」もそれぞれ字数に数えます。

資料6　日本での木材の使い道の移り変わり

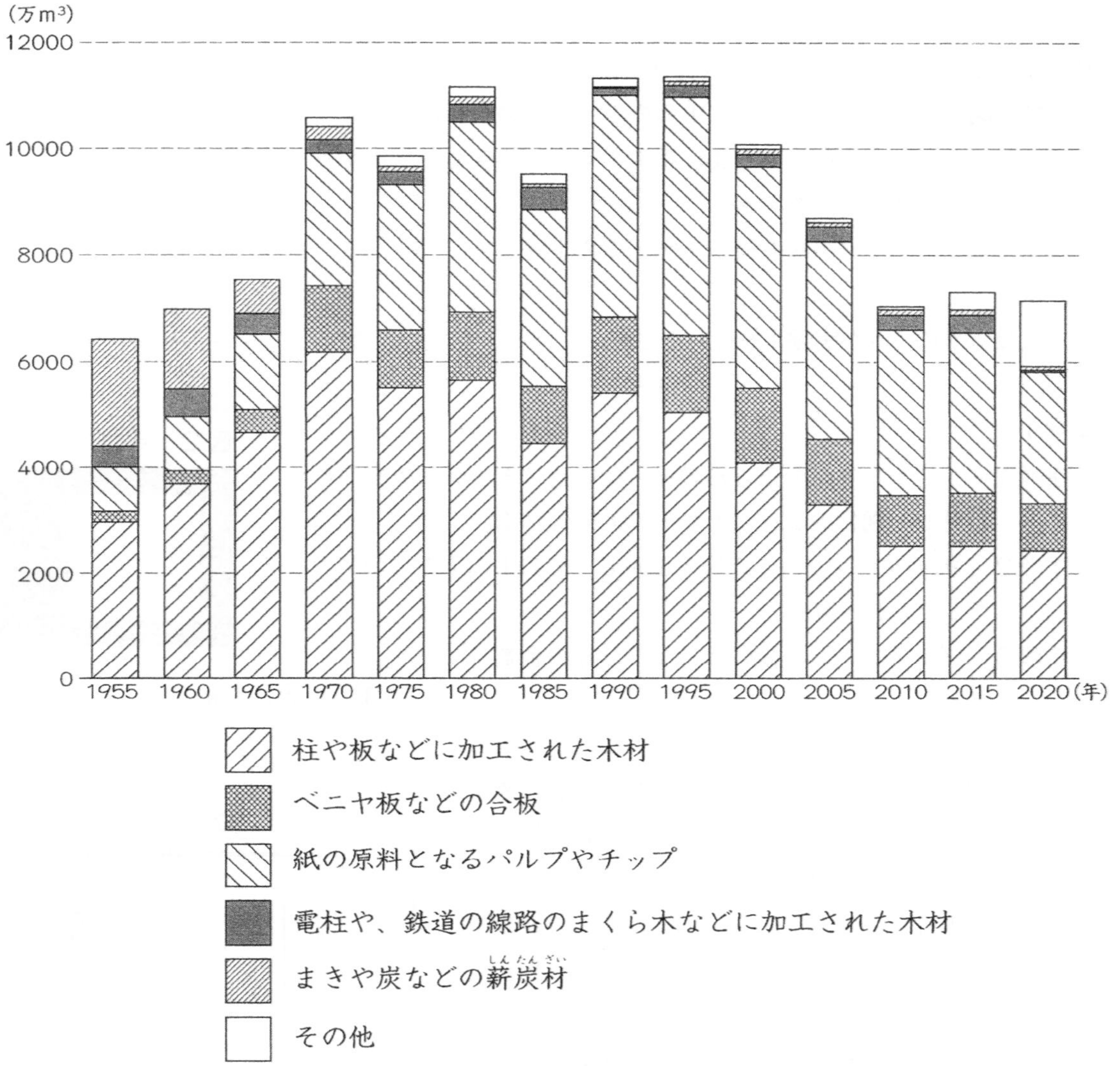

（林野庁《りんやちょう》「令和３年木材需給《じゅきゅう》表」より作成）

資料7　日本の一人当たりの国民総所得の移り変わり（単位：万円）

１９５５年	１９６０年	１９６５年	１９７０年	１９７５年	１９８０年	１９８５年
９.７	１７.８	３４.３	７２.５	１３６.０	２１２.０	２７４.０
１９９０年	１９９５年	２０００年	２００５年	２０１０年	２０１５年	２０２０年
３６７.５	４１５.０	４２２.６	４２１.１	４００.４	４３５.４	４３９.７

（矢野恒太《やのつねた》記念会「数字でみる日本の100年」、矢野恒太記念会「日本国勢図会《ずえ》2022／23」より作成）

3　**花子**さんと**太郎**《たろう》さんがまさつについて話をしています。

花　子：生活のなかで、すべりにくくする工夫《くふう》がされているものがあるね。
太　郎：**図１**のように、ペットボトルのキャップの表面に縦《たて》にみぞがついているものがあるよ。手でキャップを回すときにすべりにくくするためなのかな。
花　子：プラスチックの板を使って調べてみよう。

図１　ペットボトル

二人は、次のような**実験１**を行いました。

実験１

手順１　１辺が７ｃｍの正方形の平らなプラスチックの板を何枚《まい》か用意し、**図２**のようにそれぞれ糸をつける。

図２　手順１の板

手順２　机《つくえ》の上にフェルトの布を固定し、その上に正方形のプラスチックの板を置く。

手順３　プラスチックの板の上に７５０ｇの金属をのせる。

手順４　同じ重さのおもりをいくつか用意する。**図３**のように、糸の引く方向を変えるために机に表面がなめらかな金属の丸い棒《ぼう》を固定し、プラスチックの板につけた糸を棒の上に通して、糸のはしにおもりをぶら下げる。おもりの数を増やしていき、初めてプラスチックの板が動いたときのおもりの数を記録する。

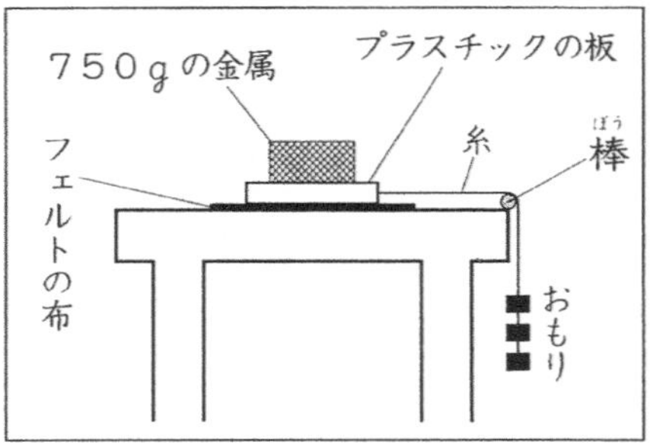

図３　手順４の様子

手順５　手順３の金属を１０００ｇの金属にかえて、手順４を行う。

手順６　**図４**のように、手順１で用意したプラスチックの板に、みぞをつける。みぞは、糸に対して垂直《すいちょく》な方向に０．５ｃｍごとにつけることとする。

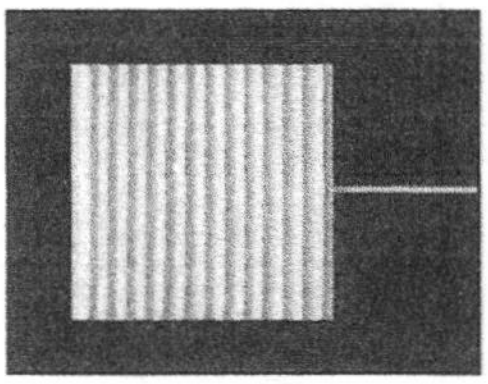
図４　手順６の板

手順７　手順６で作ったプラスチックの板を、みぞをつけた面を下にして手順２～手順５を行い、記録する。

手順８　**図５**のように、手順１で用意したプラスチックの板に、みぞをつける。みぞは、糸に対して平行な方向に０．５ｃｍごとにつけることとする。

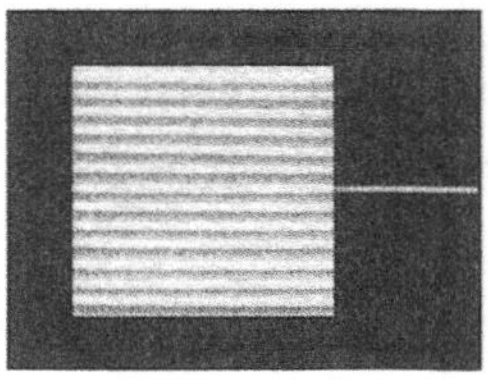
図５　手順８の板

手順９　手順８で作ったプラスチックの板を、みぞをつけた面を下にして手順２～手順５を行い、記録する。

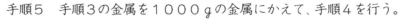

実験１の結果は、**表１**のようになりました。

表１　実験１の結果

	手順１の板	手順６の板	手順８の板
７５０ｇの金属をのせて調べたときのおもりの数（個）	１４	１９	１３
１０００ｇの金属をのせて調べたときのおもりの数（個）	１８	２５	１７

太　郎：手でペットボトルのキャップを回すときの様子を調べるために、机の上にフェルトの布を固定して実験したのだね。

花　子：ペットボトルのキャップを回すとき、手はキャップをつかみながら回しているよ。

〔問題１〕　手でつかむ力が大きいときでも小さいときでも、**図１**のように、表面のみぞの方向が回す方向に対して垂直《すいちょく》であるペットボトルのキャップは、すべりにくくなると考えられます。そう考えられる理由を、**実験１**の結果を使って説明しなさい。

太　郎：そりで同じ角度のしゃ面をすべり下りるとき、どのようなそりだと速くすべり下りることができるのかな。

花　子：しゃ面に接する面積が広いそりの方が速くすべり下りると思うよ。

太　郎：そうなのかな。重いそりの方が速くすべり下りると思うよ。

花　子：しゃ面に接する素材によっても速さがちがうと思うよ。

太　郎：ここにプラスチックの板と金属の板と工作用紙の板があるから、まず面積を同じにして調べてみよう。

二人は、次のような**実験２**を行いました。

実験２

手順１　**図６**のような長さが約１００ｃｍで上側が平らなアルミニウムでできたしゃ面を用意し、水平な机《つくえ》の上でしゃ面の最も高いところが机から約４０ｃｍの高さとなるように置く。

図６　しゃ面

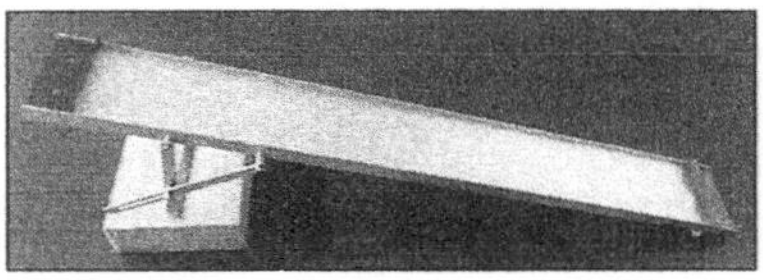

手順２　**図７**のような１辺が１０ｃｍの正方形のア～ウを用意し、重さをはかる。そして、それぞれしゃ面の最も高いところに置いてから静かに手をはなし、しゃ面の最も低いところまですべり下りる時間をはかる。ただし、工作用紙の板は、ますがかかれている面を上にする。

図７　ア～ウ

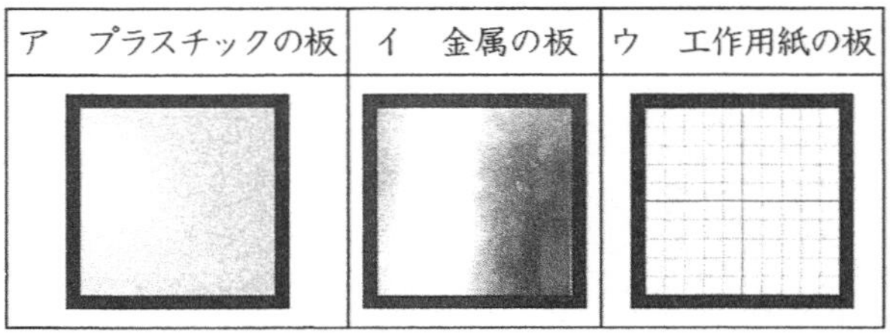

実験２の結果は、**表２**のようになりました。

表２　**実験２**の結果

	ア　プラスチックの板	イ　金属の板	ウ　工作用紙の板
面積（cm^2）	１００	１００	１００
重さ（g）	５．２	２６．７	３．７
すべり下りる時間（秒）	１．４	０．９	１．８

太　郎：速くすべり下りるには、重ければ重いほどよいね。

花　子：本当にそうなのかな。プラスチックの板と金属の板と工作用紙の板をそれぞれ１枚《まい》ずつ積み重ねて調べてみよう。

二人は、次のような**実験３**を行いました。

実験３

手順１　**実験２**の手順１と同じしゃ面を用意する。

手順２　**実験２**の手順２で用いたプラスチックの板と金属の板と工作用紙の板を、それぞれ６枚ずつ用意する。それらの中からちがう種類の板、合計３枚を**図８**のように積み重ねて、板の間を接着ざいで接着したものを作り、１号と名前をつける。さらに、３種類の板を１枚ずつ順番をかえて積み重ねて、１号を作ったときに使用した接着ざいと同じ重さの接着ざいで接着したものを五つ作り、それぞれ２号～６号と名前をつける。ただし、積み重ねるとき、工作用紙の板は、ますがかかれている面が上になるようにする。

手順３　１号～６号を、積み重ねた順番のまま、それぞれしゃ面の最も高いところに置いてから静かに手をはなし、しゃ面の最も低いところまですべり下りる時間をはかる。

図８　板を積み重ねた様子

ア	プラスチックの板
イ	金属の板
ウ	工作用紙の板

実験３の結果は、**表３**のようになりました。ただし、アはプラスチックの板、イは金属の板、ウは工作用紙の板を表します。また、A、B、Cには、すべり下りる時間（秒）の値《あたい》が入ります。

表３　**実験３**の結果

	１号	２号	３号	４号	５号	６号
積み重ねたときの一番上の板	ア	ア	イ	イ	ウ	ウ
積み重ねたときのまん中の板	イ	ウ	ア	ウ	ア	イ
積み重ねたときの一番下の板	ウ	イ	ウ	ア	イ	ア
すべり下りる時間（秒）	１．８	A	１．８	B	C	１．４

〔問題２〕　**実験３**において、１号～６号の中で、すべり下りる時間が同じになると考えられる組み合わせがいくつかあります。１号と３号の組み合わせ以外に、すべり下りる時間が同じになると考えられる組み合わせを一つ書きなさい。また、すべり下りる時間が同じになると考えた理由を、**実験２**では同じでなかった条件のうち**実験３**では同じにした条件は何であるかを示して、説明しなさい。

適 性 検 査 Ⅲ

注　　意

1　問題は 1 から 2 までで、１１ページにわたって印刷してあります。

2　検査時間は４５分で、終わりは**午後０時１５分**です。

3　声を出して読んではいけません。

4　計算が必要なときは、この問題用紙の余白を利用しなさい。

5　答えは全て解答用紙に明確に記入し、**解答用紙だけを提出しなさい。**

6　答えを直すときは、きれいに消してから、新しい答えを書きなさい。

7　**受検番号**を解答用紙の決められたらんに記入しなさい。

東京都立小石川中等教育学校

1 　理科クラブの活動中に、**みずほ**さんと**のぞみ**さんと**先生**が話をしています。

みずほ：先週、友だちに電話をしたのだけれど、話している相手が友だちだと思って話を続けようとしたら、実は友だちのお姉さんと話していたんだ。

のぞみ：電話で人の声を聞くと、直接聞くのとちがって聞こえるね。

みずほ：友だちの家に遊びに行ったときは、友だちとお姉さんの声は聞き分けられたよ。実際にその人を前にして発せられた声を聞くと、ちゃんとだれか分かるのに、不思議だね。

のぞみ：ひょっとしたら、人の声は電話を通すと、元の音から変化するのかもしれないね。直接聞く声と、電話から聞こえる声を見える形にして、比べることはできないかな。

みずほ：**先生**、声を見える形にして分せきする良い方法はありますか。

先　生：オシロスコープという機械を通してみると、音が波のような形で見えます。声も音の一種なのでオシロスコープで見ることができますね。

のぞみ：ありがとうございます。このオシロスコープを使って、直接聞く声と、電話から聞こえる声を録音して、分せきしてみよう。

先　生：では、**みずほ**さん、「あー」と声を出してください。この音をオシロスコープで見てみると**図１**のようになります。次に、**のぞみ**さん、お願いします。**図２**は同じようにして**のぞみ**さんの声をオシロスコープで見たものです。音が出る時にはものがふるえていることを学びましたね。図の縦《たて》じくの「**しんぷく**」は、ものがどれくらい大きくふるえているかを表しています。オシロスコープは、**図１**のように、ものがふるえている様子を図にして表すことができます。では次に、電話を通した**のぞみ**さんの声をオシロスコープで見てみましょう（**図３**）。波の形を比べてみましょう。

図1　みずほさんの声をオシロスコープで見たときの形

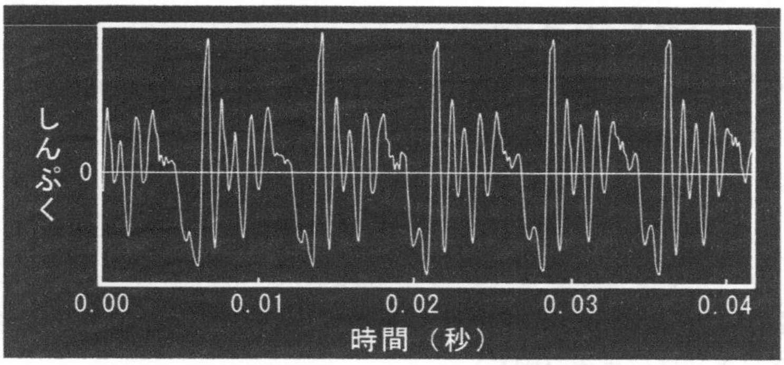

図2　のぞみさんの声をオシロスコープで見たときの形

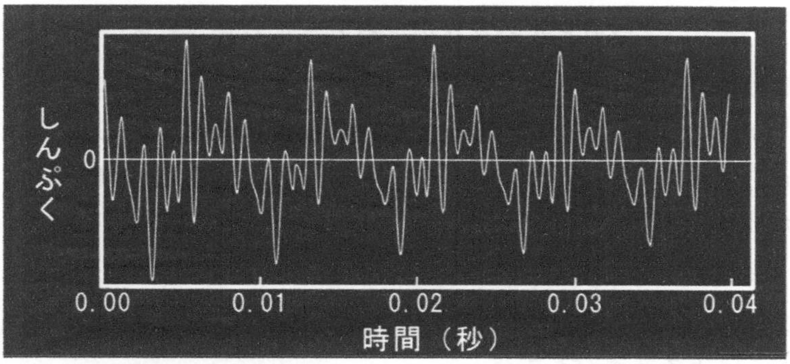

図3　電話を通した**のぞみ**さんの声をオシロスコープで見たときの形

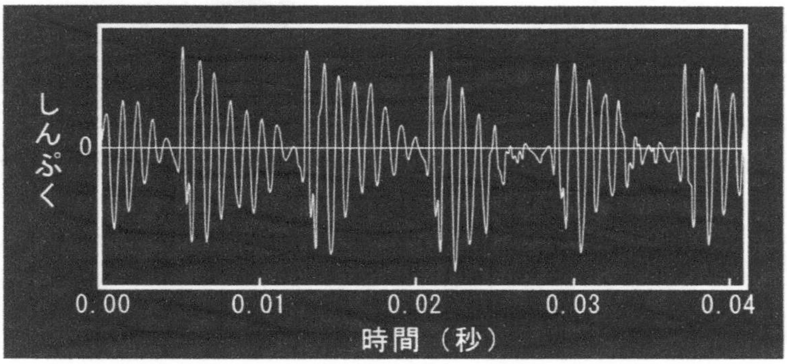

〔問題1〕（1）　人の声を直接聞いているときのことを考えます。知っている人だと、声を聞いただけでだれかが分かることがあります。私《わたし》たちは、人の声をどのようにして区別しているのだと思いますか。**図1**～**図3**のうちから二つ選んで比かくし、あなたの考えを一つ書きなさい。

（2）　電話だと話をしている人を間ちがえることがありますが、それはなぜだと思いますか。**図1**～**図3**のうちから二つ選んで比かくし、あなたの考えを一つ書きなさい。

のぞみ： そういえば、人以外の動物たちの中にも声でコミュニケーションをとる動物がいるけれど、声のちがいを聞き分けているのかな。

みずほ： 近くの田んぼでたくさんのカエルたちが鳴いているね。私《わたし》たちには分からないけれども、声でコミュニケーションをとっているのかな。

先　生： カエルの鳴き声を分せきした研究があります。この研究は、カエルの鳴き声のコミュニケーションについて調べ、それを無線通信などの情報通信技術に活用できないかについて考えたものです。その研究論文《ろんぶん》は、田んぼにたくさんいるアマガエル（**図4**）がどのように鳴いているのかを調べた別の論文を参考にし、それをさらに発展《はってん》させています（**図5**）。

みずほ： 田んぼには、たくさんのアマガエルがいますね。全てのアマガエルが鳴くのですか。

先　生： いっぱん的には、オスのアマガエルがメスのアマガエルを呼《よ》ぶために鳴いています。**図5**は全て同じ時刻《じこく》でカエルの鳴き声の測定を始めたときの様子です。

のぞみ： これを見ると、アマガエルはそれぞれ好きな時に自由に鳴いているのではないように見えますね。もっとたくさんカエルがいる田んぼなどでは、鳴く順番などのルールがあるのかな。

みずほ： それを知るためには、たくさんいるアマガエルのうちどこにいるアマガエルが鳴いたのかを分かるようにする必要があるね。

のぞみ： 鳴いたアマガエルの位置を知るにはどうしたらいいのだろう。

図4　アマガエル

図5　3びきのアマガエルが鳴く様子

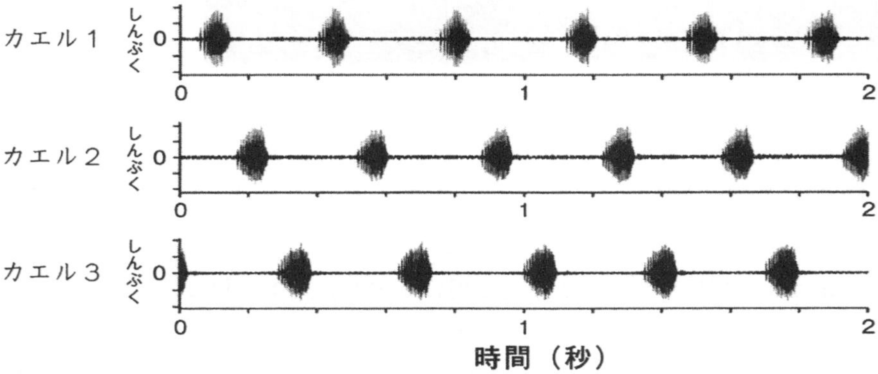

（合原一究《あいはらいっきゅう》ほか「自律《じりつ》分散型コミュニケーションシステムとしてのカエルの合唱法則の数理モデリングと応用」より作成）

〔問題２〕（１）**図５**から、アマガエルは他のアマガエルと声が重ならないように鳴いていることが分かります。なぜ他のアマガエルと重ならないように鳴くのだと思いますか。あなたの考えを一つ書きなさい。

（２）アマガエルは、どのように自分が鳴くタイミングを判断していると思いますか。あなたの考えと、そう考える理由を書きなさい。

（３）鳴いたアマガエルの位置をはあくするためには、どのような工夫《くふう》をしたらよいと思いますか。その工夫を考え、説明しなさい。説明には図を用いてもかまいません。

先　生：**図５**は２秒間、鳴き声を記録したときの様子ですが、**図６**は９００秒の長い時間で記録したときの図です。

みずほ：**図６**を見ると、アマガエルは常に鳴き続けているわけではないみたいだね。

のぞみ：アマガエルは常に鳴いているのだと思っていたけれど、そうではないようだね。

図６　長い間かくで記録した複数のアマガエルが鳴く様子

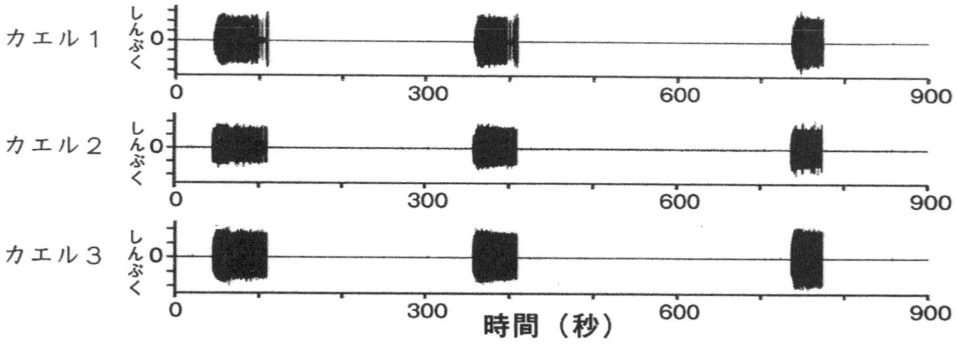

（合原一究《あいはらいっきゅう》ほか「自律《じりつ》分散型コミュニケーションシステムとしてのカエルの合唱法則の数理モデリングと応用」より作成）

〔問題３〕**のぞみ**さんは「アマガエルは常に鳴いているのだと思っていたけれど、そうではないようだね。」と言っています。この他にアマガエルの鳴き方について**図６**から分かることを一つ書きなさい。また、アマガエルがそのように鳴く理由について考え、説明しなさい。

みずほ：鳴いているときをオンの状態、鳴いていないときをオフの状態とすると、オン・オフの状態があるのはカエルの鳴き方だけではないね。

のぞみ：カエルが鳴いたり鳴いていなかったりする様子をオン・オフと考えるなんて、**みずほ**さんはおもしろい考え方をするね。

先　生：そうですね。身の回りのものにあてはめて考えることができそうですね。

〔問題４〕　あなたの身の回りのもので、自動的にオンとオフが切りかわるものについて一つ例を挙げ、何のためにオンとオフが切りかわっているか、あなたの考えを説明しなさい。

このページには問題は印刷されていません。

2 **はるか**さんと**ゆうき**さんは、お楽しみ会の実行委員として、当日に向けて準備を進めています。

はるか：お楽しみ会には、Ａさん、Ｂさん、Ｃさん、Ｄさん、Ｅさんの５人のグループ１と、Ｐさん、Ｑさん、Ｒさん、Ｓさん、Ｔさんの５人のグループ２の計１０人が参加するよ。

ゆうき：どのようなことをするか決めているのかな。

はるか：最初に、プレゼント交かんをしようと考えているんだ。

ゆうき：どのように行うのかな。

はるか：グループ１、グループ２のそれぞれのグループで行うもので、５人のメンバーが一人一つずつプレゼントを持ち寄って、それぞれのグループ内のメンバー同士で交かんするんだよ。

ゆうき：なるほど。希望するプレゼントがもらえるといいね。

はるか：そうだね。だから、グループ１、グループ２それぞれの５人のメンバーには、あらかじめプレゼントが何であるか教えておいて、どのプレゼントをほしいか希望をとっておいたよ。

ゆうき：Ａさん、Ｂさん、Ｃさん、Ｄさん、Ｅさんが持ってくるプレゼントはそれぞれ①、②、③、④、⑤で、Ｐさん、Ｑさん、Ｒさん、Ｓさん、Ｔさんが持ってくるプレゼントはそれぞれ⑥、⑦、⑧、⑨、⑩なんだね。

はるか：それぞれのグループのメンバーが、どのプレゼントをほしいかをまとめたものが**図１**だよ。

図１

グループ1		グループ2	
メンバー	ほしいプレゼント	メンバー	ほしいプレゼント
Ａさん	②または③	Ｐさん	⑦または⑨
Ｂさん	①または③または④	Ｑさん	⑥または⑨
Ｃさん	④または⑤	Ｒさん	⑥または⑦または⑨
Ｄさん	③または⑤	Ｓさん	⑥または⑧または⑩
Ｅさん	①または②または④	Ｔさん	⑥または⑨

ゆうき： もらえるプレゼントは一人一つだよね。

はるか： そのとおりだよ。それぞれのグループについて、５人のメンバー全員が自分のほしいプレゼントをもらえるようにするには、メンバーとプレゼントをどのような組み合わせにすればよいかな。

ゆうき： グループ１は５人のメンバー全員が自分のほしいプレゼントをもらえるような組み合わせができるけれど、グループ２はどのような組み合わせにしても、自分のほしいプレゼントがもらえないメンバーがいることになってしまうね。

〔問題１〕（１） グループ１について、５人のメンバー全員が自分のほしいプレゼントをもらえるようにするとき、メンバーとプレゼントの組み合わせを一つ答えなさい。答えるときは、解答らんに示した表の空らんに、①、②、③、④、⑤の番号を書きなさい。

（２） グループ２について、メンバーとプレゼントをどのような組み合わせにしても、自分のほしいプレゼントをもらえないメンバーがいるのはなぜか説明しなさい。

ゆうき：次にどのようなことをするのかな。

はるか：グループ１とグループ２のメンバーとでペアをつくってダンスをするよ。グループ１のメンバー一人一人にグループ２のメンバーの名前が書かれた５枚《まい》のカードを引いてもらったよ。同じように、グループ２のメンバー一人一人にグループ１のメンバーの名前が書かれた５枚のカードを引いてもらったよ。そして、より先に引いたカードに書かれた名前のメンバーとできるだけペアになるようにするよ。それぞれのメンバーが引いたカードの順をまとめたものが**図２**と**図３**だよ。

図２　グループ１のメンバーが引いたカードの順

	Ａさん	Ｂさん	Ｃさん	Ｄさん	Ｅさん
先	Ｓさん	Ｐさん	Ｐさん	Ｒさん	Ｒさん
↑	Ｐさん	Ｔさん	Ｒさん	Ｓさん	Ｐさん
	Ｒさん	Ｑさん	Ｑさん	Ｑさん	Ｔさん
↓	Ｑさん	Ｒさん	Ｔさん	Ｔさん	Ｑさん
後	Ｔさん	Ｓさん	Ｓさん	Ｐさん	Ｓさん

図３　グループ２のメンバーが引いたカードの順

	Ｐさん	Ｑさん	Ｒさん	Ｓさん	Ｔさん
先	Ｃさん	Ａさん	Ａさん	Ｂさん	Ｄさん
↑	Ｅさん	Ｂさん	Ｄさん	Ｅさん	Ｅさん
	Ａさん	Ｃさん	Ｃさん	Ｄさん	Ａさん
↓	Ｄさん	Ｄさん	Ｅさん	Ａさん	Ｂさん
後	Ｂさん	Ｅさん	Ｂさん	Ｃさん	Ｃさん

ゆうき：これらの図を見ると、ＣさんとＰさんは最初に引いたカードにたがいの名前が書かれているから、この二人はペアにしよう。

はるか：その他の４組のペアはどのように決めたらよいか、考えてみよう。

ゆうき：**図２**、**図３**をもとにして、**図４**、**図５**のようにペアの組み合わせを決めてみたよ。これらの図の色を付けたところが、ペアになる相手だよ。

はるか：ちょっと待って。**図４**のＥさんのらんと**図５**のＴさんのらんを見て。ＥさんにとってＴさんはＱさんよりも先に引いていて、ＴさんにとってＥさんはＢさんよりも先に引いているから、ＥさんとＴさんでペアをつくり、ＢさんとＱさんでペアをつくった方が、たがいにより先に引いたメンバーとペアをつくることができるよ。そのような場合は優先《ゆうせん》してペアにしたいんだ。

図4　ゆうきさんが考えた、グループ１のメンバーがペアになる相手

Ａさん	Ｂさん	Ｃさん	Ｄさん	Ｅさん
Ｓさん	Ｐさん	Ｐさん	Ｒさん	Ｒさん
Ｐさん	Ｔさん	Ｒさん	Ｓさん	Ｐさん
Ｒさん	Ｑさん	Ｑさん	Ｑさん	Ｔさん
Ｑさん	Ｒさん	Ｔさん	Ｔさん	Ｑさん
Ｔさん	Ｓさん	Ｓさん	Ｐさん	Ｓさん

図5　ゆうきさんが考えた、グループ２のメンバーがペアになる相手

Ｐさん	Ｑさん	Ｒさん	Ｓさん	Ｔさん
Ｃさん	Ａさん	Ａさん	Ｂさん	Ｄさん
Ｅさん	Ｂさん	Ｄさん	Ｅさん	Ｅさん
Ａさん	Ｃさん	Ｃさん	Ｄさん	Ａさん
Ｄさん	Ｄさん	Ｅさん	Ａさん	Ｂさん
Ｂさん	Ｅさん	Ｂさん	Ｃさん	Ｃさん

ゆうき：そうか。では、ＥさんとＴさんをペアにしておいた方がいいね。でも、そうするとＢさんのペアがＱさんになるから、ＢさんにとってはＴさんより後に引いたＱさんとペアをつくることになってしまうね。

はるか：Ｂさんのように、もともとペアだったメンバーよりも後に引いたメンバーとペアになることになったとしても、５組のペア全体として、たがいにより先に引いたメンバーとペアになることを優先して考えるよ。そのように考えて、**図６**のような５組のペアをつくると、５組のペア全体としてはこれ以上ペアをつくり直す必要がない状態となるよ。このような５組のペアのことを「安定した状態の５組」とよぶことにしよう。

図６　５組のペアが「安定した状態の５組」となるメンバーの組み合わせの例

グループ１	Ａさん	Ｂさん	Ｃさん	Ｄさん	Ｅさん
グループ２	Ｓさん	Ｑさん	Ｐさん	Ｒさん	Ｔさん

〔問題２〕　５組のペアが「安定した状態の５組」となるとき、その５組のペアの組み合わせを、**図６**に示した組み合わせ以外に一つ答えなさい。答えるときは、解答らんに示した表の空らんに、Ｑ、Ｒ、Ｓ、Ｔの記号を書きなさい。

はるか：お楽しみ会の最後は、私《わたし》たち実行委員の二人も参加してできる遊びを考えたよ。

ゆうき：どのようなことをするのかな。

はるか：私たち二人と１０人のメンバーの合計１２人のそれぞれが、制限時間内に、自分自身とさっきのダンスでペアになった人をのぞく１０人と、たがいの手をタッチする遊びだよ。なお、私と**ゆうき**さんはダンスのペアがいないので、私と**ゆうき**さんとはタッチしてはいけないことにするよ。

ゆうき：最終的にどのようになっていればいいのかな。

はるか：みんなで協力して、最終的に私以外の１１人がタッチした人数が、私が指定したとおりにできるかを考えるんだよ。

ゆうき：どんな指定をするのかな。

はるか：例えば、最終的に私以外の１１人がタッチした人数が、全員等しくなるようにすることはできるかな。

ゆうき：それはやり方を工夫《くふう》すればできそうだね。

はるか：では、最終的に私以外の１１人がタッチした人数が、全員ちがうようにすることはできるかな。

ゆうき：**はるか**さん以外の１１人がタッチした人数が全員ちがうということは、タッチした人数が０人、つまりだれともタッチしない人がいてもいいということだよね。

はるか：そうだね。一方で、１０人とタッチする人を考えてみると、その人はダンスでペアになった人以外の全員とタッチすることになるよね。

ゆうき：別の見方をすると、一人もタッチしない人と、１０人とタッチする人はダンスでペアであったことが分かるね。

はるか：そうか。そのように考えていくと、**ゆうき**さんがタッチする人数は何人になるんだろう。

〔問題３〕 **はるか**さんは、「**ゆうき**さんがタッチする人数は何人になるんだろう。」と言っています。**はるか**さん以外の１１人について、タッチした人数が全員ちがうとき、**ゆうき**さんがタッチする人数は何人ですか。また、その理由を説明しなさい。

⑤

適性検査Ⅰ

注意

1 問題は [1] のみで、**5ページ**にわたって印刷してあります。

2 検査時間は**四十五分**で、終わりは**午前九時四十五分**です。

3 声を出して読んではいけません。

4 答えは全て解答用紙に明確に記入し、**解答用紙だけを提出しなさい**。

5 答えを直すときは、きれいに消してから、新しい答えを書きなさい。

6 **受検番号**を解答用紙の決められたらんに記入しなさい。

東京都立小石川中等教育学校

1 次の **文章1** と **文章2** とを読み、あとの問題に答えなさい。
（＊印のついている言葉には、本文のあとに〈注〉があります。）

文章1

何かをつくり出すには、技術や素材についての知識が必要だ。これらは見ることができるし、言葉で伝えることができるかもしれない。木工なら、木の切り方やけずり方、木と木を組み合わせる方法や組み立て方、使いやすい形や大きさ、重さなど、実際にものをつくるなかで生まれてきたたくさんの技術や知識がある。

しかし、頭の中にものづくりの知識があっても、「つくる」ことはできない。そこには、技術と実際の経験が必要だ。わかっていてもできないと言うのは、本当の意味で「わかっていない」のだ。

ものをつくり出すのに必要なことは、技術や知識だけではない。技術だけでは新しいものはできない。何をつくるのかが大切だ。何をつくるのか思いつくことを、アイデアが浮《う》かぶと言う。アイデアは実際のところ、ぽっかりと浮かんでくるものではない。アイデアが浮かぶのは一瞬《いっしゅん》だけれども、その背後《はいご》に長い時間が横たわっている。そういう時間に敬意《けいい》をはらうことが、ものづくりの基本だ。

ぼくらの生命そして生活は、自然の中で育った食物や材料によってささえられ、人間はそれらに手を加えて利用し、豊かになってきた。＊工芸の役割《やくわり》は、自然環境《かんきょう》とのかかわりの中で、人びとの生活の質を高めること、つまり生活を豊かにすることだ。日常品は生活をささえ、生活にささえられてつくり出される。ものたちは、どんな形でもよいのではなくて、それぞれがそこに住む人びとの考え方を反映《はんえい》している。よく考えたものもあれば、思いつきだけではないかと思われるものもある。さまざまな思いや考えが、ものたちをつくっている。車やカメラやラジオなどの機械もそうだけれど、スプーンやフォークやナイフや家具も、同じように人びとの考えや思いの結晶《けっしょう》だ。

つくることができるには、長い道のり、時間が必要な場合もある。ようやくつくりあげることができて、人は本当の意味で、「もの」を理解する。「知っている」から「できる」に変化するのだ。おそらく、そこには、人びとの歴史、考え方、自然環境などが影響《えいきょう》するだろう。とくに、生活で使われるものは、そこに住んでいる人たちの生活が形をつくる。そこでの人びとの生き方が、ものの形をつくるのだ。

工芸は、人から人へ、世代から世代へ伝えるということが大切だ。そして工芸で使う材料もまた、伝え育てることで存在《そんざい》している。今、家具をつくろうと木を植えて育て始めたら、使えるようになるまでに１００年以上かかる。材料によっては、２００年以上もかかって生み出される。かかった月日の長さを思うとき、人びとのつながりや環境をささえあうということの大切さが見えてくる。

ぼくは、古い道具やすり減った家具を見て、きれいだなと思うことがある。あれは、長い時間のなかで、たくさんの人たちがかかわり、考えてつくり、伝えてきたから美しくなったのだろう。何世代にもわたって伝えながらつくり出されてきたものは、一人の人間の力ではつくり出せない。時間を超《こ》えたコミュニケーションだ。ぼくらの社会や生活が変化していくなかで、ものの形も変化している。

　木製の道具や家具は、＊骨董《こっとう》のように過去のものと思われる場合もあるが、スウェーデンでは、ひとつの手法として現代に生きていた。ナイフのけずりあとがあるような、荒《あら》けずりな木材のもつ表情が、古くさくなるのではなく、現代的ですらある。なぜ㋐古くさく感じないのかという問いの答えは、それが古くないからだ。それを人びとが受けつぎ、「もの」が新しい命、新しい生活をもらう。ぼくは、木工を始めたころ、技術が上がれば工業生産品のように美しいものをつくれると単純《たんじゅん》に思っていた。正確な機械のようにつくるにはどうしたらよいかと考えていたぼくが、今では、時が経《た》ってできた隙間《すきま》や傷《きず》すら味があるのだと思うようになった。左右対称《たいしょう》、正確な円。それだけがすべてではない。ぼくらの生活は、そんなにかたくなくていい。木材はやさしい。もっと自由で良い。

（遠藤敏明《えんどうとしあき》「〈自然と生きる〉木でつくろう　手でつくろう」（一部改変）による）

〔注〕

工芸――――生活に役立つ品物を美しくつくるわざ。

骨董《こっとう》――――古い美術品や古道具で、ねうちのあるもの。

文章2

お詫び

著作権上の都合により、文章は掲載しておりません。
ご不便をおかけし、誠に申し訳ございません。

教英出版

お詫び

著作権上の都合により、文章は掲載しておりません。
ご不便をおかけし、誠に申し訳ございません。

教英出版

お詫び
著作権上の都合により、文章は掲載しておりません。
ご不便をおかけし、誠に申し訳ございません。
教英出版

（田口幹人《たぐちみきと》「なぜ若《わか》い時に本を読むことが必要なのだろう」による）

〈注〉

希薄《きはく》——少なくてうすいようす。

蓄積《ちくせき》——物や力がたまること。

闇雲《やみくも》に——むやみやたらに。

価値観《かちかん》——ものごとを評価するときに基準とする判断や考え方。

汲《く》み取《と》る——人の気持ちをおしはかる。

培《つちか》った——やしない育てた。

〈問題１〉　㋐古くさく感じない　とありますが、なぜそのように言えるのでしょうか。解答らんに当てはまるように二十字以上三十字以内で **文章１** からぬき出しなさい。

> ［　　　　　　　　］ことを思わせる隙間《すきま》や傷《きず》のある家具などが、新しい命を感じさせるから。

〈問題２〉　㋑行間を読む　とありますが、本を読むことにおいては、何をどうすることですか。「真実」「事実」という語を用いて説明しなさい。

〈問題３〉　あなたは、これからの学校生活でどのように学んでいこうと思いますか。あなたの考えを四百字以上四百四十字以内で書きなさい。ただし、次の条件と下の〈**きまり**〉にしたがうこと。

条件　①　あなたが、**文章１**・**文章２** から読み取った、共通していると思う考え方をまとめ、それをはっきり示すこと。

②　「①」の内容と、自分はどのように学んでいくつもりかを関連させて書くこと。

③　適切に段落《だんらく》分けをして書くこと。

〈**きまり**〉

○題名は書きません。
○最初の行から書き始めます。
○各段落《だんらく》の最初の字は一字下げて書きます。
○行をかえるのは、段落をかえるときだけとします。
○、や。や」などもそれぞれ字数に数えます。これらの記号が行の先頭に来るときには、前の行の最後の字と同じますめに書きます（ますめの下に書いてもかまいません）。
○。と」が続く場合には、同じますめに書いてもかまいません。この場合、。」で一字と数えます。
○段落をかえたときの残りのますめは、字数として数えます。
○最後の段落の残りのますめは、字数として数えません。

〔問題２〕９点

（１）

※

（２）

※

〔問題３〕（横書きで書きなさい）10点

150

※

180

3

〔問題１〕 14点

（１）
（２）

※

〔問題２〕 16点

（１）
（２）

※

（5　小石川）

440　400　300　200

※

（5　小石川）

解　答　用　紙　　適　性　検　査　Ⅲ

1

〔問題１〕　10点

※

〔問題２〕　20点

（1）	
（2）	
（3）	

※

※100点満点

受　検　番　号

得　　点
※

※のらんには、記入しないこと

〔問題３〕 20点

（１）

（２）

（３）

※

〔問題４〕 10点

※

2

〔問題１〕 15点

※

〔問題２〕 10点

※

〔問題３〕15点

※

2

〔問題１〕 21点

（１）

年	１９７２	１９８２	１９９１	２００２	２０１２	２０２０
書店の数		１.１３		１.００		０.５４
書店の面積の合計	０.２２		０.６６	１.００	１.１７	

※

（２）

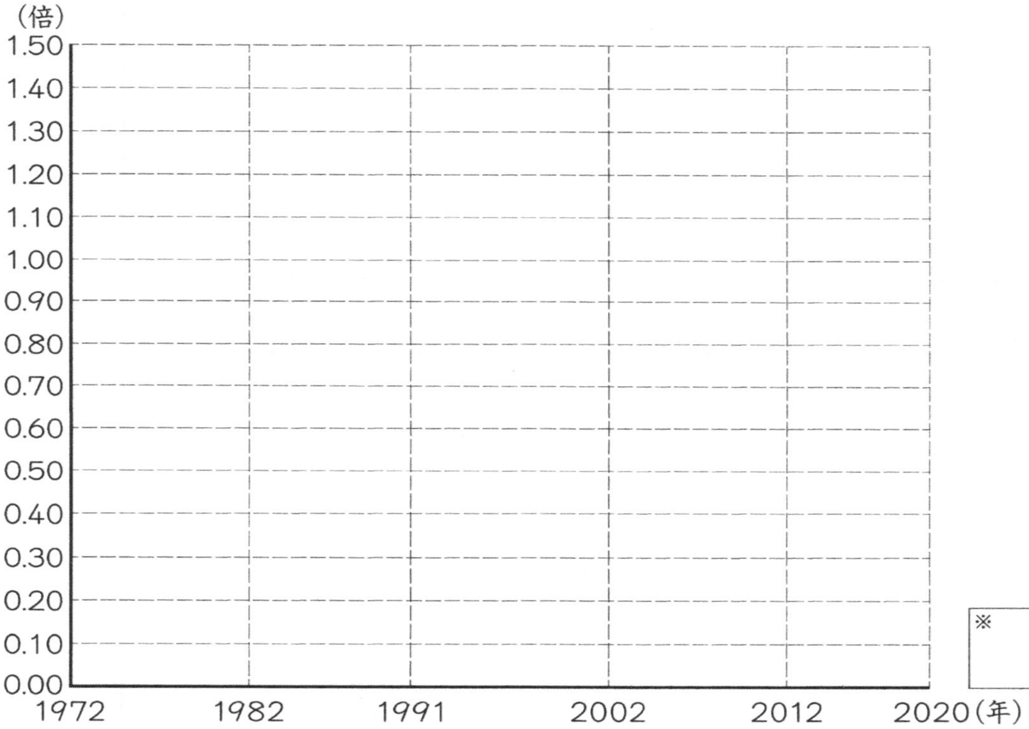

※

（３）

１９７２年から （ア　　　　）年まで	
（ア　　　　）年から （イ　　　　）年まで	
（イ　　　　）年から ２０２０年まで	

※

解　答　用　紙　　適　性　検　査　Ⅱ

1

〔問題１〕 15点

〔道順〕

スタート　　　　　　　　　　　　　　　　　　　　　　　　倉庫

（　　　　）→　　　　　　　　　　　　　　　　　　　　→ ケ

〔式と文章〕

※

〔問題２〕 15点

ヒント（え）：全ての電球の明かりが消えている状態で、

□ と □ と □ のスイッチをおしたあと、

明かりがついていたのは①と②の電球であった。

表５　太郎《たろう》さんと**花子**さんがさらに書きこんだ表

	①の電球	②の電球	③の電球	④の電球
Ａのスイッチ	×	○	○	×
Ｂのスイッチ				
Ｃのスイッチ				
Ｄのスイッチ	×			
Ｅのスイッチ	○			

※

※100点満点

受　検　番　号

得　　　点
※

※のらんには、記入しないこと

解答用紙

適性検査 I

1

〔問題1〕
15点

ことを思わせる隙間《すきま》や傷《きず》のある家具などが、

20

30

新しい命を感じさせるから。

※

〔問題2〕
25点

※

〔問題3〕
60点

20

100

※

※

※100点満点

受検番号

得点
※

※のらんには、記入しないこと。

適 性 検 査 Ⅱ

注　　意

1　問題は **1** から **3** までで、１２ページにわたって印刷してあります。

2　検査時間は**４５分**で、終わりは**午前１１時１０分**です。

3　声を出して読んではいけません。

4　計算が必要なときは、この問題用紙の余白を利用しなさい。

5　答えは全て解答用紙に明確に記入し、**解答用紙だけを提出しなさい。**

6　答えを直すときは、きれいに消してから、新しい答えを書きなさい。

7　**受検番号**を解答用紙の決められたらんに記入しなさい。

東京都立小石川中等教育学校

問題は次のページからです。

1　放課後、**太郎**《たろう》さんと**花子**さんは、教室で話をしています。

太　郎：今日の総合的な学習の時間に、**花子**さんの班《はん》は何をしていたのかな。
花　子：私《わたし》はプログラミングを学んで、タブレットの画面上でロボットを動かしてブロックを運ぶゲームを作ったよ。
太　郎：おもしろそうだね。やってみたいな。

花子さんは画面に映《うつ》し出された図（**図１**）を、**太郎**さんに見せました。

図１　映《うつ》し出された図

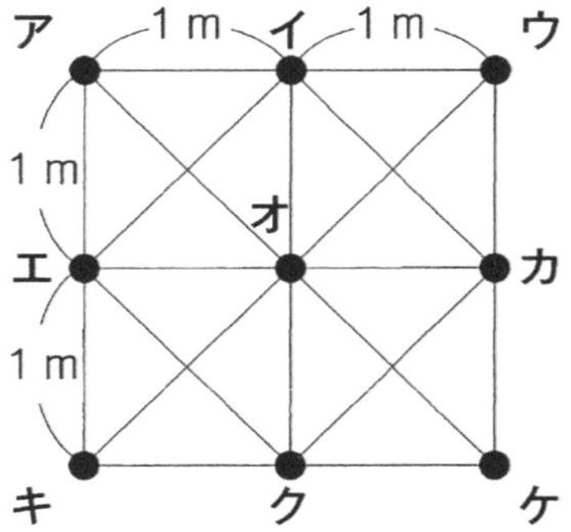

花　子：この画面で道順を設定すると、ロボットは黒い点から黒い点まで、線の上だけを動くことができるんだ。黒い点のところにブロックを置いておくと、ロボットがその黒い点を通ったときにブロックを運んでくれるんだ。運んだブロックをおろす場所も設定できるよ。設定できることをまとめてみるね。

〔設定できること〕
ロボットがスタートする位置
　ブロックを置いていない黒い点から、スタートする。
ブロックを置く位置
　ブロックは黒い点の上に、１個置くことができる。ロボットは、ブロックが置いてある黒い点を通ると、そこに置いてあるブロックを運びながら、設定した次の黒い点に進む。
倉庫（ロボットがブロックをおろす場所）の位置
　ロボットが倉庫に行くと、そのとき運んでいるブロックを全て倉庫におろす。

太　郎：９個の黒い点のある位置は、それぞれ**ア**から**ケ**というんだね。
花　子：そうだよ。**ア**から**オ**に行く場合は**ア→オ**や、**ア→エ→オ**や、**ア→イ→ウ→オ**のように設定できるんだよ。
太　郎：四角形**アエオイ**、四角形**イオカウ**、四角形**エキクオ**、四角形**オクケカ**は正方形なのかな。
花　子：全て正方形だよ。**ア**から**イ**までや、**ア**から**エ**までは１ｍの長さに設定してあるよ。
太　郎：では、ブロックを置く位置と倉庫の位置を設定してみよう。
花　子：**図２**のように**イ**と**カ**と**キ**にブロックをそれぞれ１個ずつ置いて、**ケ**に倉庫の位置を設定してみたよ。それらの黒い点の上に、ブロックを置く位置と倉庫の位置が表示されるんだ。
太　郎：この３個のブロックを倉庫に運ぶために、どのようにロボットを動かせばよいかを考えよう。
花　子：ロボットの速さは分速１２ｍなのだけど、ブロックを運んでいるときはおそくなるよ。
太　郎：どのくらいおそくなるのかな。

花　子：運んでいるブロックの数によって、何も運んでいないときよりも、１m進むのにかかる時間が増えるんだ。でも、運んでいるブロックの数が変わらない限り、ロボットは一定の速さで動くよ。**表1**にまとめてみるね。

太　郎：ブロックを３個運んでいるときは、かなりおそくなるね。

花　子：とちゅうで倉庫に寄ると、そのとき運んでいるブロックを全て倉庫におろすことができるよ。

太　郎：最も短い時間で全てのブロックを運ぼう。スタートする位置も考えないとね。

花　子：まず、計算をして、全てのブロックを倉庫まで運ぶ時間を求めてみよう。

太　郎：１辺の長さが１mの正方形の対角線の長さは１．４mとして計算しよう。

花　子：私が考えたスタートする位置からロボットが動いて全てのブロックを倉庫に運ぶまでの時間を求めると、４８．８秒になったよ。

太　郎：私の計算でも４８．８秒だったよ。けれども、スタートする位置も道順も**花子**さんの考えたものとは、別のものだったよ。

図2　**花子**さんが設定した図

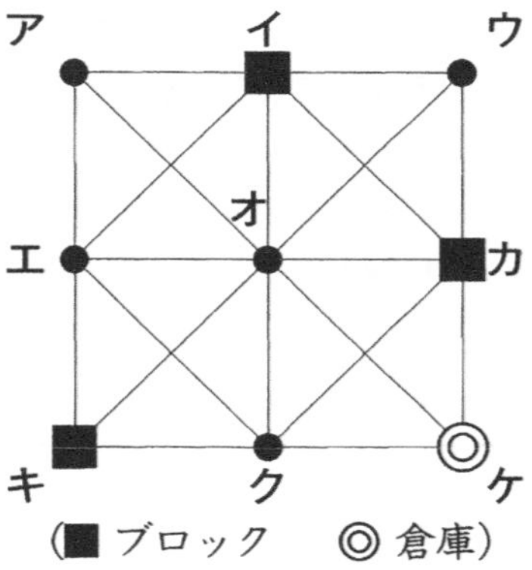

表1　何も運んでいないときよりも、１m進むのにかかる時間の増え方

運んでいるブロックの数	増える時間
１個	２秒増える
２個	５秒増える
３個	８秒増える

〔問題１〕　**図2**のように**太郎**さんと**花子**さんは**イ**と**カ**と**キ**にブロックを置く位置を、**ケ**に倉庫の位置を設定しました。４８．８秒で全てのブロックを倉庫まで運ぶとき、スタートする位置と道順はどのようになっていますか。いくつか考えられるもののうちの一つを、**ア**～**ケ**の文字と**→**を使って答えなさい。また、４８．８秒になることを式と文章で説明しなさい。ただし、ロボットは3個のブロックを倉庫に運び終えるまで止まることはありません。また、ブロックを集める時間や倉庫におろす時間、ロボットが向きを変える時間は考えないものとします。

花　子：**太郎**さんの班はプログラミングを学んで、何をしていたのかな。

太　郎：私はスイッチをおして、電球の明かりをつけたり消したりするプログラムを作ったよ。画面の中に電球とスイッチが映し出されて（**図３**）、１個のスイッチで１個以上の電球の明かりをつけることや消すことができるんだ。

花　子：おもしろそうだね。

太　郎：そうなんだよ。それでクイズを作っていたけれど、まだ完成していないんだ。手伝ってくれるかな。

花　子：いいよ、見せてくれるかな。

図３　映し出された図

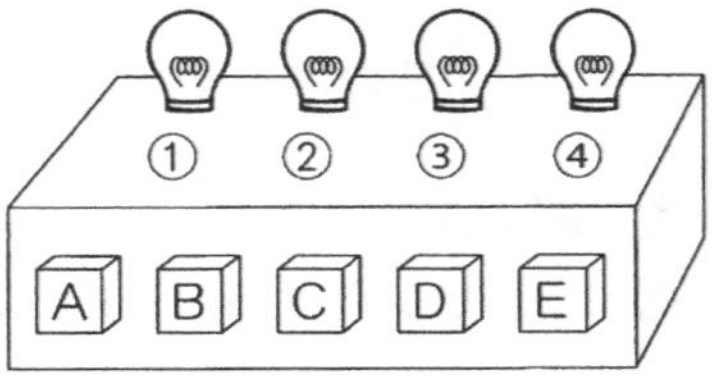

〔**太郎**さんが作っているクイズ〕

①～④の４個の電球と、Ａ～Ｅの５個のスイッチがあります。**全ての電球の明かりが消えている状態で、**Ａのスイッチをおすと、②と③の電球の明かりがつきました。次のヒントを読んで、全ての電球の明かりが消えている状態で、Ｂ～Ｅのスイッチはそれぞれどの電球の明かりをつけるかを答えなさい。

ヒント（あ）：全ての電球の明かりが消えている状態で、ＡとＢとＣのスイッチをおしたあと、明かりがついていたのは①と③の電球であった。

ヒント（い）：全ての電球の明かりが消えている状態で、ＢとＣとＤのスイッチをおしたあと、明かりがついていたのは①と②と④の電球であった。

ヒント（う）：全ての電球の明かりが消えている状態で、ＡとＤとＥのスイッチをおしたあと、明かりがついていたのは①と④の電球であった。

花　子：Ａのスイッチは、②と③の電球の明かりをつけるスイッチなんだね。

太　郎：Ａのスイッチは、②と③の電球の明かりを消すこともあるよ。②と③の電球の明かりがついている状態で、Ａのスイッチをおすと、②と③の電球の明かりは消えるんだ。

花　子：①と④の電球の明かりがついている状態で、Ａのスイッチをおしても、①と④の電球の明かりはついたままなのかな。

太　郎：そうだよ。Ａのスイッチをおしても、①と④の電球の明かりは何も変化しないんだ。

花　子：Ａ以外にも、②の電球の明かりをつけたり消したりするスイッチがあるのかな。

太　郎：あるよ。だから、Ａのスイッチをおして②の電球の明かりがついたのに、ほかのスイッチをおすと②の電球の明かりを消してしまうこともあるんだ。

花　子：ヒントでは３個のスイッチをおしているけれど、おす順番によって結果は変わるのかな。

太　郎：どの順番でスイッチをおしても、結果は同じだよ。だから、順番は考えなくていいよ。

花　子：ここまで分かれば、クイズの答えが出そうだよ。

太　郎：ちょっと待って。このままではクイズの答えが全ては出せないと思うんだ。ヒントがあと１個必要ではないかな。

花　子：これまで分かったことを、表を使って考えてみるね。スイッチをおしたときに、電球の明かりがつく場合や消える場合には○、何も変化しない場合には×と書くよ。（**表２**）

表２　花子さんが書きこんだ表

	①の電球	②の電球	③の電球	④の電球
Ａのスイッチ	×	○	○	×
Ｂのスイッチ				
Ｃのスイッチ				
Ｄのスイッチ				
Ｅのスイッチ				

太　郎：Ａのスイッチのらんは全て書きこめたね。それでは、**ヒント（あ）**から考えてみようか。

花　子：**ヒント（あ）**を見ると、①の電球の明かりがついたね。でも①の電球のらんを見ると、Ａのスイッチは×だから、ＢとＣのスイッチのどちらか一方が○でもう一方が×になるね。

太　郎：つまり、AとBとCのスイッチの①の電球のらんは、次の**表3**のようになるね。

表3　①の電球について**太郎**《たろう》さんが示した表

	①の電球
Aのスイッチ	×
Bのスイッチ	○
Cのスイッチ	×

または

	①の電球
Aのスイッチ	×
Bのスイッチ	×
Cのスイッチ	○

花　子：次は、③の電球を考えてみよう。**ヒント（あ）**では、③の電球の明かりもついたね。

太　郎：③の電球のらんを見ると、Aのスイッチは○だから、BとCのスイッチは、次の**表4**のようになるね。

表4　③の電球について**太郎**さんが示した表

	③の電球
Aのスイッチ	○
Bのスイッチ	○
Cのスイッチ	○

または

	③の電球
Aのスイッチ	○
Bのスイッチ	×
Cのスイッチ	×

花　子：次は、**ヒント（い）**を見ると、①の電球の明かりがついたね。

太　郎：**ヒント（あ）**で、①の電球はBとCのスイッチのどちらか一方が○でもう一方が×になると分かったね。だから、Dのスイッチの①の電球のらんには×と書けるんだ。

花　子：さらに、**ヒント（う）**を見ると、①の電球の明かりがついたね。AとDのスイッチの①の電球のらんは×なので、Eのスイッチの①の電球のらんには○が書けるよ。（**表5**）

表5　**太郎**さんと**花子**さんがさらに書きこんだ表

	①の電球	②の電球	③の電球	④の電球
Aのスイッチ	×	○	○	×
Bのスイッチ				
Cのスイッチ				
Dのスイッチ	×			
Eのスイッチ	○			

太　郎：ほかの電球についても考えていくと、DとEのスイッチの②から④の電球のらんの○と×が全て書きこめるね。

花　子：でも、BとCのスイッチについては、○と×の組み合わせが何通りかできてしまうよ。

太　郎：やはり、ヒントがあと1個必要なんだ。**ヒント（え）**を次のようにしたら、○と×が一通りに決まって、表の全てのらんに○と×が書きこめたよ。

> **ヒント（え）**：全ての電球の明かりが消えている状態で、□と□と□のスイッチをおしたあと、明かりがついていたのは①と②の電球であった。

〔問題2〕　**表5**の全てのらんに○か×を書きこむための**ヒント（え）**として、どのようなものが考えられますか。解答用紙の**ヒント（え）**の□に、A～Eの中から異《こと》なる3個のアルファベットを書きなさい。また、**ヒント（あ）**～**ヒント（う）**と、あなたが考えた**ヒント（え）**をもとにして、解答用紙の**表5**の空いているらんに○か×を書きなさい。

2　**あさこ**さんと**けんじ**さんは、資料をたくさん持っている**おじいさん**の家に来ています。

あ　さ　こ：**おじいさん**の家には、たくさんの本があるね。
け　ん　じ：ずいぶんと書店に通ったんだろうね。
おじいさん：そうだよ。でも、最近は書店の様子が昔とは変わっているね。書店の数と、書店の面積の合計の移り変わりを示した**資料１**を見てごらん。
け　ん　じ：ほぼ１０年ごとだけれど、１９９１年と２０２０年は１０年ごとではないね。
おじいさん：統計を取っていない年もあるので、１９９１年と２０２０年の数値《すうち》になってしまっているね。でも、大きな流れを知ることはできるよ。
あ　さ　こ：数字のままではなく、グラフにした方が分かりやすくなりそうだね。
おじいさん：それぞれの年の数値が、２００２年の数値の何倍になるかを計算して、その数値でグラフを作ってみてはどうかな。

資料１　書店の数と書店の面積の合計の移り変わり

年	書店の数	書店の面積の合計 (m^2)
１９７２	１６９４９	７９８４２３
１９８２	２５６３０	１５４５１８９
１９９１	２７８０４	２４１６９４２
２００２	２２６８８	３６８１３１１
２０１２	１６３７１	４３１４８５２
２０２０	１２３４３	３８８１９２９

（経済産業省《けいざいさんぎょうしょう》「商業統計」、出版科学研究所「出版指標年報」より作成）

〔問題１〕（１）　**資料１**から、それぞれの年の書店の数と書店の面積の合計が、２００２年の何倍になっているかを計算し、解答用紙の表を完成させなさい。答えは、表に書かれている数値《すうち》と同じように、小数第三位を四捨五入《ししゃごにゅう》した小数第二位までの数値で書きなさい。

（２）（１）の結果を使って、解答用紙に折れ線グラフを作りなさい。なお、どの線が、書店の数、書店の面積の合計を表しているかが分かるような工夫《くふう》をしなさい。

（３）（２）で作ったグラフの変化の様子を比かくして、１９７２年から２０２０年までを三つの時期に分け、それぞれの時期の移り変わりの特ちょうを書きなさい。また、書店の状きょうがどのようであったから、そのような特ちょうとなったと考えられるか、あなたの考えを書きなさい。

　時期は、「１９７２年から（ア）年まで」「（ア）年から（イ）年まで」「（イ）年から２０２０年まで」のように分け、（ア）と（イ）に当てはまる年の数字を書きなさい。

けんじ：はん売されている本の冊数《さっすう》や金額に変化はあるのかな。

おじいさん：紙の書せき、雑誌《ざっし》と電子出版のはん売額の移り変わりを示した**資料2**を見てごらん。電子出版を冊数で数えることはできないので、はん売額で比べているよ。

あさこ：紙の書せきとは本のことだね。紙の雑誌はかなり減っているね。紙の書せきも減っているけれど、紙の雑誌ほどではないね。ところで、最近増えている電子出版とはどういうものなのかな。

おじいさん：紙の書せきや雑誌と同じ内容を、パソコンやスマートフォンなどで読むことができるようにしたものだよ。

あさこ：教科書もパソコンで見るようになると聞いたことがあるよ。

けんじ：これからは、どの分野の紙の書せきや雑誌も電子出版になるのかな。

おじいさん：電子出版のはん売額の内訳《うちわけ》の移り変わりを示した**資料3**を見てごらん。

けんじ：ほとんどがコミック、つまりマンガだね。なぜ電子出版で増えている分野がマンガなのかを調べてみるとおもしろそうだね。

おじいさん：それでは、マンガが増えている理由を考えてごらん。そして、思いついた理由が正しいかどうかを確かめるためにはどうしたらよいかを考えるといいね。

あさこ：マンガの分野では、電子出版が増えたために、紙の書せきや雑誌が減っているのかな。

おじいさん：紙の書せきは、それほどではないけれど、紙の雑誌は、はん売額が減っているよ。

資料2　紙の書せき、雑誌《ざっし》と電子出版のはん売額の移り変わり

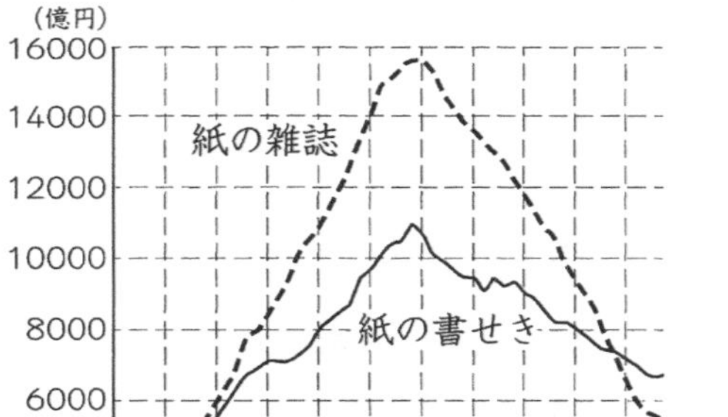

（出版科学研究所「出版指標年報」より作成）

資料3　電子出版のはん売額の内訳《うちわけ》の移り変わり

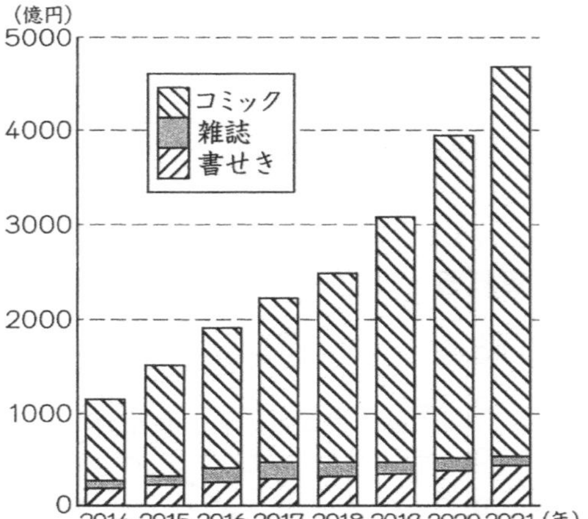

（出版科学研究所「出版指標年報」より作成）

あさこ：変化があった分野は、他にはないのかな。

おじいさん：事典や辞典の分野が変化しているよ。紙の「事典・辞典」のはん売冊数と「電子辞書」のはん売台数の移り変わりを示した**資料4**を見てごらん。紙の「事典・辞典」のはん売冊数を左の目盛《めも》りで、「電子辞書」のはん売台数を右の目盛りで表しているよ。

けんじ：「電子辞書」１台には、紙の事典や辞典にすると何冊分もの内容が入っているね。

あさこ：インターネットでいろいろなことが調べられることを学校で体験したよ。インターネットの利用は、紙の事典や辞典のはん売冊数と関係してはいないのかな。

けんじ：スマートフォンもインターネットにつながるから、スマートフォンでもいろいろなことを調べることができるよね。

おじいさん：なるほど、おもしろいところに気が付いたね。それでは、インターネットの利用率とスマートフォンのふきゅう率の移り変わりを示した**資料５**も見てごらん。インターネットの利用率とは、アンケートで、「過去１年間にインターネットを利用したことがあるか」という問いに、「利用したことがある」と答えた人の割合《わりあい》だよ。スマートフォンのふきゅう率とは、スマートフォンを持っている人数の、全人口に対する割合だよ。

あさこ：**資料４**と**資料５**との間には、何か関係がありそうだね。

資料４　紙の「事典・辞典」のはん売冊数《さっすう》と「電子辞書」のはん売台数の移り変わり

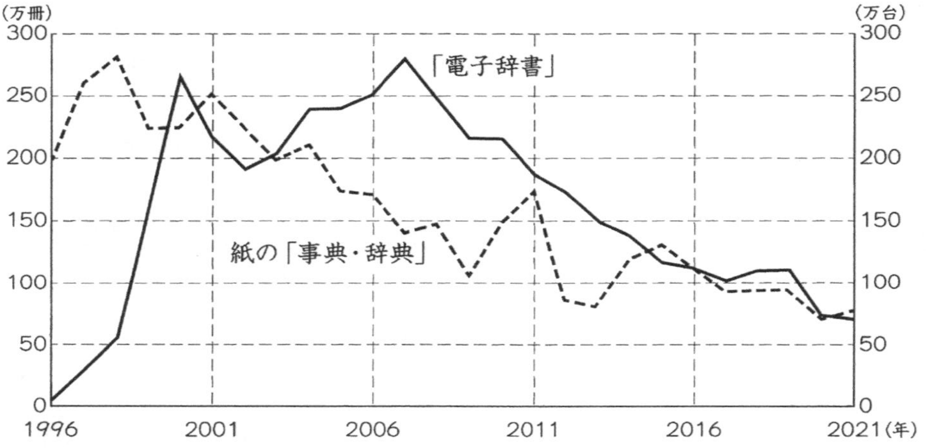

（出版科学研究所「出版指標年報」などより作成）

資料５　インターネットの利用率とスマートフォンのふきゅう率の移り変わり

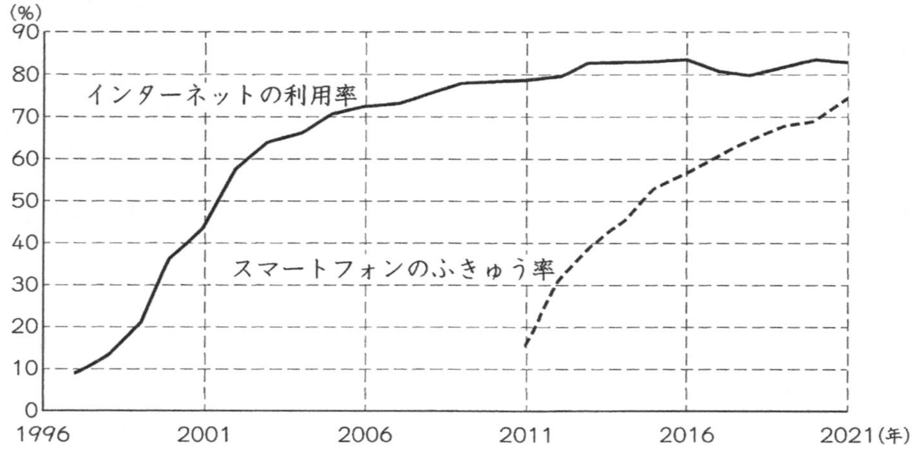

（総務省「通信利用動向調査」より作成）

〔問題２〕（１）　電子出版のなかでも、特にコミックのはん売額が増えている理由について、あなたが思いついた理由を書き、それが正しいかどうかを確かめるための方法を書きなさい。

（２）　紙の「事典・辞典」のはん売冊数《さっすう》が減っている理由について、会話文や資料をふまえて、あなたの考えを書きなさい。

け　ん　じ：出版は、紙の書せきや雑誌を作ることだと思っていたけれど、いろいろと広がりをもっていることが分かったね。

あ　さ　こ：でも、紙の書せきや雑誌が減ってしまうのは、少しさびしい気がするね。

おじいさん：確かに、紙の雑誌のはん売額は減っているし、紙の書せきの中では「事典・辞典」のはん売冊数は減っているね。けれども、たとえば「図鑑《ずかん》」のように、はん売冊数が増えている分野もあるよ。

け　ん　じ：分野によってちがいがあるんだね。紙の書せきや雑誌、電子出版のそれぞれに、得意な分野がありそうだね。

あ　さ　こ：紙や電子出版など、方法はちがっていても、知識や情報を社会に広めたり、次の時代へ伝えたりすることの大切さは同じだね。

おじいさん：文字を使って先人の知識や経験を共有することで、人類は進歩してきたといえるよ。これまで出版は、人類の進歩に対してとても大きな役割《やくわり》を果たしてきたと言ってよいね。

け　ん　じ：今までの出版にありがとうと言わなければいけないね。

あ　さ　こ：これからもよろしくお願いしますとも言わないといけないね。

〔問題３〕　知識や情報を社会へ広めたり、次の時代へ伝えたりするために、紙を使った出版と電子出版をどのように使い分けることが、将来《しょうらい》の出版にとってよいと考えますか。これまでの会話や資料、解答を参考にして、あなたが考える具体的な方法を書きなさい。

なお、解答らんには、１５１字以上１８０字以内で段落《だんらく》を変えずに書きなさい。「、」や「。」もそれぞれ字数に数えます。

3　**花子**さんと**太郎《たろう》**さんが水滴《すいてき》について話をしています。

花　子：雨が降《ふ》った後、いろいろな種類の植物の葉に水滴がついていたよ。

太　郎：植物の種類によって、葉の上についていた水滴の形がちがったよ。なぜなのかな。

花　子：葉の形や面積と関係があるのかな。調べてみよう。

二人は、次のような**実験１**を行いました。

実験１

手順１　次の**ア**～**オ**の５種類の葉を、それぞれ１枚《まい》ずつ用意し、葉の形の写真をとる。

ア　アジサイ　**イ**　キンモクセイ　**ウ**　イチョウ　**エ**　ツバキ　**オ**　ブルーベリー

手順２　１枚の葉の面積を、**図１**のように方眼用紙を用いて求める。

手順３　それぞれの葉の表側に、約５ｃｍの高さからスポイトで水を４滴《てき》分たらす。そして、葉についた水滴を横から写真にとる。

図１　方眼用紙と葉

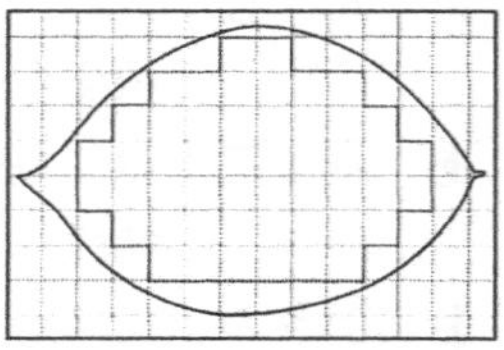

実験１の記録は、**表１**のようになりました。

表１　**実験１**の記録

	ア	**イ**	**ウ**	**エ**	**オ**
葉の形					
葉の面積（ｃｍ^2）	１１１	２２	３６	１８	１７
水滴《すいてき》の写真	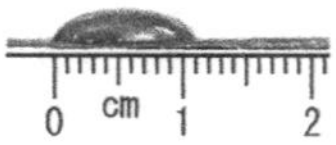	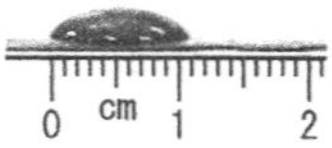	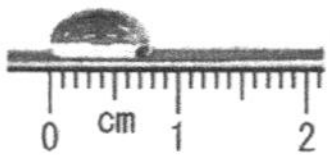	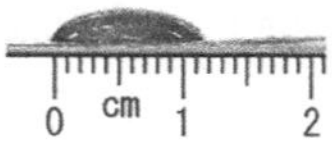	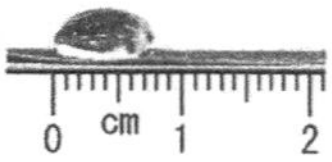

太　郎：**ア**～**オ**の中に、葉を少しかたむけると、水滴が転がりやすい葉と水滴が転がりにくい葉があったよ。

花　子：葉の上で水滴が転がりやすいと、葉から水が落ちやすいのかな。

太　郎：それを調べるために、葉の表側を水につけてから引き上げ、どれだけの量の水が葉についたままなのか調べてみよう。

花　子：葉についたままの水の量が分かりやすいように、葉は１０枚使うことにしましょう。

二人は、次のような**実験２**を行いました。

実験２

手順１　**実験１**の**ア**～**オ**の葉を、新しく１０枚ずつ用意し、１０枚の葉の重さをはかる。

手順２　**図２**のように、手順１で用意した葉の表側を１枚ずつ、容器に入った水につけてから引き上げ、水につけた後の１０枚の葉の重さをはかる。

手順３　手順１と手順２ではかった重さから、１０枚の葉についたままの水の量を求める。

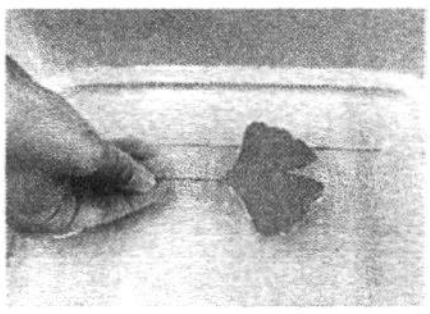

図２　葉と水

１０枚の葉についたままの水の量は、**表２**のようになりました。

表２　１０枚《まい》の葉についたままの水の量

	ア	**イ**	**ウ**	**エ**	**オ**
１０枚の葉についたままの水の量（g）	１１．６	２．１	０．６	１．８	０．４

太　郎：**表２**の１０枚の葉についたままの水の量を、少ないものから並《なら》べると、**オ**、**ウ**、**エ**、**イ**、**ア**の順になるね。だから、この順番で水滴が転がりやすいのかな。

花　子：**表１**の葉の面積についても考える必要があると思うよ。**表２**の１０枚の葉についたままの水の量を**表１**の葉の面積で割《わ》った値《あたい》は、**ア**と**イ**と**エ**では約０．１になり、**ウ**と**オ**では約０．０２になったよ。

太　郎：**表１**の水滴の写真から分かることもあるかもしれないね。

〔問題１〕（１）**表１**と**表２**と会話文をもとに、水滴《すいてき》が転がりやすい葉１枚《まい》と水滴が転がりにくい葉１枚を選びます。もし**ア**の葉を選んだとすると、もう１枚はどの葉を選ぶとよいですか。**イ**、**ウ**、**エ**、**オ**の中から一つ記号で答えなさい。

（２）**花子**さんは、「**表２**の１０枚の葉についたままの水の量を**表１**の葉の面積で割《わ》った値《あたい》は、**ア**と**イ**と**エ**では約０．１になり、**ウ**と**オ**では約０．０２になったよ。」と言いました。この発言と**表１**の水滴の写真をふまえて、水滴が転がりやすい葉か転がりにくい葉か、そのちがいをあなたはどのように判断したか説明しなさい。

太　郎：葉についた水滴《すいてき》について調べたけれど、汗《あせ》が水滴のようになることもあるね。

花　子：汗をかいた後、しばらくたつと、汗の水分はどこへいくのかな。

太　郎：服に吸収《きゅうしゅう》されると思うよ。ここにある木綿《もめん》でできたＴシャツとポリエステルでできたＴシャツを使って、それぞれの布について調べてみよう。

二人は、次のような**実験３**を行いました。

実験３

手順１　木綿でできたＴシャツとポリエステルでできたＴシャツから、同じ面積にした木綿の布３０枚《まい》とポリエステルの布３０枚を用意し、重さをはかる。水の中に入れ、引き上げてからそれぞれ重さをはかり、増えた重さを求める。

手順２　新たに手順１の布を用意し、スタンプ台の上に布を押《お》しあてて黒色のインクをつける。次に、インクをつけた布を紙の上に押しあてて、その紙を観察する。

手順３　新たに手順１の木綿の布３０枚とポリエステルの布３０枚を用意し、それぞれ平らに積み重ねて横から写真をとる。次に、それぞれに２kgのおもりをのせて、横から写真をとる。

実験３は、**表３**と**図３**、**図４**のようになりました。

表３　手順１の結果

	木綿《もめん》の布	ポリエステルの布
増えた重さ（g）	１４．１	２４．９

図３　手順２で観察した紙

木綿の布	ポリエステルの布
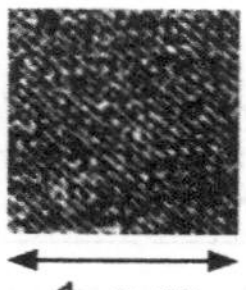 １ｃｍ	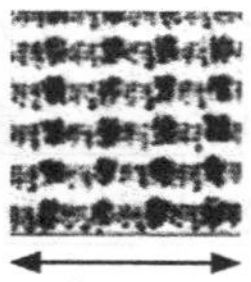 １ｃｍ

図４　手順３で布を積み重ねて横からとった写真

木綿の布		ポリエステルの布	
おもりなし	おもりあり	おもりなし	おもりあり
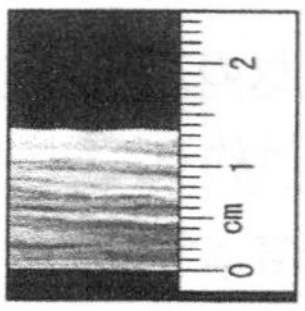	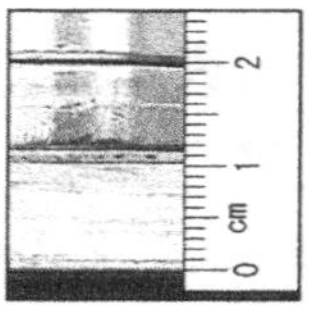	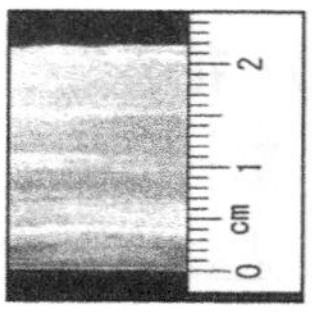	

花　子：汗の水分は服に吸収されるだけではなく、蒸発《じょうはつ》もすると思うよ。

太　郎：水を通さないプラスチックの箱を使って、調べてみよう。

二人は、次のような**実験４**を行いました。

実験４

手順１　同じ布でできたシャツを３枚用意し、それぞれ水１５０ｇを吸収させ、プラスチックの箱の上にかぶせる。そして、箱とシャツの合計の重さをそれぞれはかる。

手順２　手順１のシャツとは別に、木綿でできたＴシャツとポリエステルでできたＴシャツを用意し、それぞれ重さをはかる。そして、**図５**のように、次の**カ**と**キ**と**ク**の状態をつくる。

図５　**カ**と**キ**と**ク**の状態

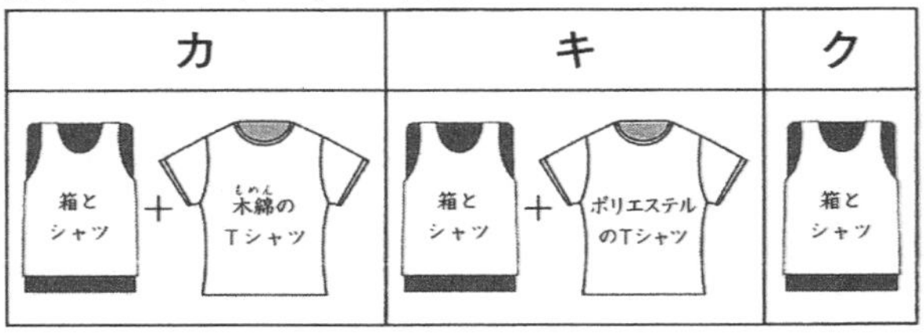

カ　箱とシャツの上に、木綿のＴシャツをかぶせた状態

キ　箱とシャツの上に、ポリエステルのＴシャツをかぶせた状態

ク　箱とシャツの上に何もかぶせない状態

手順３　手順２の**カ**と**キ**については、６０分後にそれぞれのＴシャツだけを取って、箱とシャツの合計の重さとＴシャツの重さをそれぞれはかる。手順２の**ク**については、６０分後に箱とシャツの合計の重さをはかる。

実験４の結果は、**表４**のようになりました。

表４　箱とシャツの合計の重さとＴシャツの重さ

	カ		**キ**		**ク**
	箱とシャツ	Ｔシャツ	箱とシャツ	Ｔシャツ	箱とシャツ
はじめの重さ　（ｇ）	1648.3	177.4	1648.3	131.5	1648.3
６０分後の重さ（ｇ）	1611	189.8	1602.4	150.3	1625.2

花　子：**表４**から、６０分たつと、箱とシャツの合計の重さは、**カ**では３７．３ｇ、**キ**では４５．９ｇ、**ク**では２３．１ｇ、それぞれ変化しているね。

太　郎：Ｔシャツの重さは、**カ**では１２．４ｇ、**キ**では１８．８ｇ、それぞれ変化しているよ。

〔問題２〕（１）　**実験３**で用いたポリエステルの布の方が**実験３**で用いた木綿《もめん》の布に比べて水をより多く吸収《きゅうしゅう》するのはなぜですか。**図３**から考えられることと**図４**から考えられることをふまえて、説明しなさい。

（２）　**実験４**の手順２の**カ**と**キ**と**ク**の中で、はじめから６０分後までの間に、箱とシャツの合計の重さが最も変化しているのは、**表４**から**キ**であると分かります。蒸発《じょうはつ》した水の量の求め方を説明し、**キ**が最も変化する理由を答えなさい。

適性検査Ⅲ

注　　意

1　問題は 1 から 2 までで、**8ページ**にわたって印刷してあります。

2　検査時間は**45分**で、終わりは**午後0時35分**です。

3　声を出して読んではいけません。

4　計算が必要なときは、この問題用紙の余白を利用しなさい。

5　答えは全て解答用紙に明確に記入し、**解答用紙だけを提出しなさい。**

6　答えを直すときは、きれいに消してから、新しい答えを書きなさい。

7　**受検番号**を解答用紙の決められたらんに記入しなさい。

東京都立小石川中等教育学校

問題は次のページからです。

1　同じクラスの**みらい**さんと**はるか**さんが話をしています。

みらい：今日の放課後、飼育係の当番があって、メダカにえさをやって水そうのそうじをするんだ。

はるか：生き物を飼うためには、世話が欠かせないね。

みらい：そういえば、近所のホームセンターに、ボトルアクアリウムのコーナーがあって、「えさやり、そうじはほとんど必要ありません」と書いてあったよ。ボトルアクアリウムは、ふたを閉《し》めた容器の中で生き物を飼う水そうのことなんだ。長い期間、人の手入れや世話をせずに、その状態のままかん境を保つことができるそうだよ。その容器には、さまざまな水草や土が入っていて、ヤマトヌマエビという３～４ｃｍくらいの大きさのエビがいたよ。

はるか：なぜ、ボトルアクアリウムは、世話をしなくてもだいじょうぶなのだろう。そういえば学校には、中に魚がいて水草が生えている池があるけれど、だれもそうじをしなくても、魚は生きているし、水草もかれないね。それに、水もそんなによごれているようには見えないね。

みらい：観察池のことだね。観察池のかん境にヒントがあるかもしれないね。まず、**先生**にお願いをして、観察池を調べてみようか。

図１　学校にある観察池

図２　ボトルアクアリウムとその中のヤマトヌマエビ

〔問題１〕　観察池で生き物が生き続けるためには、どのようなかん境が必要だと思いますか。あなたの考えを一つ書きなさい。説明には図を用いてもかまいません。

観察池からもどった**みらい**さんと**はるか**さんは、**先生**と話をしています。

みらい：魚やエビなどが生き続けるためには、酸素が必要だよね。植物の葉は日光が当たると、でんぷんと酸素を作るのだったね。そもそも、何のためにでんぷんと酸素を作るのかな。

はるか：ウサギやウマは草を食べることで、植物が作ったでんぷんを栄養として取り入れていると学んだね。

先　生：授業で、植物がでんぷんを作ることを確かめる実験をしましたね。その実験の続きをしてみましょうか。

みらい：どのような実験をするのですか。

先　生：でんぷんができたことを確かめた後、そのでんぷんがどうなったかを調べる**実験１**をやってみましょう。

実験１

手順１　日光によく当てた植物から葉を１枚《まい》とり、ヨウ素液を用いてでんぷんができていることを確かめる。

手順２　その植物をしばらく日かげに置いておき、葉を１枚とってヨウ素液を用いてでんぷんがどうなっているかを確かめる。

図３　実験１の結果

左：手順１（青むらさき色）

右：手順２（黄色）

はるか：**先生**、葉にあったはずのでんぷんが、なくなっていますね。

みらい：葉から空気中にぬけてしまったわけではないですよね。

先　生：植物は、日光が当たると二酸化炭素を取り入れて酸素を出すことや、酸素を吸《す》って二酸化炭素を出すことも学びましたね。それをもとに考えてみましょう。

〔問題２〕（１）　植物は何のために酸素を吸《す》って二酸化炭素を出すのだと思いますか。あなたの考えを一つ書きなさい。

（２）　植物がでんぷんを作るときに、日光はどのような役割《やくわり》をしていると思いますか。あなたの考えを一つ書きなさい。

（３）　植物は何のためにでんぷんを作ると思いますか。**実験１**の結果をふまえてあなたの考えを書きなさい。

みらい：ボトルアクアリウムの中のかん境を長く保つためには、どうしたらよいのだろう。

先　生：**実験２**を**表１**のような条件でしてみてはどうでしょう。観察池の水底にたまっていた土も入れてみてください。

みらい：水草の成長の様子を調べるのですね。水草は何を使おうかな。

はるか：オオカナダモ（**図４**）はじょうぶで成長が早いからよいと思うよ。

実験２

三つのボトルを用意する。そのボトルＡ～Ｃを**表１**の条件にし、ボトルの中のオオカナダモの長さを毎日測る。

表１　**実験２**における各ボトルアクアリウムの条件

	ヤマトヌマエビ	観察池の水底にたまっていた土
ボトルA	５ひき	入れる
ボトルB	５ひき	入れない
ボトルC	なし	入れる

図４　オオカナダモ

図５　**実験２**の結果をグラフにしたもの

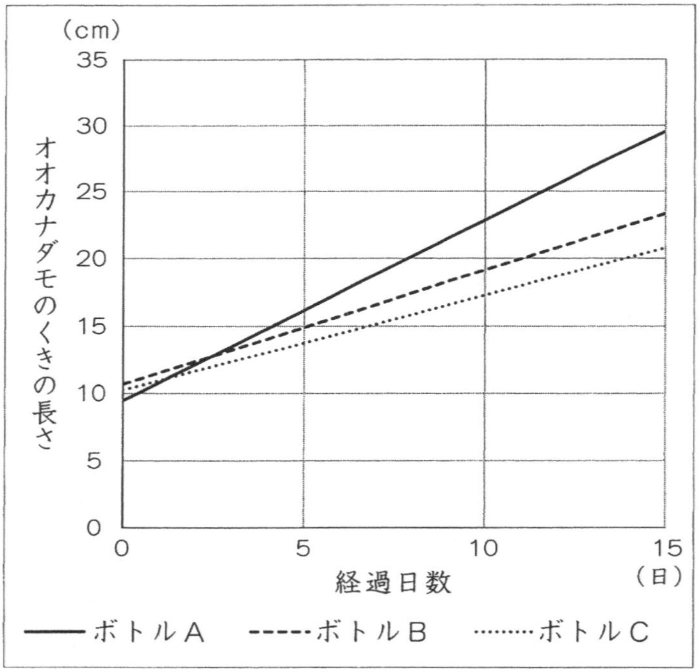

〔問題３〕（１）　ボトルアクアリウムに入れた土は、どのような役割《やくわり》をしていると思いますか。**図５**のグラフを読み取って、あなたの考えを一つ書き、そう考える理由を説明しなさい。

（２）　ヤマトヌマエビの役割は、どのようなものだと思いますか。**図５**のボトルＢとボトルＣの結果から、あなたの考えを一つ書き、そう考える理由を説明しなさい。

（３）　ボトルＡ～Ｃの実験だけでは、（２）で考えたことを確かめたことにはなりません。他にどのような実験が必要だと思いますか。また、その実験の結果は、どのようになると思いますか。あなたの予想を書きなさい。

はるかさんと**みらい**さんは、**先生**といっしょに観察池で話をしています。

はるか：この観察池には、オオカナダモとずいぶん形がちがう水草がありますね。
先　生：これはホテイアオイという水草です。
みらい：ホテイアオイは水にういているのに、なぜ育つのだろう。

図６　ホテイアオイ

〔問題４〕　**みらい**さんは「ホテイアオイは水にういているのに、なぜ育つのだろう。」と言っています。ホテイアオイが水にういていても育つ理由について、「日光」以外のことで、あなたの考えを書きなさい。

2 放課後の算数クラブの時間に**たかし**さんと**まゆみ**さんと**先生**が話をしています。

たかし：先生、今日の算数クラブはどのような問題に取り組みますか。

まゆみ：先生が何か持ってきてくださっていますね。

先　生：これは表面の色が白と黒の、１辺が１ｃｍの正方形のタイルです。このタイルを何枚《まい》か使ってできる図形について考えてみましょう。まず、白と黒のタイルを合計４枚選び、同じ色のタイルがとなり合わないように辺と辺をくっつけて、**図１**のように並《なら》べてみましょう。

図１　表面の色が白と黒の正方形のタイルを４枚《まい》並《なら》べた図形の例

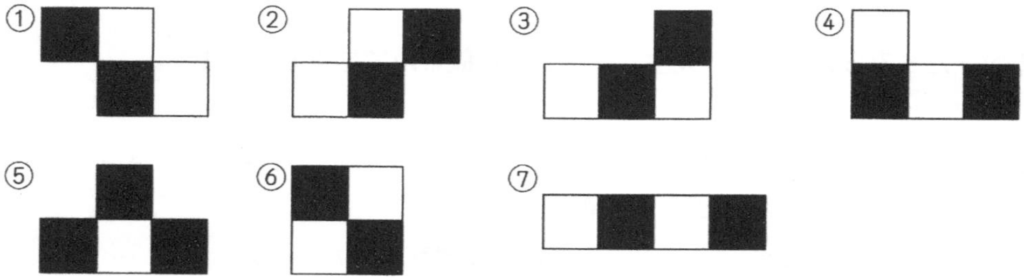

まゆみ：４枚のタイルを使ってできる図形は、**図１**の①と②や③と④のように、裏返《うらがえ》すと同じ形になってしまう図形を別のものとして考えます。すると図形の形は７種類になりますね。

たかし：図１の⑥と⑦以外は、白と黒のタイルの並べ方は２通りずつありますね。この７種類の図形を並べて、何か大きな図形を作ってみよう。

まゆみ：図１の７種類の図形を１回ずつ全て使用して、表面の色が同じタイルがとなり合わないように並んでいる、縦《たて》４ｃｍ、横７ｃｍの**図２**のような長方形を作れないかな。

図２　表面の色が同じタイルがとなり合わないように
並んでいる、縦《たて》４ｃｍ、横７ｃｍの長方形

たかし：いろいろ試《ため》してみたけれど、どうしても作ることができないな。

先　生：そうですね。**図１**の７種類の図形を１回ずつ全て使用するとき、①～⑤の白と黒のタイルを入れかえても、**図２**のような長方形を作ることができません。

〔問題１〕 **先生**は「**図１**の７種類の図形を１回ずつ全て使用するとき、①～⑤の白と黒のタイルを入れかえても、**図２**のような長方形を作ることができません。」と言っています。その理由を表面の色に注目して説明しなさい。

まゆみ：図１では４枚のタイルを使ってみたけれど、枚数を増やしたらどうなるのかな。
たかし：今度は５枚の白いタイルを並べてできた図形を考えてみよう。
まゆみ：５枚だと何種類の図形ができるかな。
先　生：では**図３**のタイルの並べ方にしたがって並べてみましょう。

図３　タイルの並べ方

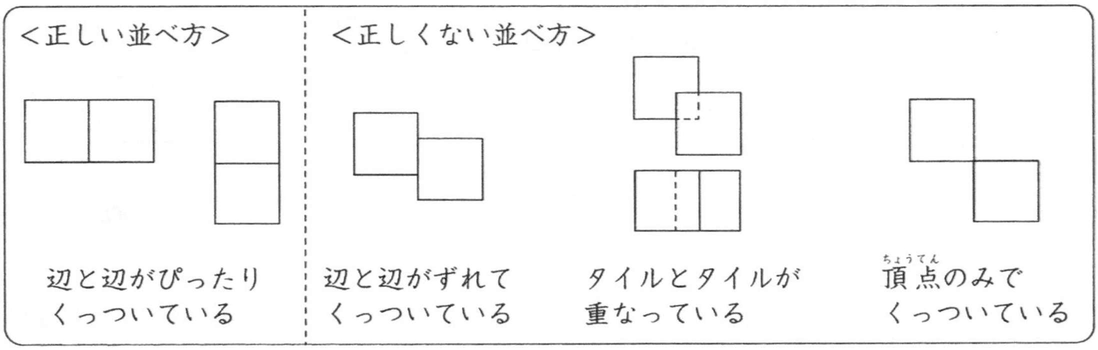

〔問題２〕 **図３**のタイルの並《なら》べ方にしたがって、５枚のタイルを正しく並べてできる図形は何種類になるか答え、その求め方を説明しなさい。説明には図を使ってもかまいません。裏返《うらがえ》すと同じ形になってしまう図形は別のものとして考えます。ただし、裏返した図形の向きを変えると、もとの図形と同じ形になる図形は同じものとして考えます。

たかし：正方形のタイルを使って平面図形を考えてきたけれど、立体図形についても考えてみたいね。

まゆみ：立方体を使って、何かおもしろいことはできないかな。

先　生：１辺が１ｃｍの白い立方体と、同じ大きさの黒い立方体もたくさん持ってきました。この白い立方体と黒い立方体を両方使って作る１辺が４ｃｍの立方体を考えてみましょう。１マスが１ｃｍの方眼紙に、**図４**のように数字を書いたＡとＢの紙を用意します。Ｂの紙を机《つくえ》の上に置きます。Ａの紙のアとＢの紙のア、Ａの紙のイとＢの紙のイをくっつけ、**図５**のように辺アエと辺アカが垂直《すいちょく》になるようにします。

図４

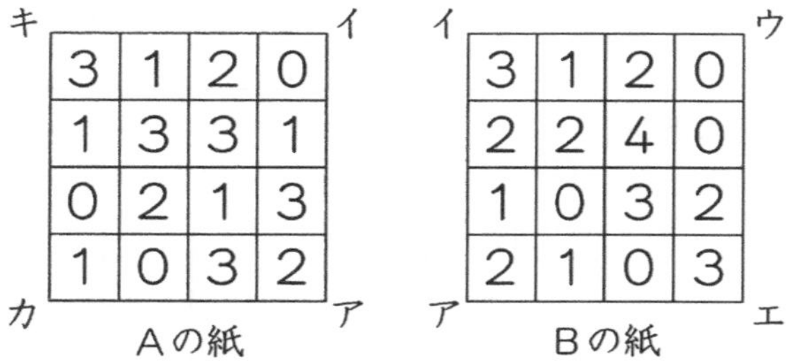

図５

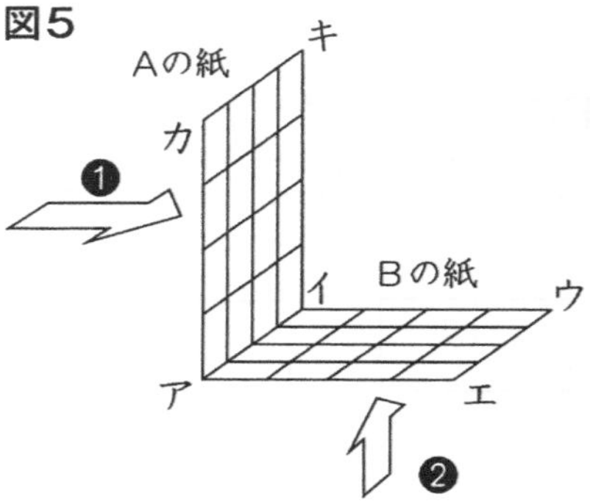

たかし：１辺が４ｃｍの立方体を作るためには、白い立方体と黒い立方体をどのように並べればよいのですか。

先　生：紙に書かれた数字は、**図５**のようにＡの紙を❶の矢印、Ｂの紙を❷の矢印の方向から見たときの黒い立方体の数をそれぞれ表しています。

まゆみ：なんとか並べることができました。

たかし：できあがった立方体を外側から見ただけだと、内側の黒い立方体がどこにあるのか分かりませんね。

先　生：では、**図６**のようにア、クと辺イキの真ん中、辺エケの真ん中の点を通るように切り分けたらどうなるか考えてみましょう。

図６　１辺が４ｃｍの立方体の切り分け方

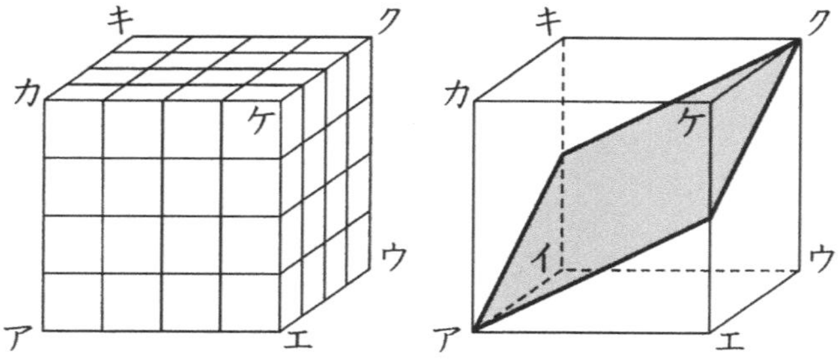

〔問題３〕 **まゆみ**さんが作った１辺が４ｃｍの立方体を**図６**のように切り分けたとき、何個の黒い立方体を切ることになりますか。また、その求め方も説明しなさい。説明には式や図を使ってもかまいません。

4・小石川適性Ⅰ

適性検査Ⅰ

注意

1 問題は[1]のみで、**6ページ**にわたって印刷してあります。
2 検査時間は**四十五分**で、終わりは**午前九時四十五分**です。
3 声を出して読んではいけません。
4 答えは全て解答用紙に明確に記入し、**解答用紙だけを提出しなさい。**
5 答えを直すときは、きれいに消してから、新しい答えを書きなさい。
6 **受検番号**を解答用紙の決められたらんに記入しなさい。

東京都立小石川中等教育学校

1 次の **文章1** と **文章2** とを読み、あとの問題に答えなさい。
（＊印のついている言葉には本文のあとに〔注〕があります。）

文章1

異世界《いせかい》への扉《とびら》は、思わぬところに潜《ひそ》んでいる。そして、その扉の存《そん》在《ざい》に気づくきっかけもまた、思わぬところに潜んでいる。

「貝殻《かいがら》拾いって、だれもがついやっちゃいますよね」

知り合いの編集者が、会話の中でこんなひとことを発した。

あらたな異世界への扉への気づきは、このひとことが始まりだった。

自然は特別な人のためのものではない。「だれもがやれてしまうようなことで自然とつきあえるというのは、大事なこと」とつねづね思っていただけに、このひとことには意表を突《つ》かれた。そして、どんなに身近な自然でも、どんなに手軽な方法でも、相手が自然であれば、思わぬ世界に通じることのできる可能性が、そこにある。

「そうか。貝殻拾いにはまだ、あらたなおもしろさがあるかもしれない」

そう思う。

この編集者のひとことをきっかけに、もう一度、貝拾いを本格的に再開してみようと僕《ぼく》は思った。ただ、少年時代のころのように、ひたすらに、たくさんの種類を拾い集めることを目標にしても意味はない。

なぜ貝殻を拾うのか。

貝殻を拾って、なにかが見えてくるのか。

そんなことを考えてみる。

これまた思わぬことに、あらたな貝殻拾いのヒントは、少年時代に拾い集めた貝殻コレクションの中に隠《かく》されていた。

少年時代に拾い集めた貝殻のうち、「これは」と思う種類……たとえばめったに拾うことのできなかったタカラガイの仲間など……は、紙箱に入れられ、僕の行く先々にともにあった。一方、そうして選ばれることのなかった貝殻は、実家の軒下《のきした》に放置されることになった。もう一度、貝殻拾いを見直してみようと思ったとき、僕は、そうして放置され、半ば＊雨ざらしになっていた貝殻をかきわけ、いくつか特徴的《とくちょうてき》な貝殻を取り上げ、沖縄に持って帰ることにした。

このとき、まず気づいたことがある。それは、「貝殻は丈夫《じょうぶ》だ」ということだ。少年時代に拾い上げ、その後、軒下に放置されていたのにもかかわらず、貝殻の形は崩《くず》れておらず、色もそれほどあせていなかった。耐水《たいすい》インクで貝殻に直接書き込《こ》んであったデータもまだ読み取れた。さらに雨ざらし状態から「救出」してきた貝殻のひとつを、沖縄に戻《もど》ってまじまじと見たら、気になる二枚貝《にまいがい》がひとつあることを発見してしまう。

擦《す》り切れた二枚貝の片方《かたほう》の殻で、白くさらされた貝殻は、さらにねずみ色にうっすらと染《そ》まっていた。二枚貝にしては殻の厚い貝だ。書き込《こ》まれたデータには一九七五年一二月一三日＊沖ノ島とあったが、僕自身にはこのような貝殻を拾い上げた記憶《きおく》はまったくなかった。少年時代につけていた貝殻採集の記録ノートを見返してみたが、当日の記録

〈問題1〉 心躍《こころおど》る景色とありますが、これは **文章1** ではどのように表現されていますか。解答らんに書きなさい。

〈問題2〉 **文章1**・**文章2** で筆者は、いずれも生き物を研究対象にしています。研究に対する筆者の姿勢《しせい》に共通するのはどのような点ですか。解答らんに書きなさい。

〈問題3〉 あなたは、これからの六年間をどのように過ごしたいですか。**文章1**・**文章2** のいずれかの、筆者の研究や学問への向き合い方をふまえ、どちらをふまえたかを明らかにして自分の考えを書きなさい。なお、内容のまとまりやつながりを考えて段落《だんらく》に分け、四百字以上四百四十字以内で述べなさい。ただし、下の〈**きまり**〉にしたがうこと。

〈**きまり**〉

○題名は書きません。
○最初の行から書き始めます。
○各段落《だんらく》の最初の字は一字下げて書きます。
○行をかえるのは、段落をかえるときだけとします。
○、や。や」などもそれぞれ字数に数えます。これらの記号が行の先頭に来るときには、前の行の最後の字と同じますめに書きます。（ますめの下に書いてもかまいません。）
○。と」が続く場合には、同じますめに書いてもかまいません。この場合、。」で一字と数えます。
○段落をかえたときの残りのますめは、字数として数えます。
○最後の段落の残りのますめは、字数として数えません。

2022(R4) 小石川中等教育学校
教英出版

にも、該当《がいとう》する貝の記述はなかった。「うすよごれた二枚貝」として、さほど当時の僕は注目しなかったということだろう。

　少年時代は拾い上げたことさえ認識《にんしき》していなかったこの貝は、あらためて図鑑《ずかん》で調べてみると、ハイガイという名前の貝であった。ハイガイというのは、殻《から》の厚いこの貝を焼いて、石灰《せっかい》をつくったことによっている。興味深いことは、この貝の分布地が図鑑によると、*伊勢湾《いせわん》以南となっていることだ。つまり千葉は、本来の分布地よりも北に位置する。そんな貝が、なぜ僕の貝殻コレクションに含《ふく》まれていたのだろう。

　じつは、ハイガイは、今よりも水温の高かった縄文時代《じょうもんじだい》には*館山《たてやま》近辺にも生息していた。そのころの貝殻が、地層《ちそう》から洗《あら》い出されて海岸に打ち上がっていたわけだった。

　これが、僕のあらたな貝殻拾いの視点《してん》のヒントとなる「発見」だった。その貝殻は生き物そのものではなく、生き物のつくりだした構造物だ。そのため、かなり丈夫だ。それこそ、数千年前の縄文時代の貝殻が、海岸に転がっていても、*現生種の貝殻とすぐには見分けがつかないほどに。

　貝殻は丈夫であるので、時を超《こ》えることができる。

　すなわち、「貝殻拾いをすると、*タイムワープができるのではないだろうか」……それが僕のあらたな貝殻拾いの視点となった。

　そんな目で探《さが》してみると、「今はいないはずの貝」があちこちで拾えることに気がついた。それは、いったい、いつごろの貝か。そして、なぜ、その貝はいなくなったのか。

　たとえば少年時代に僕が雑誌《ざっし》の紹介《しょうかい》記事を読んであこがれた南の島が西表島《いりおもてじま》だ。イリオモテヤマネコで有名な「原始の島」というイメージのある島であるが、その一方、古くからこの島には人々《ひとびと》が住みついていた。そのため、西表島の海岸には、ところどころ貝塚《かいづか》が見られる。そうした貝塚の貝は、それこそ小さなころの僕が図鑑で見てあこがれたような貝……大型のタカラガイであるホシキヌタや、重厚《じゅうこう》なラクダガイ、これも大型の二枚貝であるシャコガイ類など……ばかりで、ついためいきをついてしまうのだが、それらの貝に混じってたくさんのセンニンガイの殻が見られる。センニンガイは*マングローブ林に生息する、細長い巻貝《まきがい》だ。貝塚から見つかるということは当然食用にされていたというわけだが、現在の西表島のマングローブ林では、このセンニンガイは一切《いっさい》見つからない。*黒住《くろずみ》さんによると西表島や石垣島《いしがきじま》からは、センニンガイは一七世紀以降《いこう》、消滅《しょうめつ》したと考えられるという。どうやら人間の*採取圧《さいしゅあつ》によって、個体数を減らし、ついには絶滅《ぜつめつ》してしまったと考えられている（現在でも東南アジアに行くと、センニンガイを見ることができる。江ノ島《えのしま》などの観光地に行くと、外国産の貝殻の盛《も》り合わせがパックされて売られているが、ときにこの、外国産のセンニンガイが含まれているパックも目にする）。

　こんなふうに、人間の影響《えいきょう》によって、地域《ちいき》で見られる貝が変わっていく。その移り変わりの歴史が、足元に転がる貝殻から見える。

　そうした視点で貝殻拾いを始めたとき、僕は少年時代に拾えなかった貝があることにようやく気づいた。「なぜその貝がそこに落ちているのか」という問《とい》は、解決できるかどうかは別として、容易になしうる

時でも、「本当にカラスいないのかな？」と疑《うたが》った場合には、失敗覚《かく》悟《ご》で、自分の声で鳴き真似してみることはあった。とにかく何か刺激《しげき》を与《あた》えてカラスを鳴かせるか飛ばせるかすれば、データは得られるからである。

　すると、思ったよりカラスは鳴くのである。こちらの鳴き真似からだいたい五分以内だ。しかも鳴き真似に合わせるように、鳴き方を調整しているように思えることが度々《たびたび》ある。こちらが四声鳴けば向こうも四声鳴き、「カー、カー、カアカア」と鳴けば向こうも「カー、カー、カアカアカア」などと途中《とちゅう》で調子を変えて鳴く。もし発声が完全に自発的なものならば、発声の頻度《ひんど》はこちらの鳴き真似とは無関係なものとなり、「鳴き真似の後、数分以内の音声が多い」という結果にはならないであろう。そして、単に「おかしな声が聞こえて驚《おどろ》いたので鳴いただけ」なら、こちらの鳴き真似の特徴《とくちょう》と高い確率で一致《いっち》するのは妙《みょう》だ。カラスはこちらの音声を認識した上で、その音声に反応している――つまり、私の鳴き真似に対して返事をしているのではないか。

　この不思議な二重唱がどんな生物学的《せいぶつがくてき》基盤《きばん》をもつのか、鳴き真似を本当にカラスの声だと勘違《かんちが》いしているのか、そういった点はまだわからないが、カラスは人間に対して鳴き返してくることが確かにあるのだ、とは言えそうである。

　直感から研究を始めなければならない場合は、確かにある。一方で科学者は、状況《じょうきょう》を説明しうる仮説を公平に捉《とら》え、自分に都合の良い結果さえも疑わなくてはならない。しかし、そうやって疑った先に、思いがけず心躍《こころおど》る景色が広がることもある。

　今、改めて動物学者として言おう。三〇年以上前のあの日、カラスは私に向かって応えたかもしれないのだ。

（松原《まつばら》　始《はじめ》「科学者の目、科学の芽」岩波科学ライブラリーによる）

〔注〕
ドリトル先生――児童文学作品の主人公である動物医師。
シートン――アメリカの動物文学作家。
大学院――大学卒業後に専門《せんもん》分野の学習と研究を行う機関。
錯誤《さくご》――あやまり。
タイムラグ――時間のずれ。
音声プレイバック法――鳥の鳴き声を流し、これに反応《はんのう》して鳴き返してきた声で生息を確認《かくにん》する方法。
繁殖《はんしょく》個体――巣をつくり、卵《たまご》を産んで、ひなを育てているカラス。

問だ。しかし、「なぜその貝がそこに落ちていないのか」という問は、その問に気づくこと自体が困難《こんなん》である。

僕は貝殻の拾いなおしをし始めたことで、少年時代の自分の貝殻コレクションに、ハマグリが含まれていないのに初めて気づいたのである。ハマグリといえば、貝の名前をあまり知らない生徒や学生でも、「知っている」貝だろう。しかし、そんな貝を、少年時代にせっせと貝殻拾いに通っていたはずの僕が拾ったことがなかった……ただの一度も拾い上げたことがなかったのだった。それはなぜか。そして、どこに行ったらハマグリが拾えるのか。その謎解《なぞと》きが僕のあらたな貝殻拾いのひとつの目標となっていった。

（盛口《もりぐち》　満《みつる》「自然を楽しむ——見る・描《えが》く・伝える」による）

〔注〕

雨ざらし——雨にぬれたままになっているさま。

沖ノ島——千葉県南部の島。

伊勢湾《いせわん》——愛知県と三重県にまたがる太平洋岸にある湾《わん》。

館山《たてやま》——千葉県南部の館山湾《たてやまわん》に面する市。

現生種——現在生きている種。

タイムワープができる——現実とは別の時間に移動できる。

マングローブ林——あたたかい地域《ちいき》の河口に生育する常緑の木からなる林。

黒住《くろずみ》さん——黒住耐二《くろずみたいじ》。貝の研究者。

採取圧《さいしゅあつ》——むやみに採ること。

文章2

夕暮《ゆうぐ》れの迫《せま》る空を、南から北に向かって、カラスは次々《つぎつぎ》と飛んで行った。そして、口々《くちぐち》に「カア」「カア」「カア、カア、カア」と鳴いていた。北の方にある森からは時折、カラスの集団が一斉《いっせい》に鳴き始める声が、遠い波音のように聞こえていた。口々に鳴く声は、まるで言葉を交《か》わしているかのようだ。それなら、これだけたくさんのカラスがいるのだから、呼《よ》べば応えるカラスもいるかもしれないと思った。そこで、なるべくカラスっぽい声で「かー、かー」と鳴いてみた。

「カア」

「カア」

「カア」

カラスが上空から鳴き返してきた。次々と飛び過ぎる「友人たち」を見送りながら、私《わたし》は、自分が*ドリトル先生か*シートンになったかのような気分を味わっていた。この経験が忘《わす》れられなくてカラスを研究しようと決心した、とまでは言わないけれども、何の影響《えいきょう》もなかったとも決して言わない。

さて。*大学院に入り、それなりにカラスを研究した後、研究者の目で見返してみて、かつての自分の解釈《かいしゃく》は重大な*錯誤《さくご》を含《ふく》んでいる可能性に気づいた。それは、「カラスは果たして私の鳴き真似《まね》に応えたのか」ということだ。

「応える」とは何か。応えたと言うからには、ある個体が他個体の音声を認識《にんしき》し、その音声に対して反応《はんのう》した、という証拠《しょうこ》がいる。だが自発的な行動と、他個体への反応をどのように区別するか。まして一〇〇羽《わ》を超《こ》えるカラスが、あるものは自発的に、あるものは返事として鳴いていたかもしれない場合、一体どのように判断すればよかったのか。

これは今から遡《さかのぼ》って検証することはできない。だが、当時の自分には「自発的に鳴いた場合と返事をした場合を区別する」という発想すらなかった。人間同士ならば返事をしたと感じられる程度の*タイムラグでカラスの一羽か二羽が鳴いた、という事実を、「自分に対して返事をした」と解釈しただけである。人間同士ならば、その解釈でもよいかもしれない。だが全く別種の生物を相手に、このような予断をもった判断をしてはいけない。

今なら自分にこう問い返すだろう。「普段《ふだん》からカアカア鳴き続けている相手がたまたまその時も鳴いたからって、自分に返事したとなぜ言えるの？」

動物学者として言おう。あのカラスの声が返事であったとしても、それは他のカラスの音声への反応だったろう。私の鳴き真似に返事をしたと考える積極的な根拠《こんきょ》はない。

そして、さらに一五年あまり。私は山の中でカラスの分布を調べるため、*音声プレイバック法を用いてカラスを探《さが》す、という調査を行っている。カラスの声をスピーカーから流すと、縄張りを持った*繁殖《はんしょく》個体は侵入者《しんにゅうしゃ》だと思って大声で鳴きながら飛んでくるからだ。

調査を始めた頃《ころ》は適切な装備《そうび》も方法もよくわからなかったので、機材がうまく動かないことや、機材を持っていないこともあった。そんな

4

小石川適性Ⅱ

適性検査Ⅱ

注　意

1　問題は 1 から 3 までで、１２ページにわたって印刷してあります。

2　検査時間は**４５分**で、終わりは**午前１１時１０分**です。

3　声を出して読んではいけません。

4　計算が必要なときは、この問題用紙の余白を利用しなさい。

5　答えは全て解答用紙に明確に記入し、**解答用紙だけを提出しなさい。**

6　答えを直すときは、きれいに消してから、新しい答えを書きなさい。

7　**受検番号**を解答用紙の決められたらんに記入しなさい。

東京都立小石川中等教育学校

二人は、次のような**実験４**を行いました。

実験４

手順１　ビーカーに洗剤１ｇと水１９ｇを加えて２０ｇの液体をつくり、よくかき混ぜる。この液体を液体Ａとする。液体Ａを半分に分けた１０ｇを取り出し、試験管**Ａ**に入れる。液体Ａの残り半分である１０ｇは、ビーカーに入れたままにしておく。

手順２　手順１でビーカーに入れたままにしておいた液体Ａ１０ｇに水１０ｇを加えて２０ｇにし、よくかき混ぜる。これを液体Ｂとする。液体Ｂの半分を試験管**Ｂ**に入れる。

手順３　ビーカーに残った液体Ｂ１０ｇに、さらに水１０ｇを加えて２０ｇとし、よくかき混ぜる。これを液体Ｃとする。液体Ｃの半分を試験管**Ｃ**に入れる。

手順４　同様に手順３をくり返し、試験管**Ｄ**、試験管**Ｅ**、試験管**Ｆ**、試験管**Ｇ**を用意する。

手順５　試験管**Ａ～Ｇ**に**図１**のスポイトでそれぞれサラダ油を１滴入れる。ゴム栓《せん》をして試験管**Ａ～Ｇ**を１０回ふる。試験管をしばらく置いておき、それぞれの試験管の液体の上部にサラダ油が見えるか観察する。

手順６　もし、液体の上部にサラダ油が見えなかったときは、もう一度手順５を行う。もし、液体の上部にサラダ油が見えたときは、そのときまでに試験管にサラダ油を何滴入れたか記録する。

実験４の記録は、**表４**のようになりました。

表４　加えたサラダ油の量

	試験管**Ａ**	試験管**Ｂ**	試験管**Ｃ**	試験管**Ｄ**	試験管**Ｅ**	試験管**Ｆ**	試験管**Ｇ**
サラダ油の量（滴《てき》）	５９	４１	３８	１７	５	１	１

〔問題２〕（１）　太郎さんは、「洗剤の量を多くすればするほど、油をより多く落とすことができると思うよ。」と予想しました。その予想が正しくないことを、**実験３**の結果を用いて説明しなさい。

（２）　フライパンに残っていたサラダ油０．４ｇについて考えます。新たに用意した**実験４**の試験管**Ａ～Ｇ**の液体１０ｇに、サラダ油０．４ｇをそれぞれ加えて１０回ふります。その後、液体の上部にサラダ油が見えなくなるものを、試験管**Ａ～Ｇ**からすべて書きなさい。また、**実験４**から、サラダ油０．４ｇを落とすために、**図１**のスポイトを用いて洗剤は最低何滴《てき》必要ですか。整数で答えなさい。

ただし、**図１**のスポイトを用いると、サラダ油１００滴の重さは２．５ｇ、洗剤１００滴の重さは２ｇであるものとします。

花　子：台所にこぼしたサラダ油を綿のふきんでふき取ったのだけれど、ふきんから油を落とすために洗剤《せんざい》の量をどれぐらいにするとよいのかな。

太　郎：<u>洗剤の量を多くすればするほど、油をより多く落とすことができると思うよ。</u>

先　生：**図1**のようなスポイトを用いて、水に入れる洗剤の量を増やしていくことで、落とすことができる油の量を調べることができます。

二人は、次のような**実験3**を行い、サラダ油５gに対して洗剤の量を増やしたときに、落とすことができる油の量がどのように変化するのか調べました。

実験3

手順1　２０．６gの綿のふきんに、サラダ油５gをしみこませたものをいくつか用意する。

手順2　**図5**のような容器に水1kgを入れ、洗剤を**図1**のスポイトで4滴《てき》たらす。そこに、手順1で用意したサラダ油をしみこませたふきんを入れる。容器のふたを閉《し》め、上下に５０回ふる。

図5　容器

手順3　容器からふきんを取り出し、手でしぼる。容器に残った液体を外へ流し、容器に新しい水1kgを入れ、しぼった後のふきんを入れる。容器のふたを閉め、上下に５０回ふる。

手順4　容器からふきんを取り出し、よくしぼる。ふきんを日かげの風通しのよいところで２４時間おき、乾燥《かんそう》させる。乾燥させた後のふきんの重さを電子てんびんではかる。

手順5　手順1～4について、**図1**のスポイトでたらす洗剤の量を変化させて、乾燥させた後のふきんの重さを調べる。

実験3の結果は、**表3**のようになりました。

表3　洗剤《せんざい》の量と乾燥《かんそう》させた後のふきんの重さ

洗剤の量（滴《てき》）	4	8	12	16	20	24	28	32	36	40
ふきんの重さ（g）	24.9	24.6	23.5	23.5	23.0	22.8	23.8	23.8	23.8	23.9

花　子：調理の後、フライパンに少しの油が残っていたよ。少しの油を落とすために、最低どのくらい洗剤の量が必要なのか、調べてみたいな。

太　郎：洗剤の量をなるべく減らすことができると、自然環境《かんきょう》を守ることになるね。洗剤に水を加えてうすめていって、調べてみよう。

先　生：洗剤に水を加えてうすめた液体をつくり、そこに油をたらしてかき混ぜた後、液体の上部に油が見えなくなったら、油が落ちたと考えることにします。

問題は次のページからです。

1　来週はクラス内でお楽しみ会をします。係である**花子**さんと**太郎《たろう》**さんは、お楽しみ会で渡《わた》すプレゼントの準備をしています。

花　子：プレゼントのお花のかざりができたよ。
太　郎：すてきだね。次は何を作ろうか。
花　子：モールで図形を作って、それを台紙にはったカードをいくつか作ろうよ。
太　郎：いいアイデアだね。カードのデザインはどうしようか。
花　子：わくわくするものがいいね。
太　郎：それならロケットはどうかな。デザインを考えてみるよ。

太郎さんは、**図１**のようなカードのデザインを考えました。花子さんと太郎さんは、モールを使って、**図２**のような図形を作り、それらを組み合わせて台紙にはり、**図３**のようなロケットのカードを作ることにしました。

図１　カードのデザイン

図２

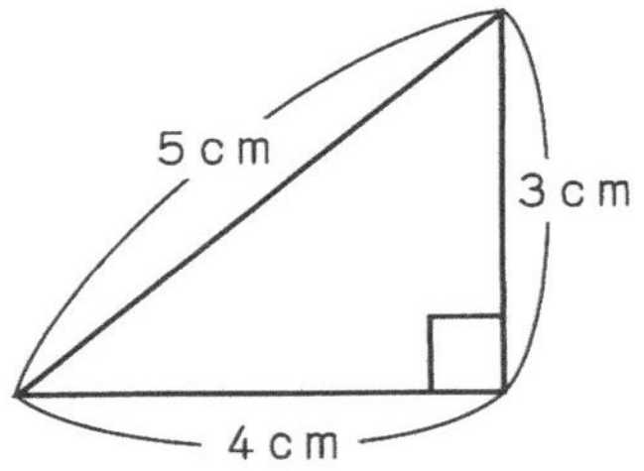

直角三角形

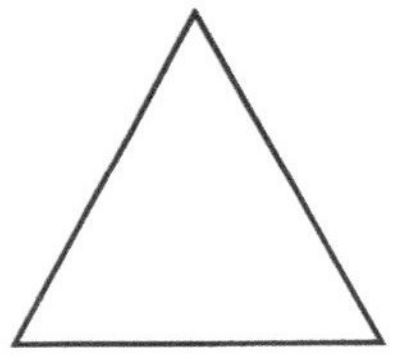

正三角形（１辺３ｃｍ）

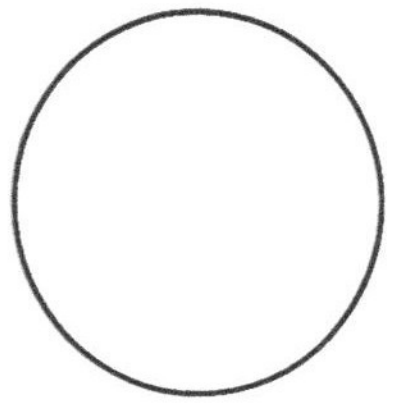

円（直径３ｃｍ）

図３　カードのイメージ

太　郎：でんぷんのよごれを落とすことができたか調べるために、ヨウ素液が使えるね。
先　生：けんび鏡で観察すると、でんぷんの粒《つぶ》を数えることができます。でんぷんのよごれの程度を、でんぷんの粒の数で考えるとよいです。

二人は、先生のアドバイスを受けながら、次のような**実験２**を行いました。

実験２

手順１　**実験１**の手順１と同様に、カレーがついたスライドガラスを新たにいくつか用意する。その１枚にヨウ素液を１滴たらし、けんび鏡を用いて１５０倍で観察する。**図４**のように接眼レンズを通して見えたでんぷんの粒の数を、液体につける前の粒の数とする。

手順２　手順１で用意したスライドガラスについて、**実験１**の手順２～３を行う。そして、手順１のように観察し、それぞれのでんぷんの粒の数を５分後の粒の数として記録する。

手順３　手順２で観察したそれぞれのスライドガラスを再び同じ液体に入れ、さらに５５分間待った後、手順２のようにでんぷんの粒の数を記録する。

図４　でんぷんの粒《つぶ》

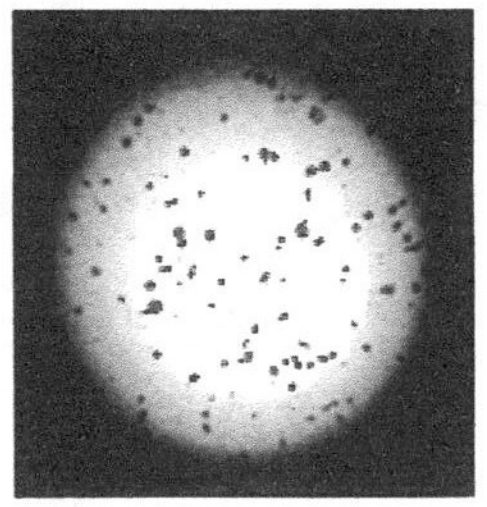

実験２の記録は、**表２**のようになりました。

表２　接眼レンズを通して見えたでんぷんの粒《つぶ》の数

	水だけ	液体ア	液体イ	液体ウ
５分後の粒の数（粒）	８０４	６３２	５０４	４７６
６０分後の粒の数（粒）	４８４	８２	６８	１６６

花　子：手順１で、液体につける前の粒の数は１７７２粒だったよ。
先　生：どのスライドガラスも液体につける前の粒の数は１７７２粒としましょう。
太　郎：５分後と６０分後を比べると、液体**ウ**より水だけの方が粒の数が減少しているね。

〔問題１〕（１）　よごれとして、色がついているよごれとでんぷんのよごれを考えます。**実験１**と**実験２**において、５分間液体につけておくとき、よごれを落とすために最もよいと考えられるものを液体**ア**～**ウ**から一つ選びなさい。また、その理由を、**実験１**と**実験２**をもとに書きなさい。

（２）　**実験２**において、５分後から６０分後までについて考えます。水だけの場合よりも液体**ウ**の場合の方が、でんぷんのよごれの程度をより変化させたと考えることもできます。なぜそう考えることができるのかを、**実験２**をもとに文章を使って説明しなさい。

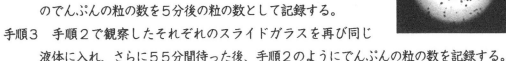

3　**花子**さん、**太郎**《たろう》さん、**先生**が石けんと洗剤《せんざい》について話をしています。

花　子：家でカレーライスを食べた後、すぐにお皿を洗《あら》わなかったので、カレーのよごれを落としにくかったよ。食べた後に、お皿を水につけておくとよかったのかな。

太　郎：カレーのよごれを落としやすくするために、お皿を水だけにつけておくより、水に石けんやいろいろな種類の洗剤を入れてつけておく方がよいのかな。調べてみたいな。

先　生：それを調べるには、**図1**のようなスポイトを用いるとよいです。スポイトは液体ごとに別のものを使うようにしましょう。同じ種類の液体であれば、このスポイトから液体をたらすと、1滴《てき》の重さは同じです。

図1　スポイト

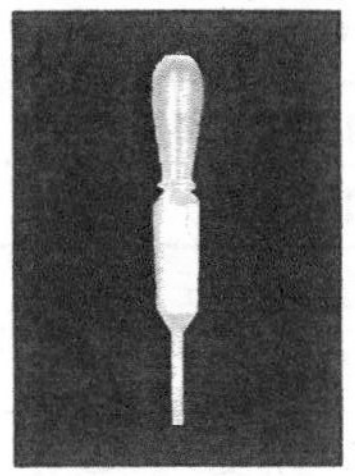

二人は、先生のアドバイスを受けながら、次のような**実験1**を行いました。

実験1

手順1　カレールウをお湯で溶《と》かした液体を、**図2**のようにスライドガラスにスポイトで4滴たらしたものをいくつか用意し、12時間おく。

図2　スライドガラス

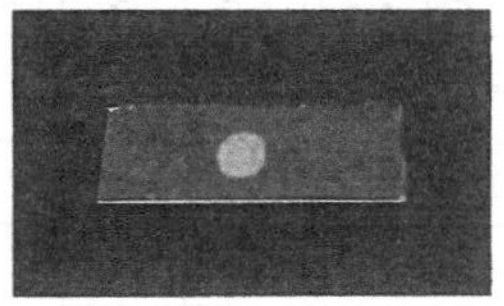

手順2　水100gが入ったビーカーを4個用意する。1個は水だけのビーカーとする。残りの3個には、スポイトを使って次の**ア**～**ウ**をそれぞれ10滴たらし、ビーカーの中身をよくかき混ぜ、液体**ア**、液体**イ**、液体**ウ**とする。

ア　液体石けん　　**イ**　台所用の液体洗剤　　**ウ**　食器洗い機用の液体洗剤

手順3　手順1で用意したスライドガラスを、手順2で用意したそれぞれの液体に、**図3**のように1枚《まい》ずつ入れ、5分間つけておく。

図3　つけておく様子

手順4　スライドガラスを取り出し、その表面を観察し、記録する。

手順5　観察したスライドガラスを再び同じ液体に入れ、さらに55分間待った後、手順4のように表面を観察し、記録する。

実験1の記録は、**表1**のようになりました。

表1　スライドガラスの表面を観察した記録

	水だけ	液体**ア**	液体**イ**	液体**ウ**
5分後	よごれがかなり見える。	よごれがほぼ見えない。	よごれが少し見える。	よごれがほぼ見えない。
60分後	よごれが少し見える。	よごれが見えない。	よごれが見えない。	よごれが見えない。

花　子：よごれが見えなくなれば、カレーのよごれが落ちているといえるのかな。

先　生：カレーのよごれには色がついているものだけでなく、でんぷんもふくまれます。

花　子：1mの長さのモールが6本あるね。

太　郎：私《わたし》は1本のモールを切って、直角三角形を作るよ。

花　子：できるだけ多く作ってね。

太　郎：直角三角形が8個作れたよ。箱に入れておくね。

花　子：私は別の1本のモールを切って、正三角形をできるだけ多く作ったよ。できた正三角形も同じ箱に入れておくね。

太　郎：次は、円をできるだけ多く作ってみようかな。

花　子：でも1枚《まい》のカードを作るのに、円は1個しか使わないよ。

太　郎：それなら1本のモールから、直角三角形と正三角形と円を作ってみようかな。それぞれ3個ずつ作れそうだね。

花　子：それぞれ3個ずつ作る切り方だとモールの余りがもったいないよ。できるだけ余りの長さが短くなるような切り方にしよう。

太　郎：そうだね。残りのモール4本を切る前に、カードは何枚作れるか考えよう。

〔問題1〕　1mのモールが4本と箱の中の図形があります。4本のモールで**図2**の直角三角形と正三角形と円を作り、箱の中の図形と組み合わせて**図3**のカードを作ります。モールの余りをつなげて図形を作ることはできないこととします。できるだけ多く**図3**のカードを作るとき、以下の問いに答えなさい。

ただし、円周率は3.14とし、モールの太さは考えないこととします。

（1）　4本のモールの余りの長さの合計を求めなさい。

（2）　箱の中の図形のほかに、直角三角形と正三角形と円はそれぞれ何個ずつ必要か求めなさい。そのとき、それぞれのモールからどの図形を何個ずつ切るか、文章で説明しなさい。

花子さんと太郎さんは、お花のかざりや**図3**のロケットのカードをふくめて６種類のプレゼントを作りました。

花　子：プレゼントをどのように選んでもらおうか。

太　郎：６種類あるから、さいころを使って決めてもらったらどうかな。

花　子：それはいいね。でも、さいころは別のゲームでも使うから、ちがう立体を使おうよ。

太　郎：正三角形を６個組み合わせてみたら、こんな立体ができたよ。それぞれの面に数字を書いてみるね。

太郎さんは**図4**のような立体を画用紙で作り、**1**から**6**までの数字をそれぞれの面に１個ずつ書きました。

図4　3方向から見た立体

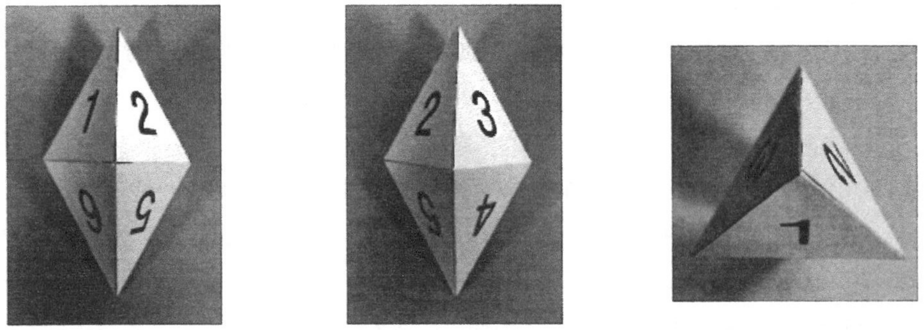

花　子：この立体を机《つくえ》の上で転がしてみよう。

太　郎：机に接する面は一つに決まるね。

花　子：転がし方が分かるように、画用紙に立体の面と同じ大きさの正三角形のマスをたくさん書いて、その上を転がしてみよう。

太郎さんは画用紙に**図5**のような正三角形のマスを書き、**図4**の立体の面が正三角形のマスと接するように置きました。置いた面の正三角形の１辺が動かないように立体を転がしてみると、あることに気づきました。

図5

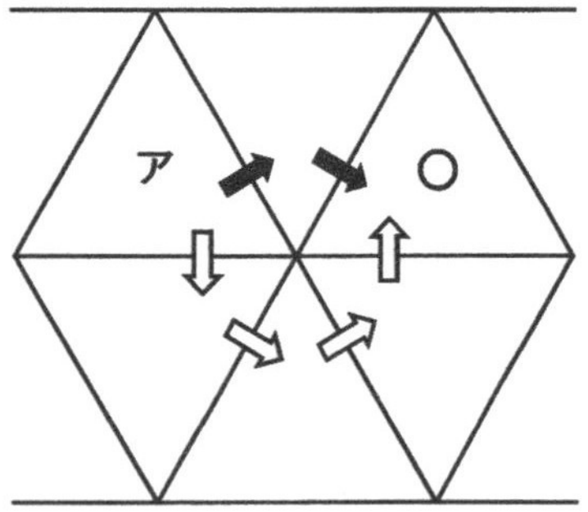

➡ は花子さんの転がし方

⇨ は太郎さんの転がし方

太　郎：立体の**1**の面が、**ア**のマスに数字と文字が同じ向きで接するように置いたよ。転がして**ア**から**○**のマスまで移動させてみよう。

花　子：私は２回転《ころ》がして**○**のマスまで移動させたよ。**○**のマスに接する面が**4**になったよ。

太　郎：私は４回転《ころ》がして移動させてみたけど、**○**のマスに接する面は**4**ではなかったよ。

花　子：転がし方を変えると同じマスへの移動でも、接する面の数字が変わるんだね。

資料5　１時間ごとのバスの便数（２行ごとに色分けをしているのは見やすくするため）

ア

A駅→B地域

時	平日	土曜	日曜
5	0	0	0
6	6	5	3
7	16	9	5
8	17	11	4
9	15	9	6
10	10	8	6
11	7	8	6
12	9	9	4
13	8	8	5
14	8	8	6
15	8	9	6
16	11	10	8
17	12	11	7
18	12	10	7
19	10	9	7
20	7	6	5
21	5	6	5
22	7	6	5
23	3	1	1
24	3	0	0

B地域→A駅

時	平日	土曜	日曜
5	0	0	0
6	12	7	4
7	18	10	6
8	15	10	6
9	14	10	6
10	8	8	6
11	9	9	7
12	8	8	5
13	8	7	7
14	8	7	4
15	8	10	6
16	12	10	8
17	12	11	6
18	12	8	7
19	8	8	6
20	6	6	4
21	5	6	5
22	5	5	4
23	3	1	1
24	2	0	0

イ

C駅→D地域

時	平日	土曜	日曜
5	2	1	1
6	12	6	5
7	13	6	5
8	10	6	3
9	5	3	4
10	6	3	3
11	6	4	3
12	6	3	3
13	6	3	4
14	6	3	3
15	6	4	3
16	6	3	4
17	11	4	3
18	12	5	4
19	9	4	3
20	6	4	4
21	5	1	2
22	1	1	1
23	0	0	0
24	0	0	0

D地域→C駅

時	平日	土曜	日曜
5	0	0	0
6	8	4	4
7	12	7	5
8	12	6	4
9	5	3	3
10	6	3	4
11	6	3	3
12	6	3	3
13	6	2	3
14	6	2	4
15	6	3	3
16	9	3	3
17	11	4	4
18	12	4	3
19	12	4	4
20	7	5	4
21	5	2	2
22	2	1	1
23	0	0	0
24	0	0	0

ウ

E駅→F地域

時	平日	土曜	日曜
9	1	2	2
10	1	1	1
11	0	1	1
12	1	1	1
13	0	0	0
14	0	1	1
15	1	1	1
16	0	0	0
17	0	0	0

F地域→E駅

時	平日	土曜	日曜
9	0	0	0
10	0	0	0
11	0	0	0
12	0	0	0
13	0	1	1
14	1	1	1
15	0	1	1
16	1	1	1
17	0	1	1

エ

G駅→H地域

時	平日	土曜	日曜
6	1	0	0
7	1	0	0
8	1	1	1
この間バス便はない			
14	0	0	0
15	1	1	1
16	1	0	0
17	0	0	0
18	1	1	1

H地域→G駅

時	平日	土曜	日曜
6	2	0	0
7	0	0	0
8	1	1	1
この間バス便はない			
14	1	1	1
15	0	0	0
16	1	0	0
17	1	1	1
18	0	0	0

（「東京都交通局サイト」などより作成）

け ん じ：飛行機の便数と国の経済や位置にはつながりがあるんだね。

あ さ こ：飛行機の便数から外国のことが分かるのならば、バスの時刻表からは身近な地域のことが分からないかな。

おじいさん：なるほど。よいところに気が付いたね。では、時刻表ではないけれど、１時間ごとのバスの便数を示した**資料５**があるので見てごらん。**エ**の**H**地域は、どのような地域だと考えられるかな。

け ん じ：バスの便数が少ないし、朝と夕方にかたよっているね。それに平日と土曜、日曜の便数に差があるね。**H**地域は、住んでいる人がとても少ない地域だと考えられるね。

あ さ こ：そうかもしれないけれど、別の資料も調べないと正確なことは分からないよね。

おじいさん：そのとおりだね。**資料５**だけから考えた地域の様子が正しいかどうかを確かめるには、どうしたらよいのか考えることも大切だね。

け ん じ：**H**地域ならば、人口がどれくらいなのかを調べた資料が必要だね。

あ さ こ：その資料から、人口が少ないことが分かれば、最初に考えたことが正しいと確かめられるね。

け ん じ：他の地域についても、まず最初に**資料５**だけから地域の様子を考えてみよう。

あ さ こ：その次に、その考えが正しいかどうかを確かめるためには、何を調べた資料が必要かを考えることにしましょう。

〔問題２〕 **資料５**の**B**、**D**、**F**の地域から一つを選び、**資料５**だけから地域の様子を考え、そう考えた理由を書きなさい。また、あなたが考えた地域の様子について、それが正しいかどうかを確かめるためには、何を調べた資料が必要ですか。一つ挙げ、その資料からどのようなことが分かれば、あなたの考えが正しかったと確かめられるか、簡単《かんたん》に書きなさい。

あ さ こ：交通は、経済や地域の様子に強いつながりがありそうだね。

け ん じ：そうだね。それだけでなく、人々の生活や交流にもつながりがありそうだね。

あ さ こ：交通が発達すると、便利になったり、分かり合えたり、いろいろとよいことがありそうだね。

け ん じ：よいこともあるけれど、新しい課題が生まれることはないのかな。

おじいさん：ものごとをいろいろな見方から考えていくことは大切だね。

〔問題３〕 交通の発達によって生まれる課題には、どのようなものがあると考えられますか。あなたが考える課題と、その具体的な解決策《かいけつさく》を書きなさい。

なお、解答らんには、１２１字以上１５０字以内で段落《だんらく》を変えずに書きなさい。「、」や「。」もそれぞれ字数に数えます。

太郎さんは画用紙に**図６**のような正三角形のマスを書きました。花子さんと太郎さんは、**図４**の立体を**イ**のマスから●のマスまでどのように転がすことができるか考えました。

図６

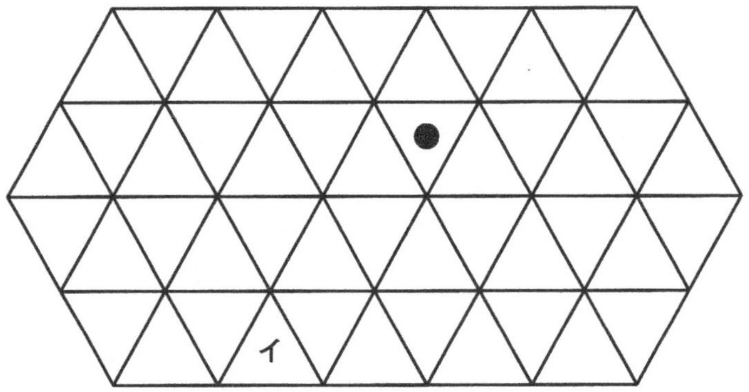

花　子：転がしているとき、一つ前のマスにはもどれないことにしよう。

太　郎：５回転《ころ》がすと、**イ**のマスから●のマスまで移動させることができたよ。

花　子：でも６回転《ころ》がして、**イ**のマスから●のマスまで移動させることはできなかったよ。

太　郎：けれど７回転《ころ》がしたら、**イ**のマスから●のマスまで移動させることができたよ。

花　子：５回の転がし方は１通りだけど、７回の転がし方は何通りかあるね。

太　郎：７回転《ころ》がしたら、●のマスに接する面の数字も何種類かありそうだから、●のマスに接する面の数字に応じて、プレゼントを決められるね。

花　子：でも、**イ**のマスに**１**の面を置いたとき、どのように転がしても●のマスに接しない面があるね。

太　郎：全ての面が●のマスに接するようにするには、くふうが必要だね。

〔問題２〕 **図４**の立体の**１**の面を、**図６**の**イ**のマスに数字と文字が同じ向きで接するように置きます。**図４**の立体を７回転《ころ》がして、**イ**のマスから●のマスまで移動させます。ただし、転がしているとき、一つ前のマスにはもどれないこととします。以下の問いに答えなさい。

（１） 転がし方はいくつかありますが、そのうちの１通りについて、マスに接する面の数字を順に書きなさい。

（２） **図４**の立体を７回転《ころ》がして、**イ**のマスから●のマスまで移動させたときに、●のマスに接する面の数字を全て書きなさい。

2 **あさこ**さんと**けんじ**さんは、いろいろな資料がある**おじいさん**の家に遊びに来ています。

あ　さ　こ：１９７０年の飛行機の時刻表《じこくひょう》があったよ。
け　ん　じ：国際線の旅客便のものだね。こっちには１９８６年のものがあるよ。
おじいさん：なつかしいね。昔は時刻表と地図を見て、外国へ行くことを夢見たものだよ。
あ　さ　こ：２０００年と２０１５年の時刻表もあるので、東京からの便数を数えて変化の様子を調べてみようかな。おや、この時刻表には、「東京」に「羽田《はねだ》」と「成田《なりた》」の二種類があるよ。どうしてかな。
おじいさん：成田空港は、昔は新東京国際空港という名前だったので、今でも国際線では、「羽田」と「成田」が「東京」とされているよ。
け　ん　じ：時刻表が１９８６年のものしかないので、間かくが１６年、１４年、１５年と少しちがうけれど、だいじょうぶかな。それと、全部を数えるのは大変そうだね。
おじいさん：間かくは少しちがうけれど、変化の大きな流れをつかむことはできるよ。それから、確かに全部を数えるのは大変なので、アフリカ、東南アジア、南アメリカについて数えてみてはどうかな。
け　ん　じ：東南アジアは、アジアとはちがうのかな。
おじいさん：**資料１**から分かるように、東南アジアはアジアの一部だよ。
あ　さ　こ：便数を数えて**資料２**を作ったよ。
け　ん　じ：速いなあ。これで便数の変化の様子が分かったね。でも、なぜ変化したのかな。変化の理由を知るためには、便数の他に調べた方がよいことはないかな。
おじいさん：では、一人当たりの国民総所得を調べてごらん。人々の経済的《けいざいてき》な豊かさの目安になる資料になるはずだよ。
け　ん　じ：**資料３**ができたよ。どの地域《ちいき》も発展《はってん》していることは分かるけれど、どれくらい発展しているのかが分かりにくいな。
おじいさん：それぞれの年の数値《すうち》が、１９７０年の数値の何倍になっているかを計算すると、発展の様子が分かりやすくなるよ。
あ　さ　こ：計算した数値でグラフを作ると、もっと分かりやすくなるね。
け　ん　じ：本当だ。ところで、便数と経済の発展には、つながりがあるのかな。
おじいさん：資料やグラフを使って考えてごらん。**資料４**の東京からのきょりが正しい地図も参考にするといいよ。

〔問題１〕（１）　**資料３**から、三つの地域について、それぞれの年が１９７０年の何倍になっているか計算し、解答用紙の表を完成させなさい。答えは、表に書かれている数値と同じように、小数第二位を四捨五入《ししゃごにゅう》した小数第一位までの数値で書きなさい。

（２）（１）で計算した数値を使って、解答用紙に折れ線グラフを作りなさい。なお、どの線がどの地域を表しているかが分かるような工夫《くふう》をしなさい。

（３）　三つの地域の中から一つの地域を選び、便数の特ちょうを書きなさい。また、**資料２**と（２）で作ったグラフ、**資料４**をふまえて、そのような特ちょうになる理由について、他の地域と比べて、あなたの考えを書きなさい。

資料１　三つの地域《ちいき》の位置を示した地図

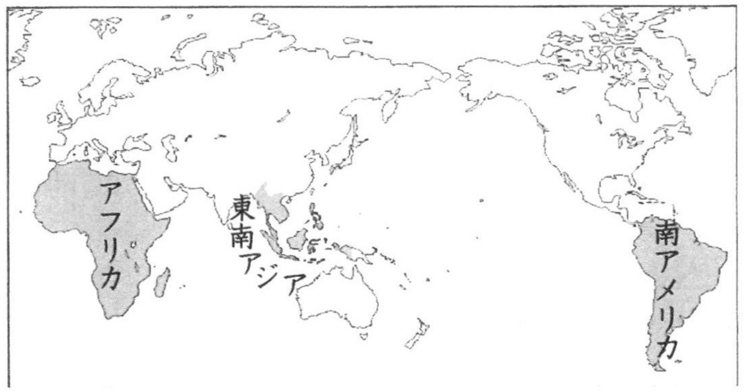

資料２　東京（羽田《はねだ》、成田《なりた》）からアフリカ、東南アジア、南アメリカを最終目的地とする一週間当たりの航空便（旅客便）の数の移り変わり

	１９７０年	１９８６年	２０００年	２０１５年
アフリカ	２	５	２	３
東南アジア	３４	１０２	１５７	４５２
南アメリカ	２	５	９	０

（「航空時刻表《じこくひょう》」などより作成）

資料３　アフリカ、東南アジア、南アメリカの一人当たりの国民総所得の移り変わり（単位ドル）

	１９７０年	１９８６年	２０００年	２０１５年
アフリカ	２３０.５	６７６.５	６９４.２	１９９６.８
東南アジア	１２３.４	６５１.９	１０５３.８	４００３.５
南アメリカ	４３４.７	１７３３.１	３６２２.２	９４７９.５

（「世界統計年鑑《ねんかん》」などより作成）

資料４　図の中心の東京（Ｔ）からのきょりが正しい地図

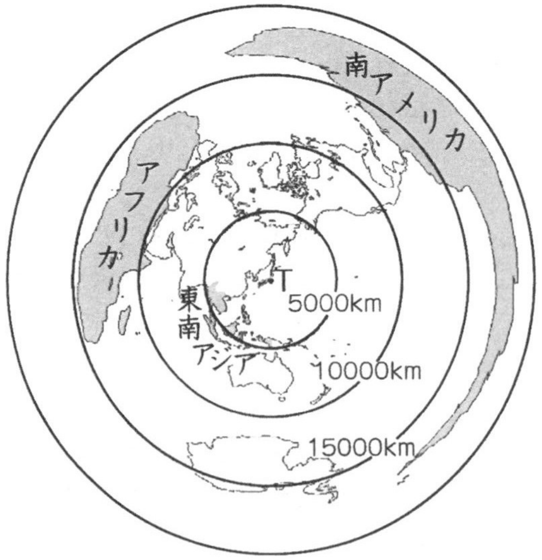

4 小石川 適性 Ⅲ

適 性 検 査 Ⅲ

注　　意

1　問題は 1 から 2 までで、**9ページ**にわたって印刷してあります。

2　検査時間は**４５分**で、終わりは**午後０時３５分**です。

3　声を出して読んではいけません。

4　計算が必要なときは、この問題用紙の余白を利用しなさい。

5　答えは全て解答用紙に明確に記入し、**解答用紙だけを提出しなさい。**

6　答えを直すときは、きれいに消してから、新しい答えを書きなさい。

7　**受検番号**を解答用紙の決められたらんに記入しなさい。

東京都立小石川中等教育学校

先　生：ところで、紙から作られる立体図形にはいろいろな使い道があります。**図４**を見てください。

図４　先生が見せてくれた紙（箱に入れた物が動かないようにするための紙）

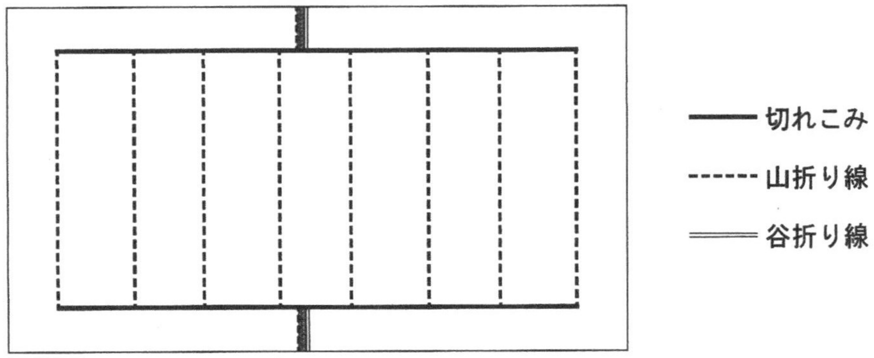

ゆうと：この紙からは、何ができるのですか。
先　生：この紙に山折り、谷折りをすると、箱に入れた物が動かないようにするための立体図形ができます。ただし、山折り、谷折りは９０度とは限りません。
のりこ：何が入るのかな。
先　生：同じ大きさの円柱の茶づつが４本、横になって入ります。
ゆうと：先生、　の部分は何ですか。
先　生：　の部分は山折り、谷折りをして、紙が重なり合っている部分です。重なり合うことで、二つの切れこみにはさまれた部分は、たわみます。
のりこ：紙がたわむことで、茶づつが動かなくなるのですね。

〔問題３〕（１）　**図４**の紙からできる立体図形には、となり合う茶づつがくっついて入ります。茶づつを入れたとき、どの茶づつも、側面の面積の６分の１だけ紙とくっついています。茶づつとくっついていない紙の部分の、山折り線から山折り線までの長さはどれも３ｃｍです。このとき、　の山折り線から谷折り線までの長さを求め、その求め方を説明しなさい。説明には、式や図を使ってもかまいません。ただし、紙の厚みは考えないものとし、円周率は３．１４とします。

（２）　**図４**と同じ構造で、（１）とはちがう大きさの茶づつが入る紙を考えます。茶づつを入れたとき、茶づつを底面側から見ると、紙がたわんで茶づつがしずんだ深さは、底面の円の直径の長さの４分の１と同じです。また、どの茶づつも、紙とくっついている部分の面積は１４１．３ｃ㎡です。茶づつの高さが１５ｃｍのとき、４本の茶づつの体積の和を求め、その求め方を説明しなさい。説明には、式や図を使ってもかまいません。ただし、紙の厚みは考えないものとし、円周率は３．１４とします。

のりこ： 切れこみを入れる向きが全部同じだったけれど、切れこみを入れる向きを変えたらどのような立体図形ができるかな。

ゆうと： 別の方眼紙でやってみよう。

先　生： ではここに、一目盛り２ｃｍで、１辺が３０ｃｍの正方形の方眼紙があります。次の**手順３**で切れこみを入れると、**図３**のようになります。その後、それぞれの切れこみについて、山折り線、谷折り線を、**図１**のように切れこみに対して垂直《すいちょく》に入れます。

> **手順３：** ①方眼紙のそれぞれの角から縦《たて》２ｃｍ、横２ｃｍのところに点を取り、そこから縦の辺と平行に４ｃｍの切れこみを入れる。
> ②切れこみの終わりから縦２ｃｍ、横２ｃｍ内側のところに点を取り、そこから横の辺と平行に４ｃｍの切れこみを入れる。

図３　切れこみを入れた一目盛り２ｃｍの正方形の方眼紙の図

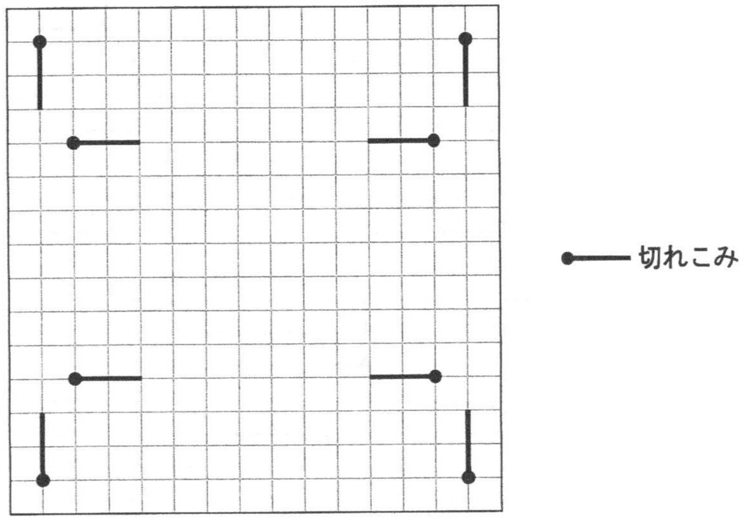

〔問題２〕 **図３**に、山折り線、谷折り線を入れた方眼紙を、**手順１**の③と同じように折って２段の立体図形を作ることができますか。解答用紙の「できる」または「できない」のうち、どちらかを○で囲みなさい。

「できる」を選んだ場合は、その体積を求める式と答えを書きなさい。ただし、〔問題１〕と同じように、穴があく部分は別の紙でふさいだとします。また、紙の厚みは考えないものとします。

「できない」を選んだ場合は、その理由を説明しなさい。図を使って説明してもかまいません。

１ **なぎ**さんと**りく**さんは紙飛行機で遊んでいます。

な　ぎ： 紙飛行機は形を変えると、飛び方がいろいろ変わるね。

り　く： 生き物にも飛ぶことのできる生き物がいるよね。

な　ぎ： 鳥や虫がそうだね。どうやって飛んでいるのかな。

り　く： カモメを観察してみよう。つばさを上下に動かしているね。

な　ぎ： ただつばさを上下に動かしているだけではなさそうだよ。

り　く： カモメの飛び方をビデオでさつえいして、ゆっくり再生して見てみよう。

な　ぎ： つばさを大きく広げたり、つばさを小さく折りたたんだりして、つばさの形を変えているね。なぜだろう。

図１　カモメが飛ぶときのつばさの動かし方

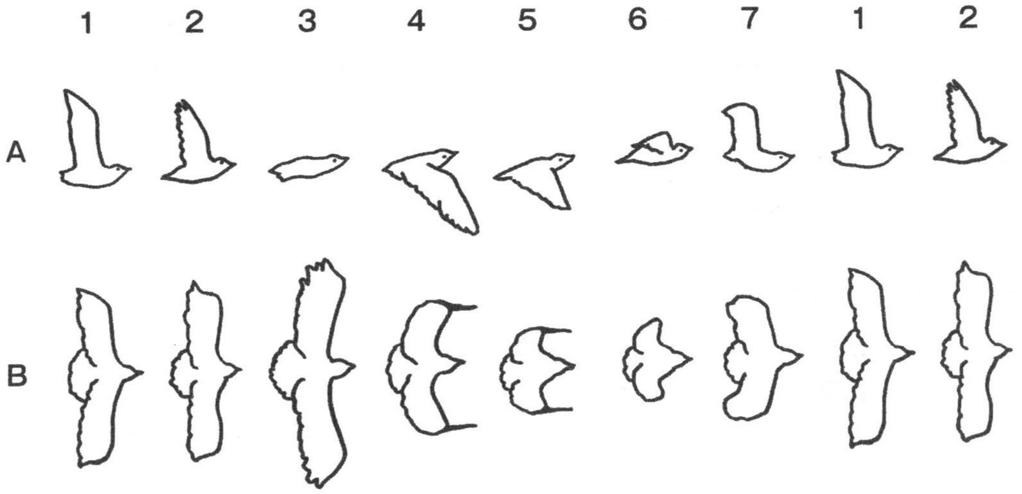

※Aはカモメを横側から、Bはカモメを背中《せなか》側から見た姿《すがた》を図で表したもので、つばさを動かす順番に並《なら》べています。AとBの縦《たて》に並ぶ図は、同じしゅん間のカモメの姿の図です。

（東昭《あずまあきら》「生物の動きの事典」より作成）

〔問題１〕 **図１**から、カモメが飛ぶときには、つばさを大きく広げたり、小さく折りたたんだりする様子が分かります。つばさを大きく広げるのはどのようなときですか。その理由についてあなたの考えを説明しなさい。

なぎさんと**りく**さんはチョウの飛ぶ姿《すがた》を見るために、動物園内のチョウが見られる場所に来ています。

なぎ：種類によって飛び方がちがうね。
りく：この大きなチョウはオオゴマダラといって、日本で最も大きいはねをもつチョウの一種だよ。こちらの少し小さいのはイシガケチョウだね。
なぎ：オオゴマダラは、はねを広げたときに全体のはばが１２ｃｍくらいだね。イシガケチョウは７ｃｍくらいだね。
りく：オオゴマダラとイシガケチョウでは飛び方がちがうね。カメラを固定して飛び方をさつえいしてみよう。
なぎ：家に帰って、飛んでいるときの様子を調べられるね。
りく：だいたいいつも同じような飛び方をしているね。何度かさつえいしたものの中から、チョウが約１.５ｍおおよそ横向きに動いているものを選んでゆっくり再生しながら、それぞれのチョウが飛んだところを線でなぞってみたよ。**図２**のグラフの縦《たて》方向は高さ、横方向はチョウが横に移動したきょりを表しているよ。
なぎ：点は０.２５秒ごとにチョウがいた場所を表しているね。
りく：点の間かくをよく見るとちがいがあるね。

〔問題２〕　りくさんが「点の間かくをよく見るとちがいがあるね。」と言っています。

（１）　**図２**を見て、オオゴマダラの飛び方の特ちょうを説明しなさい。

（２）　**図２**から分かるイシガケチョウの飛び方の特ちょうについて、**図３**や会話文から分かるはねの特ちょうと結び付けて、あなたの考えを説明しなさい。

（３）　この二つのチョウは異《こと》なる飛び方をしています。オオゴマダラとイシガケチョウのどちらかを選び、その飛び方の利点について、はねの特ちょう以外の点から、あなたの考えを説明しなさい。

手順２：①方眼紙のそれぞれの角から、縦《たて》２ｃｍ、横２ｃｍのところに点を取り、そこから縦の辺と平行に４ｃｍの切れこみを入れる。
②切れこみの終わりから、縦２ｃｍ、横２ｃｍ内側のところに点を取り、そこから縦の辺と平行に４ｃｍの切れこみを入れる。
③②の作業をあと３回くり返し、切れこみを入れる。

図２　切れこみ、山折り線、谷折り線を示した一目盛《ひとめも》り２ｃｍの長方形の方眼紙の図

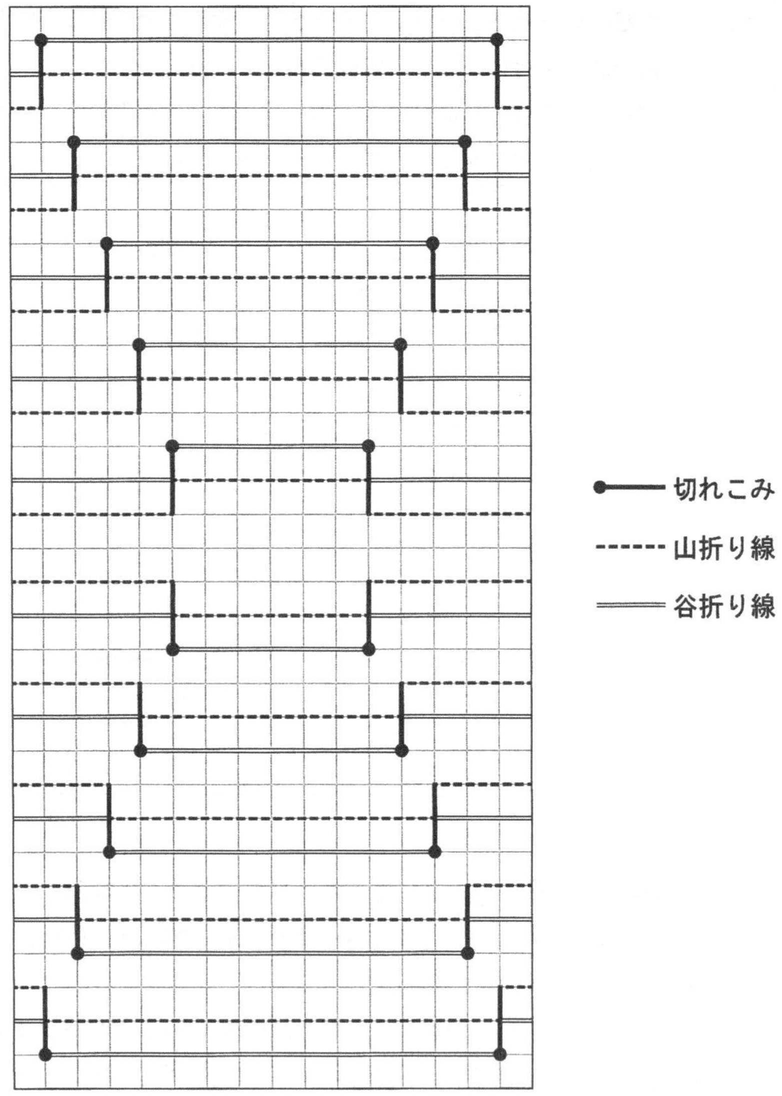

〔問題１〕　**図２**の長方形の方眼紙からでき上がる５段の山のような形をした立体図形について、横や下から見たときに穴《あな》があく部分を別の紙でふさいだとします。そのときにできる立体図形の体積を求めなさい。ただし、紙の厚みは考えないものとします。解答用紙には式と答えを書きなさい。

2 放課後の工作クラブの時間に、**ゆうと**さんと**のりこ**さんと**先生**が話をしています。

ゆうと：先生、今日は何をするのですか。

のりこ：立体図形を作るとおっしゃっていましたね。

先　生：今日は１枚《まい》の紙に切れこみを入れ、折ってでき上がる立体図形について考えていきましょう。

のりこ：紙に切れこみを入れて折ると、どのような立体図形が作れるのかな。

先　生：まず、**手順１**の方法で方眼紙から立体図形を作ります。**図１**を見てみましょう。

手順１：①方眼紙のそれぞれの角から同じ位置に点を取り、そこから縦《たて》の辺と平行に切れこみを入れる。
②**図１**のように、山折り線、谷折り線を入れる。
③山折り、谷折りはすべて９０度で折る。

図１　切れこみ、山折り線、谷折り線を示した方眼紙の図

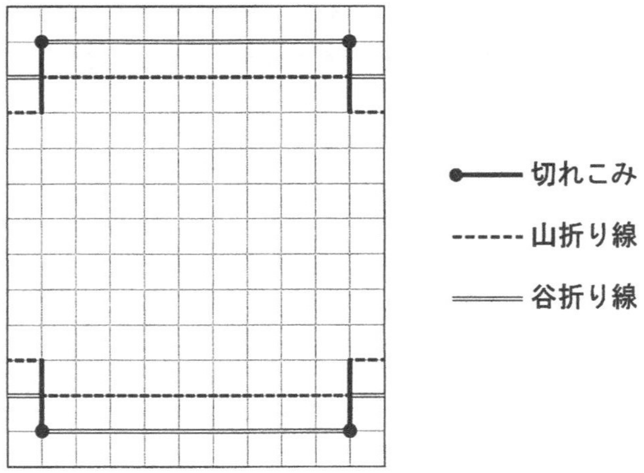

ゆうと：この作業をすると、どのような立体図形ができるのかな。

のりこ：山折り、谷折りをすると段《だん》ができて立体図形ができますね。

ゆうと：このやり方で５段の立体図形を作ってみよう。

先　生：では、一《ひと》目《め》盛《も》り２ｃｍの方眼紙を使って、縦《たて》６４ｃｍ、横３２ｃｍの長方形で立体図形を作ってみましょう。切れこみの入れ方は、次の**手順２**で行い、山折り線、谷折り線の入れ方は、**図１**のように行うと**図２**のようになりますね。その後、**手順１**の③と同じように折ります。すると、５段の山のようなものができますね。

図２　チョウの飛び方

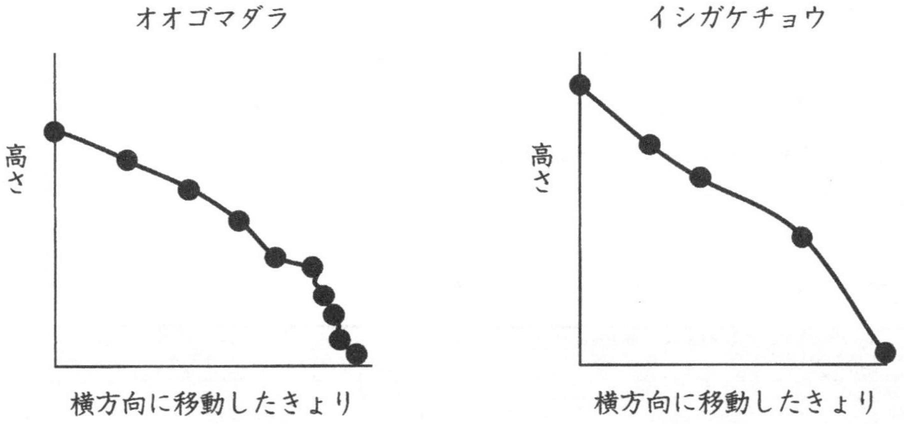

図３　チョウの写真

オオゴマダラ　　イシガケチョウ

な　ぎ：飛ぶのは動物だけかな。
り　く：植物は自分の力で飛ばないけれど、風の力で飛ばされるよね。
な　ぎ：そうだね。タンポポの種は、綿毛にふーっと息をふきかけると、飛ばされるね。
り　く：ふー。あれ、種によって飛ばされやすさにちがいがありそうだよ。
な　ぎ：タンポポの種を飛ばして、飛ばされたきょりを調べてみよう。
り　く：実験をするときには、やり方に気を付けないといけないね。

表1　実験に使用したタンポポの種の写真と、飛ばされたきょり

	C	D	E	F
タンポポの種の写真				
飛ばされたきょり（cm）	52.5	33.3	33.1	10.0

〔問題３〕（１）　りくさんは「実験をするときには、やり方に気を付けないといけないね。」と言っています。あなたがこの実験をするときに気を付けることについて、あなたの考えを二つ書き、それぞれの理由も答えなさい。

（２）（１）の条件で実験をしたとき、飛ばされるきょりにちがいがある理由を二つ考え、それぞれ説明しなさい。

（３）（２）を確かめるためにどのような実験をすればよいですか。（１）で答えたことにはふれなくてかまいません。また、この実験をするとどのような結果になると予想されますか。

な　ぎ：いろいろなものが飛ぶことについて考えてきたけれど、飛びやすいことがよいこととは言えないかもしれないね。
り　く：どうして。よく飛ぶほうがよいことだと思うよ。
な　ぎ：飛びやすいと、飛びたくなくても飛ばされてしまうことがあるのではないかな。強風で飛ばされて、行きたくないところまで行ってしまうかもしれないよ。
り　く：そういうこともあるかもしれないね。でも、遠くまで飛ばされると何かよくないことがあるのかな。
な　ぎ：例えば鳥だと、降《お》りる場所やえさが見つからないかもしれないね。それはチョウも同じだよね。はんしょくする相手が見つからないこともあるね。
り　く：植物の種はどうだろう。遠くまで飛んだほうがよいと思うよ。
な　ぎ：遠くに飛ぶと、落ちた場所で芽が出る条件がそろっていないかもしれないね。その点、すぐ近くなら条件はそろっているはずだよね。

〔問題４〕　なぎさんは「すぐ近くなら条件はそろっているはずだよね。」と言って、種があまり遠くまで飛ばないときの利点について話しています。しかし、近くに落ちることがよいことばかりとは限りません。植物の種が近くの場所に落ちた場合のよくないこととして、どのようなことが考えられますか。具体的に例を挙げ、説明しなさい。

1

解答用紙　適性検査Ⅰ

〔問題1〕10点

〔問題2〕30点

〔問題3〕60点

（4　小石川）

440　400　300　200　100　20

※100点満点

受検番号

得点
※

※　※　※　※　※　※

※のらんには、記入しないこと。

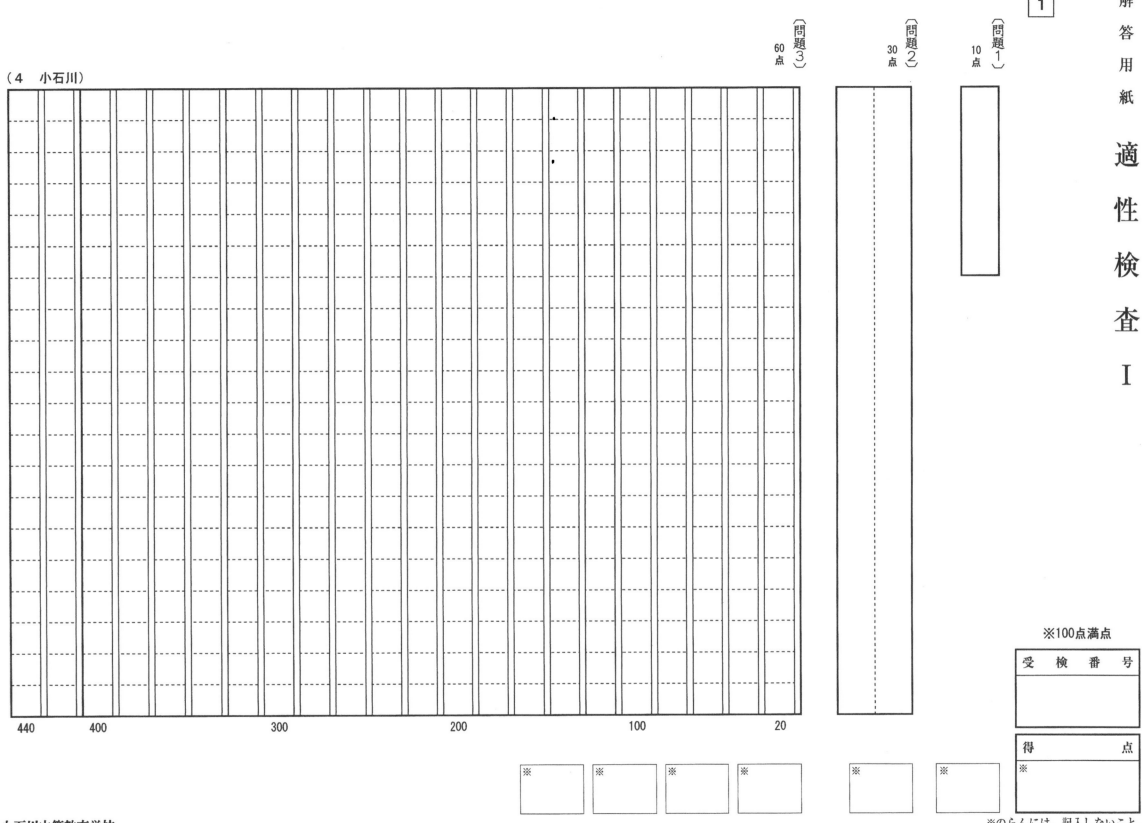

解答用紙　適性検査Ⅱ

1

〔問題１〕　15点

（1）　　　　cm

（2）〔直角三角形〕　　個　〔正三角形〕　　個　〔円〕　　個

〔説明〕

※

〔問題２〕　15点

（1）

イ　　　　　　　　　　　　　　●

1 → □ → □ → □ → □ → □ → □ → □

（2）

※

受　検　番　号	得　　点
	※

※100点満点

※のらんには、記入しないこと

3

〔問題１〕　14点

（1）〔選んだもの〕

〔理由〕

（2）

※

〔問題２〕　16点

（1）

（2）〔サラダ油が見えなくなるもの〕

〔洗剤《せんざい》〕　　　　滴《てき》

※

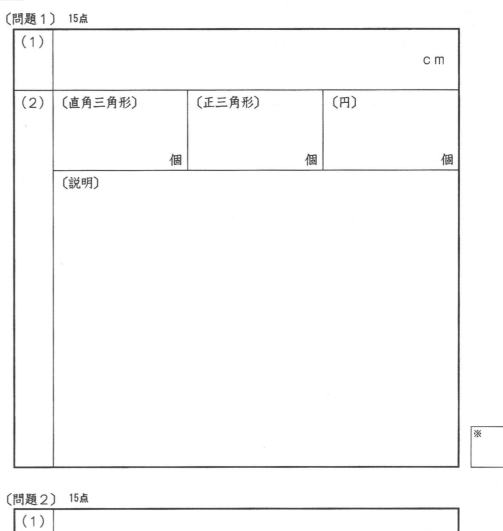

2

〔問題１〕 20点

（1）

	1970年	1986年	2000年	2015年
アフリカ	1.0			8.7
東南アジア	1.0		8.5	
南アメリカ	1.0	4.0		

※

（2）

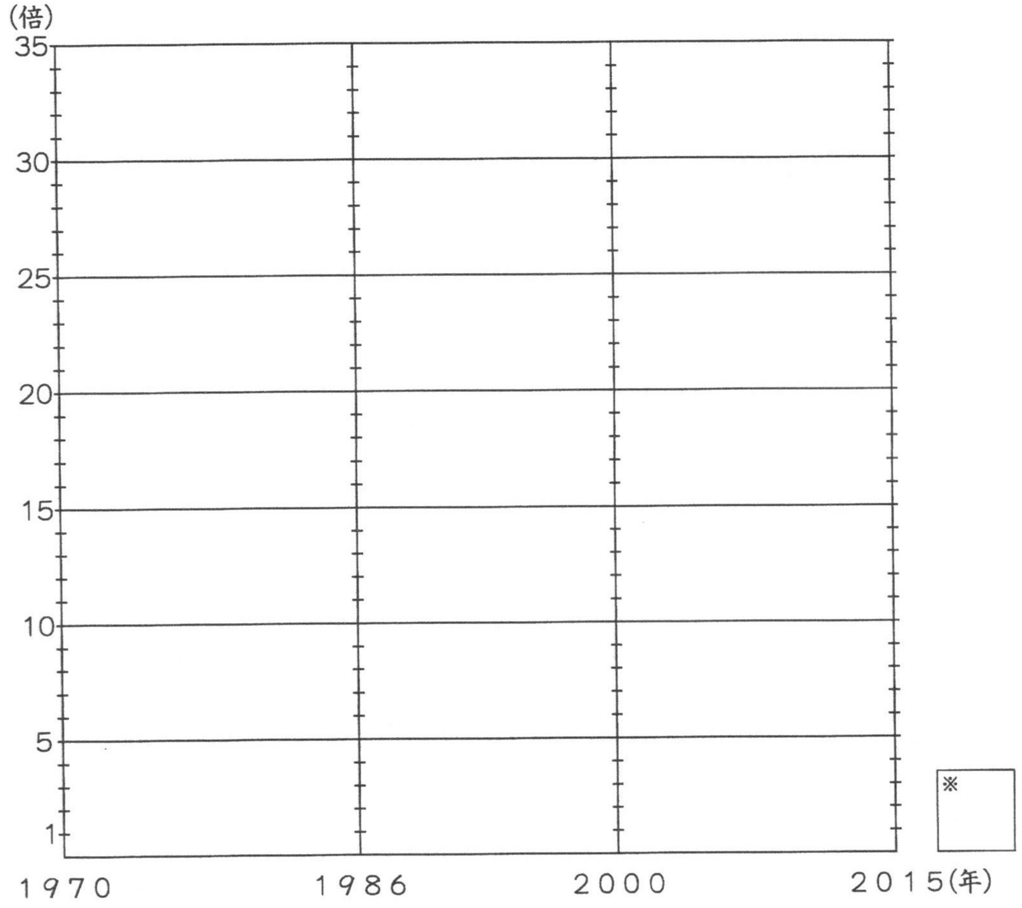

※

（3）

地域《ちいき》	
特ちょう	
理由	

※

〔問題２〕 10点

選んだ地域	
地域の様子	
そう考えた理由	
何を調べた資料が必要か	
何が分かれば確かめられるか	

※

〔問題３〕（横書きで書きなさい） 10点

120

150

※

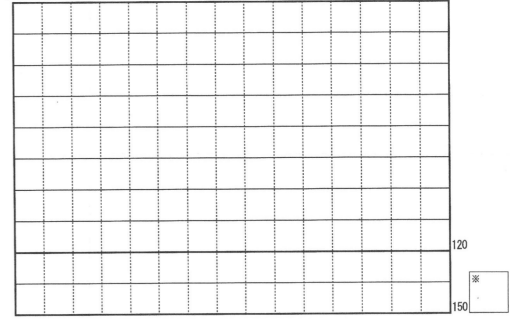

〔問題３〕20点

（１）

（２）

※

解　答　用　紙　適　性　検　査　Ⅲ

1

〔問題１〕10点

※

〔問題２〕15点

（１）

（２）

（３）

※

受　検　番　号	得　　　点
	※

※100点満点

※のらんには、記入しないこと

〔問題３〕 25点

（１）

考えと理由

考えと理由

（２）

理由とその説明

理由とその説明

（３）

※

〔問題４〕 10点

※

2

〔問題１〕 10点

※

〔問題２〕 10点

できる ・ できない

※

3 小石川適性 I

適性検査 I

注意

1 問題は 1 のみで、6ページにわたって印刷してあります。

2 検査時間は**四十五分**で、終わりは**午前九時四十五分**です。

3 声を出して読んではいけません。

4 答えは全て解答用紙に明確に記入し、**解答用紙だけを提出しなさい。**

5 答えを直すときは、きれいに消してから、新しい答えを書きなさい。

6 **受検番号**を解答用紙の決められたらんに記入しなさい。

東京都立小石川中等教育学校

③

1

次の 文章1 と 文章2 とを読み、あとの問題に答えなさい。
（*印の付いている言葉には、本文のあとに〈注〉があります。）

文章1

中国を最近、訪問《ほうもん》した。中国の人たちと話し合っていて、*孔子《こうし》の教えが今も生きていることが感じられた。それにつけても思い出したのは、*桑原武夫《くわばらたけお》先生の『論語《ろんご》』である。桑原先生の名解説で、『論語』が「孔子とその一門とのいきいきとした*言行録」として捉《とら》えられ、いわゆる*道学者としてではなく、人間、孔子の姿《すがた》を生き生きと浮《う》かびあがらせてくる書物であることが示される。

いろいろ好きな言葉があるが、ここに掲《かか》げたのは、*雍也《ようや》第六　二十の*「子曰《いわ》く、之《こ》れを知る者は之れを好む者に如《し》かず、之れを好む者は之れを楽しむ者に如かず」の後半である。ここには、知る、好む、楽しむ、という三つの動詞《どうし》があげられており、その重みが異《こと》なることを*端的《たんてき》に示している。

最近は情報化社会という表現がもてはやされて、誰《だれ》もが新しい情報をできるだけ多く、そして早くキャッチすることに力をつくしている。確かに「知る」ことは大切だ。しかし、そのことに心を使いすぎると、それに疲《つか》れてしまったり、情報量の多さに押《お》し潰《つぶ》されてしまって、それに主体的にかかわっていく力がなくなってしまう。

「好む」者は、つまり「やる気」をもっているので、積極性がある。情報は与《あた》えられてくるので、人を受動的にする。人間の個性というものは、何が好きかというその人の積極的な姿勢《しせい》のなかに現れやすい。*私《わたし》はカウンセリングのときに、何か好きなものがあるかを問うことがよくある。好きなことを中心に、その人の㋐個性が開花してくる。

孔子は、「好む」の上に「楽しむ」があるという。これはなかなか味わいのある言葉である。桑原先生の解説によれば、「『楽』は*客体の中に入ってあるいはそれと一体化して安住することであろう。最初の二つの段階《だんかい》を経て、第三段階の安らぎの理想像に達するとする」ということになる。

「好む」は積極的だが、下手《へた》をすると気負いすぎになる。それは「近所迷惑《きんじょめいわく》」を引き起こすことさえある。「楽しむ」はそれを超《こ》え、あくまで積極性を失ってはいないが安らぎがある。これはまさに「理想像」である。これを提示するのに、「知」、「好」の段階を置いたところに孔子の知恵《ちえ》が感じられる。

（河合隼雄《かわいはやお》「『出会い』の不思議」による）

〈問題１〉㋐個性 とありますが、これは、文章2 ではどのような形で表れていますか。会話文以外の部分から、五字以上十字以内でぬき出しなさい。

〈問題２〉㋑今度は変な音が出た。 とありますが、それはなぜですか。十五字以上二十字以内で説明しなさい。ただし、文章1 の表現も用いること。

〈問題３〉文章2 のお稽古《けいこ》の場面では、文章1 の「知る、好む、楽しむ」のどの段階《だんかい》まで表されていると言えるでしょうか。あなたの考えを四百字以上四百四十字以内で書きなさい。ただし、次の条件と下の〈きまり〉にしたがうこと。

条件　次の三段落構成《さんだんらくこうせい》にまとめて書くこと

①第一段落では、「知る」、「好む」、「楽しむ」のどの段階まで表されていると考えるか、自分の意見を明確に示す。

②第二段落では、「①」の根拠《こんきょ》となる箇所《かしょ》を 文章2 から具体的に示し、文章1 と関係付けて説明する。

③第三段落では、「①」で示したものとはちがう段階だと考える人にも分かってもらえるよう、その人の考え方を想像してそれにふれながら、あなたの考えを筋道《すじみち》立てて説明する。

〈きまり〉
○題名は書きません。
○最初の行から書き始めます。
○各段落《だんらく》の最初の字は一字下げて書きます。
○行をかえるのは、段落をかえるときだけとします。
○、や。や」などもそれぞれ字数に数えます。これらの記号が行の先頭に来るときには、前の行の最後の字と同じますめに書きます（ますめの下に書いてもかまいません）。
○。と」が続く場合には、同じますめに書いてもかまいません。
　この場合、。」で一字と数えます。
○段落をかえたときの残りのますめは、字数として数えます。
○最後の段落の残りのますめは、字数として数えません。

2021(R3) 小石川中等教育学校
教英出版

「とても素直な音ですね」

先生の言葉にうれしくなってしまい、もっと鳴らそうと思うと、㋑今度は変な音が出た。

「今度はちょっと欲張《よくば》ってきましたね」

音でなんでもわかってしまうのだなと恥ずかしくなった。

「ありがとうございました」

お稽古《けいこ》の最後に、敬意《けいい》を込《こ》めて先生に深く頭を下げた。お礼の言葉は日常でも使っているが、先生に向かって、「学ばせてくださってありがとうございました」という気持ちを込めて発するその言葉は、普段《ふだん》とは意味合いが違っていた。

その夜はずっと鼓のことを考えていた。ぽーんと気持ちよく鳴った音だけではなく、先生の言葉に込められた「日本らしさ」ということ。鼓を触ったことのない人間が、今日一人減って、それが私だということ。

短い時間だったけれど、私の中に何かが宿った気がした。思った以上に忘《わす》れられない経験として、自分の中に刻まれていた。

鼓から飛んでいった私だけの「音」の感覚が、今も身体に残っている。ぽーん、と響いた、私だけの音。あの音にもう一度会いたいと、東京に戻《もど》った今も、たまに手首をぶらぶらさせながら想《おも》い続けている。

（村田沙耶香《むらたさやか》「となりの脳《のう》世界」朝日新聞出版による）

〈注〉

小鼓《こつづみ》――日本の伝統的な打楽器の一つ。（図1）

謡《うたい》――日本の古典的芸能の一つである能楽の歌詞《かし》をうたうこと。

お能――能楽。室町時代《むろまちじだい》に完成した。

図1

〈注〉

孔子《こうし》――古代中国の思想家。

桑原武夫《くわばらたけお》先生の『論語《ろんご》』――フランス文学者である桑原武夫氏による『論語』の解説書。

『論語』――中国の古典。

言行録――言ったことや行《おこな》ったことを書き記したもの。

道学者――道徳を説く人。

雍也《ようや》第六 二十――『論語』の章の一つ。

「子曰《いわ》く、之《こ》れを知る者は
之れを好む者に如《し》かず、
之れを好む者は
之れを楽しむ者に如かず」――孔子が言う、知るということだけでは、まだ、これを愛好することに及《およ》ばない。愛好するということは、これを楽しむことには及ばない。

端的《たんてき》――遠回しでなく、はっきりと表すさま。

私《わたし》はカウンセリングのときに――筆者はカウンセリングを仕事としている。

客体――はたらきかけるさいの、目的となるもの。対象。

2021(R3) 小石川中等教育学校
K 教英出版

文章2

（以前からあこがれのあった小鼓《こつづみ》を京都で習ってみることになった筆者は、着物をきちんと着付けてもらい、緊張《きんちょう》しながらお稽古《けいこ》の場にのぞんだ。）

いよいよ部屋を移動して＊小鼓《こつづみ》に触《さわ》ってみることになった。

「まずは簡単《かんたん》に小鼓について説明します。鼓は馬の皮でできておりまして、表と裏《うら》があります。桜の木でできた胴《どう》という部分があり、麻《あさ》の紐《ひも》を縦《たて》と横に組み合わせただけの打楽器です」

目の前に小鼓を置いていただくと、「本物だあ」という無邪気《むじゃき》な感動があった。

「構えると打撃《だげき》面が見えないというのが、小鼓の特徴《とくちょう》です」

打撃面が見えない、というのがどういうことなのか咄嗟《とっさ》には理解できないまま頭の中で必死にメモをとる。

「まずは固定観念なしでいっぺん打っていただきます」

とはいえ、どう持っていいのかもわからない。手をこうやって、親指はこの形にして、くるりとまわして、と言われるままにおそるおそる小鼓を持ち上げて、右肩《みぎかた》に掲《かか》げた。

「イメージ通りに打ってみてください」

勢いよく腕《うで》を振《ふ》って、小鼓を手のひらでばしりと叩《たた》いた。テレビなどでよく見る映像《えいぞう》の真似《まね》っこだ。イメージと勢いに反して、ぺん、という間《ま》抜《ぬ》けな音が出た。

「いろいろやってみてください」

何度打っても、ぺん、ぱん、という、机《つくえ》を叩いているような間の抜《ぬ》けた音しか出ない。

打撃面が見えない、という意味が打ってみてわかった。自分の手のひらがどんな動きをしているのか、鼓のどの辺を打っているのか自分ではわからないのだ。

「案外、鳴らないものでしょう」

先生の言葉に、「はい」としみじみ頷《うなず》いた。

じゃあ、と、先生が姿勢《しせい》と持ち方を正してくださった。

「手をぶらぶらにして」

言われた通りに手首から力を抜く。先生が腕をもって一緒《いっしょ》に打ってくださった。

ぽん！　ぽん！

さっきとは比べ物にならない大きな音が出て驚《おどろ》いた。周りの空気がぶるぶる震《ふる》える感じがする。騒音《そうおん》の振動《しんどう》とはまったく違《ちが》う、部屋の空気がびりっと引《ひ》き締《し》まるような震えだ。

「鼓はいかに力を抜くことができるかということが大事です。鼓は、実はこの打った面ではなく、こっちの後ろから音が出ていきます。ちょっと私《わたし》の言うことを聞いていただけると、すぐ鳴るんです」

本当にその通りで、魔法《まほう》みたいだったので、感動して何度も「はい！」と頷いた。

「息を吸《す》ったり吐《は》いたりすると、もっといい音が出ます。吸う、ぽん」

息を吸《す》い込《こ》んで打つと、ぽん、という音がもっと大きくなった。

「村田さんらしい鼓の音というのが必ずあって、同じ道具を打っても人によって違う音が出ます。ここにいらっしゃる方がそれぞれ手に取ったら、それぞれ違う音が出ます」

上手《じょうず》な人はみんな完璧《かんぺき》な音を打っていて、それは同じ音色なのだろうと勝手に想像していたので、驚くと同時に、自分らしい音とはどんな音なのか、と胸《むね》が高鳴った。

「今、村田さんが打った鼓を、何もすることなしに私が打ってみます」

先生が打つと、美しい響《ひび》きに、部屋の空気がびりびりと気持ちよく震えた。凛《りん》とした振動に呼応《こおう》して、部屋の空気が変化して一つの世界として完成された感覚があった。

「鼓には五種類の音があります」

説明をしながら先生が鼓を打つ。さっきまで自分が触っていた鼓から、魔法のように複雑に、いろいろな音が飛び出す。

「今日みたいに湿気《しっけ》がある日は、小鼓にとってはとってもいい日なんです」

たまたま来た日がよく音が出る日だという偶然《ぐうぜん》が、なんだか自分が小鼓とご縁《えん》があったみたいでうれしくなった。

今度は掛《か》け声《ごえ》をかけて鼓を打ってみた。

「掛け声も音の一つです」

少し恥《は》ずかしかったが、自分の身体も楽器の一つだと思うと、少し勇気が出た。先生の＊謡《うたい》に合わせて、

「よー」

と掛け声を出し、ぽん、と打った。もっと大きく響かせたいと思っても、なかなかお腹《なか》から力が出なかった。声に気をとられて、鼓の音もまた間抜けになってしまった。

「音が出ないのも楽しさの一つです。少しのアドバイスで音が鳴るようになります、素直《すなお》な人ほどぽんと鳴ります」

先生の言葉に、とにかく素直に！　としっかり心に刻《きざ》み付《つ》けた。

「村田さんが来てくれて一番の喜びは、これで鼓を触ったことがない人が一人減ったということです。日本の楽器なのに、ドレミは知っていても小鼓のことはわからないという人が多い。鼓を触ったことのない人が減っていくというのが、自分の欲《よく》というか野望です」

先生の中にごく自然に宿っている言葉が、何気なくこちらに渡《わた》されてくる。先生の言葉も、鼓と同じように、生徒によって違う音で鳴るのだろうと感じた。

「＊お能の世界は非日常の世界なのですけれど、やはり日常に全て通じているんです」

最後にもう一度、鼓を構えて音を鳴らした。

とにかく素直に、素直に、と自分に言い聞かせて、身体の全部を先生の言葉に任せるような感覚で、全身から力を抜いた。

ぽん！

今日、自分ひとりで出した中で一番の大きな音が、鼓からぽーんと飛んでいった。

3 小石川 適性 Ⅱ

適性検査Ⅱ

注　　意

1　問題は［1］から［3］までで、１４ページにわたって印刷してあります。

2　検査時間は**４５分**で、終わりは**午前１１時１０分**です。

3　声を出して読んではいけません。

4　計算が必要なときは、この問題用紙の余白を利用しなさい。

5　答えは全て解答用紙に明確に記入し、**解答用紙だけを提出しなさい。**

6　答えを直すときは、きれいに消してから、新しい答えを書きなさい。

7　**受検番号**を解答用紙の決められたらんに記入しなさい。

東京都立小石川中等教育学校

問題を解くときに、問題用紙や解答用紙、ティッシュペーパーなどを実際に折ったり切ったりしてはいけません。

1 **花子**さん、**太郎**《たろう》さん、**先生**が、2年生のときに習った九九の表を見て話をしています。

花　子：2年生のときに、1の段《だん》から9の段までを何回もくり返して覚えたね。
太　郎：九九の表には、たくさんの数が書かれていて、規則がありそうですね。
先　生：どのような規則がありますか。
花　子：9の段に出てくる数は、一の位と十の位の数の和が必ず9になっています。
太　郎：そうだね。9も十の位の数を0だと考えれば、和が9になっているね。
先　生：ほかには何かありますか。

表1

＼	1	2	3	4	5	6	7	8	9
1	1	2	3	4	5	6	7	8	9
2	2	4	6	8	10	12	14	16	18
3	3	6	9	12	15	18	21	24	27
4	4	8	12	16	20	24	28	32	36
5	5	10	15	20	25	30	35	40	45
6	6	12	18	24	30	36	42	48	54
7	7	14	21	28	35	42	49	56	63
8	8	16	24	32	40	48	56	64	72
9	9	18	27	36	45	54	63	72	81

太　郎：**表1**のように4個の数を太わくで囲むと、左上の数と右下の数の積と、右上の数と左下の数の積が同じ数になります。
花　子：4×9＝36、6×6＝36で、確かに同じ数になっているね。

太　郎：さらに多くのおもりをつるすためには、どうするとよいのかな。
花　子：おもりをつるすシートとは別に、シートをもう1枚《まい》用意し、磁石の面どうしをつけるとよいと思うよ。
先　生：それを確かめるために、**実験2**で用いたシートとは別に、一つの辺が**A**方向と同じになるようにして、1辺が1cm、2cm、3cm、4cm、5cmである正方形のシートを用意しましょう。次に、そのシートの接着剤がぬられている面を動かないように黒板に貼って、それに同じ大きさの**実験2**で用いたシートと磁石の面どうしをつけてみましょう。
太　郎：それぞれのシートについて、**A**方向が地面に垂直であるときと、**A**方向が地面に平行であるときを調べてみましょう。

二人は新しくシートを用意しました。そのシートの接着剤がぬられている面を動かないように黒板に貼りました。それに、同じ大きさの**実験2**で用いたシートと磁石の面どうしをつけて、**実験2**の手順3～5のように調べました。その記録は**表2**のようになりました。

表2　磁石の面どうしをつけて調べた記録

正方形のシートの1辺の長さ（cm）	1	2	3	4	5
A方向が地面に垂直なシートに、**A**方向が地面に垂直なシートをつけたときの記録（個）	0	3	7	16	27
A方向が地面に平行なシートに、**A**方向が地面に平行なシートをつけたときの記録（個）	1	8	19	43	50
A方向が地面に垂直なシートに、**A**方向が地面に平行なシートをつけたときの記録（個）	0	0	1	2	3

〔問題2〕（1）　1辺が1cmの正方形のシートについて考えます。**A**方向が地面に平行になるように磁石の面を黒板に直接つけて、**実験2**の手順3について2gのおもりを用いて調べるとしたら、記録は何個になると予想しますか。**表1**をもとに、考えられる記録を一つ答えなさい。ただし、糸とシートの重さは考えないこととし、つりさげることができる最大の重さは、1辺が3cm以下の正方形ではシートの面積に比例するものとします。

（2）　次の①と②の場合の記録について考えます。①と②を比べて、記録が大きいのはどちらであるか、解答らんに①か②のどちらかを書きなさい。また、①と②のそれぞれの場合について**A**方向とシートの面の**N**極や**S**極にふれて、記録の大きさにちがいがでる理由を説明しなさい。

①　**A**方向が地面に垂直なシートに、**A**方向が地面に平行なシートをつける。
②　**A**方向が地面に平行なシートに、**A**方向が地面に平行なシートをつける。

花　子：黒板に画用紙をつけるとき、**図８**のようなシートを使うことがあるね。

太　郎：そのシートの片面《かためん》は磁石になっていて、黒板につけることができるね。反対の面には接着剤《せっちゃくざい》がぬられていて、画用紙にそのシートを貼《は》ることができるよ。

花　子：磁石となっている面は、**Ｎ**極と**Ｓ**極のどちらなのですか。

先　生：磁石となっている面にまんべんなく鉄粉をふりかけていくと、鉄粉は**図９**のように平行なすじを作って並《なら》びます。これは、**図１０**のように**Ｎ**極と**Ｓ**極が並んでいるためです。このすじと平行な方向を、**Ａ**方向としましょう。

太　郎：接着剤がぬられている面にさまざまな重さのものを貼り、磁石となっている面を黒板につけておくためには、どれぐらいの大きさのシートが必要になるのかな。

花　子：シートの大きさを変えて、**実験２**をやってみましょう。

図８　シートと画用紙

図９　鉄粉の様子

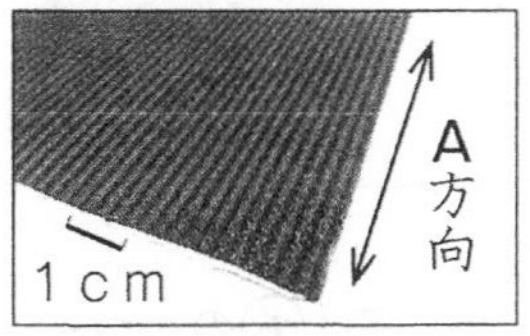

図１０　**Ｎ極とＳ極**

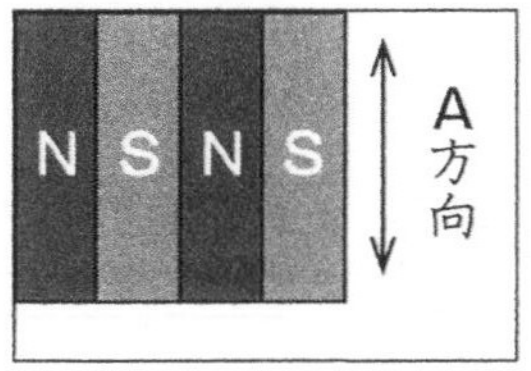

二人は次の手順で**実験２**を行い、その記録は**表１**のようになりました。

実験２

手順１　表面が平らな黒板を用意し、その黒板の面を地面に垂直に固定する。

手順２　シートの一つの辺が**Ａ**方向と同じになるようにして、１辺が１ｃｍ、２ｃｍ、３ｃｍ、４ｃｍ、５ｃｍである正方形に、シートをそれぞれ切り取る。そして、接着剤がぬられている面の中心に、それぞれ１０ｃｍの糸の端《はし》を取り付ける。

手順３　**図１１**のように、１辺が１ｃｍの正方形のシートを、**Ａ**方向が地面に垂直になるように磁石の面を黒板につける。そして糸に１０ｇのおもりを一つずつ増やしてつるしていく。おもりをつるしたシートが動いたら、その時のおもりの個数から一つ少ない個数を記録する。

手順４　シートを**Ａ**方向が地面に平行になるように、磁石の面を黒板につけて、手順３と同じ方法で記録を取る。

手順５　１辺が２ｃｍ、３ｃｍ、４ｃｍ、５ｃｍである正方形のシートについて、手順３と手順４を行う。

図１１　**実験２**の様子

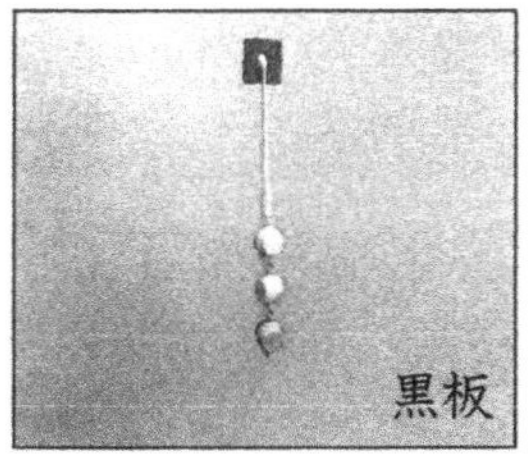

表１　**実験２**の記録

正方形のシートの１辺の長さ（ｃｍ）	１	２	３	４	５
Ａ方向が地面に垂直《すいちょく》なときの記録（個）	０	２	５	１６	２３
Ａ方向が地面に平行なときの記録（個）	０	２	５	１７	２６

先　生：では、**表２**のように６個の数を太わくで囲むと、太わくの中の数の和はいくつになるか考えてみましょう。

表２

	1	2	3	4	5	6	7	8	9
1	1	2	3	4	5	6	7	8	9
2	2	4	6	8	10	12	14	16	18
3	3	6	9	12	15	18	21	24	27
4	4	8	12	16	20	24	28	32	36
5	5	10	15	20	25	30	35	40	45
6	6	12	18	24	30	36	42	48	54
7	7	14	21	28	35	42	49	56	63
8	8	16	24	32	40	48	56	64	72
9	9	18	27	36	45	54	63	72	81

花　子：６個の数を全て足したら、２７３になりました。

先　生：そのとおりです。では、同じように囲んだとき、６個の数の和が１３５になる場所を見つけることはできますか。

太　郎：６個の数を全て足せば見つかりますが、大変です。何か規則を用いて探《さが》すことはできないかな。

花　子：規則を考えたら、６個の数を全て足さなくても見つけることができました。

〔問題１〕　６個の数の和が１３５になる場所を一つ見つけ、解答らんの太わくの中にその６個の数を書きなさい。

また、花子さんは「規則を考えたら、６個の数を全て足さなくても見つけることができました。」と言っています。６個の数の和が１３５になる場所をどのような規則を用いて見つけたか、**図１**の**Ａ**から**Ｆ**までを全て用いて説明しなさい。

図１

Ａ	Ｂ	Ｃ
Ｄ	Ｅ	Ｆ

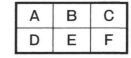

先　生：九九の表（**表3**）は、1から9までの2個の数をかけ算した結果を表にしたものです。ここからは、1けたの数を4個かけて、九九の表にある全ての数を表すことを考えてみましょう。次の〔**ルール**〕にしたがって、考えていきます。

表3　九九の表

	1	2	3	4	5	6	7	8	9
1	1	2	3	4	5	6	7	8	9
2	2	4	6	8	10	12	14	16	18
3	3	6	9	12	15	18	21	24	27
4	4	8	12	16	20	24	28	32	36
5	5	10	15	20	25	30	35	40	45
6	6	12	18	24	30	36	42	48	54
7	7	14	21	28	35	42	49	56	63
8	8	16	24	32	40	48	56	64	72
9	9	18	27	36	45	54	63	72	81

〔**ルール**〕

(1)　立方体を4個用意する。

(2)　それぞれの立方体から一つの面を選び、「●」を書く。

(3)　**図2**のように全ての立方体を「●」の面を上にして置き、左から順に**ア**、**イ**、**ウ**、**エ**とする。

図2

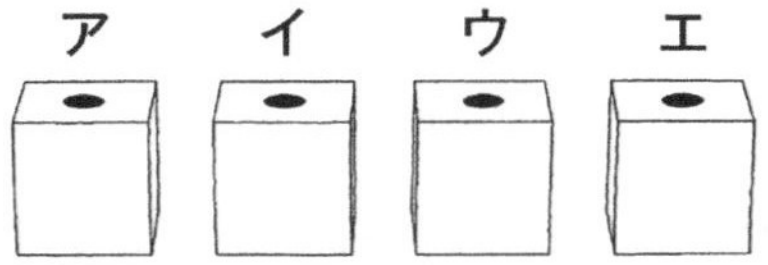

(4)　「●」の面と、「●」の面に平行な面を底面とし、そのほかの4面を側面とする。

(5)　「●」の面に平行な面には何も書かない。

図3

(6)　それぞれの立方体の全ての側面に、1けたの数を1個ずつ書く。ただし、数を書くときは、**図3**のように数の上下の向きを正しく書く。

(7)　**ア**から**エ**のそれぞれの立方体から側面を一つずつ選び、そこに書かれた4個の数を全てかけ算する。

先　生：例えば**図4**のように選んだ面に2、1、2、3と書かれている場合は、2×1×2×3＝12を表すことができます。側面の選び方を変えればいろいろな数を表すことができます。4個の数のかけ算で九九の表にある数を全て表すには、どのように数を書けばよいですか。

図4

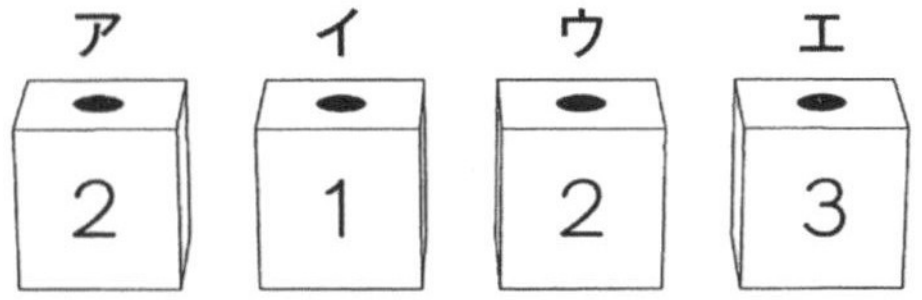

太　郎：つつに使う2個の磁石の**N**極と**S**極の向きを変えると、**図6**のように(あ)～(え)の4種類のえん筆がついたつつをつくることができるね。

図6　4種類のつつ

(あ)のつつ	(い)のつつ	(う)のつつ	(え)のつつ
 N S　N S	 S N　S N	 N S　S N	 S N　N S

花　子：(あ)のつつを浮かせてみましょう。

太　郎：鉄板を上から見たとき、**図7**の**ア**や**イ**のようにすると、**図5**のように(あ)のつつを浮かせることができたよ。

図7　上から見た(あ)のつつと、鉄板に置いた4個の磁石の位置と上側の極

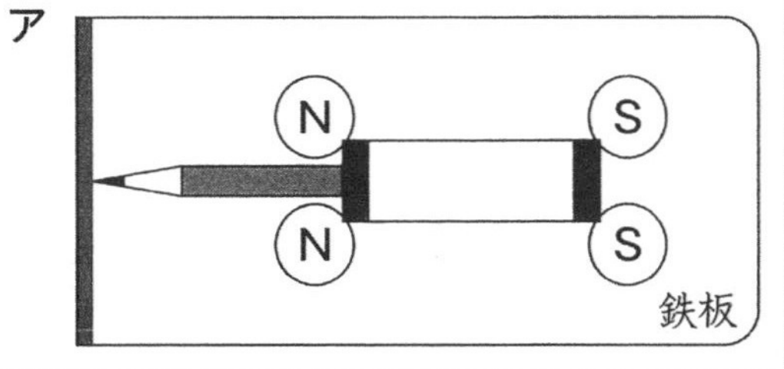

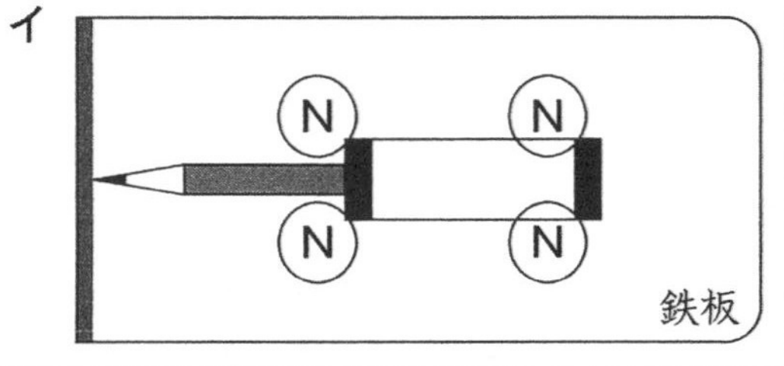

花　子：(あ)のつつを浮かせる方法として、**図7**の**ア**と**イ**の他にも組み合わせがいくつかありそうだね。

太　郎：そうだね。さらに、(い)や(う)、(え)のつつも浮かせてみたいな。

〔問題1〕（1）　**実験1**で**図7**の**ア**と**イ**の他に(あ)のつつを浮かせる組み合わせとして、4個の磁石をどの位置に置き、上側をどの極にするとよいですか。そのうちの一つの組み合わせについて、解答らんにかかれている8個の円から、磁石を置く位置の円を4個選び、選んだ円の中に磁石の上側が**N**極の場合は**N**、上側が**S**極の場合は**S**を書き入れなさい。

（2）　**実験1**で(え)のつつを浮かせる組み合わせとして、4個の磁石をどの位置に置き、上側をどの極にするとよいですか。そのうちの一つの組み合わせについて、（1）と同じように解答らんに書き入れなさい。また、書き入れた組み合わせによって(え)のつつを浮かせることができる理由を、(あ)のつつとのちがいにふれ、**図7**の**ア**か**イ**をふまえて文章で説明しなさい。

3　**花子**さん、**太郎**《たろう》さん、**先生**が磁石《じしゃく》について話をしています。

花　子：磁石の力でものを浮《う》かせる技術が考えられているようですね。
太　郎：磁石の力でものを浮かせるには、磁石をどのように使うとよいのですか。
先　生：**図１**のような円柱の形をした磁石を使って考えてみましょう。この磁石は、一方の底面が**N**極になっていて、もう一方の底面は**S**極になっています。この磁石をいくつか用いて、ものを浮かせる方法を調べることができます。

図１　円柱の形をした磁石《じしゃく》

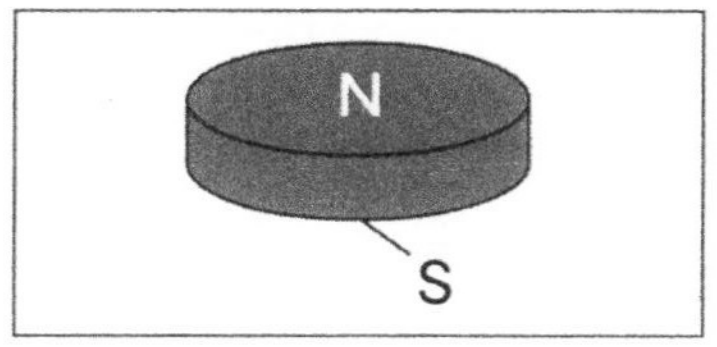

花　子：どのようにしたらものを浮かせることができるか実験してみましょう。

二人は先生のアドバイスを受けながら、次の手順で**実験１**をしました。

実験１

手順１　**図１**のような円柱の形をした同じ大きさと強さの磁石をたくさん用意する。そのうちの１個の磁石の底面に、**図２**のように底面に対して垂直《すいちょく》にえん筆を接着する。

手順２　**図３**のようなえん筆がついたつつを作るために、透明《とうめい》なつつを用意し、その一方の端《はし》に手順１でえん筆を接着した磁石を固定し、もう一方の端に別の磁石を固定する。

手順３　**図４**のように直角に曲げられた鉄板を用意し、一つの面を地面に平行になるように固定し、その鉄板の上に４個の磁石を置く。ただし、磁石の底面が鉄板につくようにする。

手順４　鉄板に置いた４個の磁石の上に、手順２で作ったつつを**図５**のように浮かせるために、えん筆の先を地面に垂直な鉄板の面に当てて、手をはなす。

手順５　鉄板に置いた４個の磁石の表裏《おもてうら》や位置を変えて、つつを浮かせる方法について調べる。ただし、上から見たとき、４個の磁石の中心を結ぶと長方形になるようにする。

図２　磁石とえん筆

図３　えん筆がついたつつ

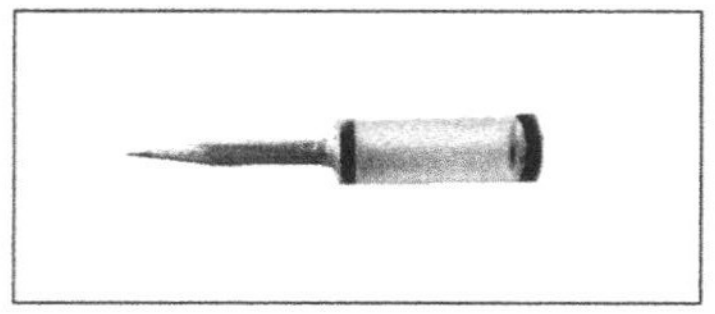

図４　鉄板と磁石４個

図５　磁石の力で浮《う》かせたつつ

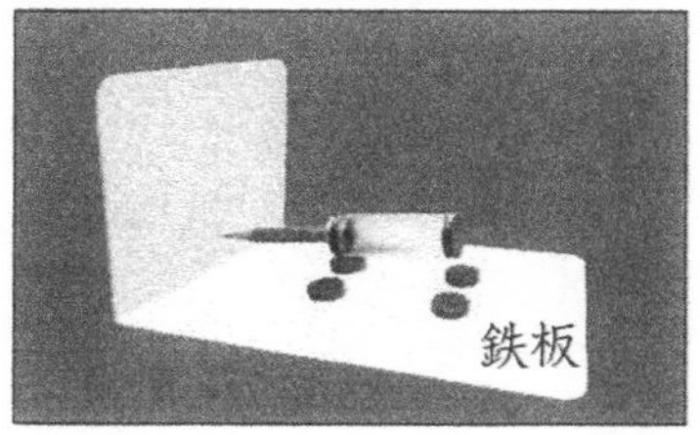

太　郎：４個の立方体の全ての側面に１個ずつ数を書くので、全部で１６個の数を書くことになりますね。
花　子：１けたの数を書くとき、同じ数を何回も書いてよいのですか。
先　生：はい、よいです。それでは、やってみましょう。

太郎さんと花子さんは、立方体に数を書いてかけ算をしてみました。

太　郎：先生、側面の選び方をいろいろ変えてかけ算をしてみたら、九九の表にない数も表せてしまいました。それでもよいですか。
先　生：九九の表にある数を全て表すことができていれば、それ以外の数が表せてもかまいません。
太　郎：それならば、できました。
花　子：私《わたし》もできました。私は、立方体の側面に１から７までの数だけを書きました。

〔問題２〕**〔ルール〕**にしたがって、**ア**から**エ**の立方体の側面に１から７までの数だけを書いて、九九の表にある全ての数を表すとき、側面に書く数の組み合わせを１組、解答らんに書きなさい。ただし、使わない数があってもよい。
　また、**ア**から**エ**の立方体を、**図５**の展開図《てんかいず》のように開いたとき、側面に書かれた４個の数はそれぞれどの位置にくるでしょうか。数の上下の向きも考え、解答らんの展開図に４個の数をそれぞれ書き入れなさい。

図５　展開図《てんかいず》

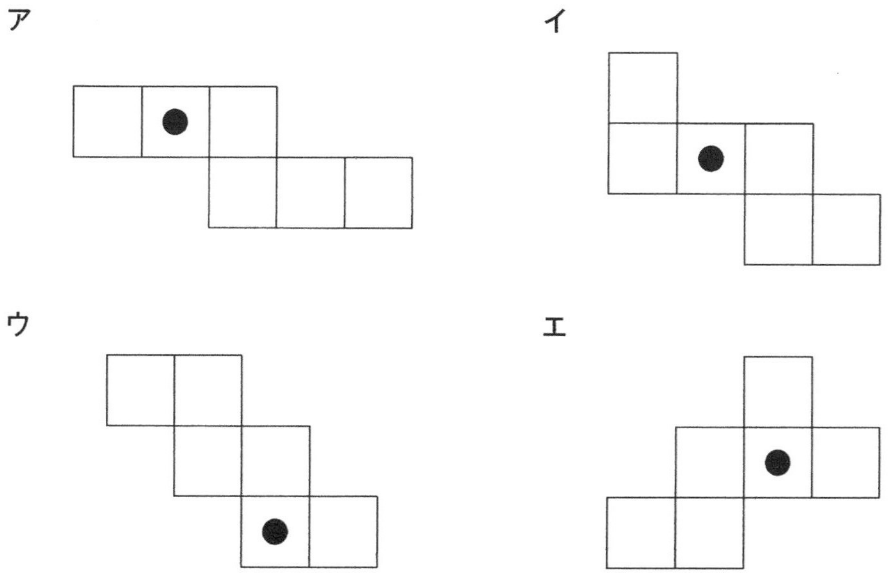

このページには問題は印刷されていません。

このページには問題は印刷されていません。

けんじ：社会の情報化が進んでいくと、買い物以外では、どのような便利なことが考えられるかな。

あさこ：兄の通う大学ではインターネットを使った授業があるよ。

おじいさん：情報通信技術の進歩で、私たちの生活は便利になっているんだね。でも、社会の情報化とは情報通信技術の進歩ばかりではないよ。情報化がさらに進んだ新しい社会では、私たち一人一人の行動が情報として集められて活用されたり、より多くの情報を処理《しょり》することができる人工知能が発達したり、モノとインターネットがつながるようになったりするね。

あさこ：それぞれ私たちの生活とどのように関わるのかな。

おじいさん：例えば、けい帯電話の位置情報を集めることで、目的地の混雑具合が事前に分かったり、コンピュータが、さつえいした情報を処理しながら自動車を運転したり、家からはなれていてもエアコンを操作《そうさ》できたりするようになるよ。

あさこ：社会の情報化が進んで私たちの未来が大きく変わるのね。もしかしたら今の社会がかかえる課題を解決する技術も出てくるかもしれないね。

けんじ：社会の情報化が、生活を便利にするばかりでなく、社会の課題解決にどのように役立つのか考えてみよう。

〔問題３〕 現在の社会がかかえる具体的な課題を一つ挙げ、おじいさんが言う「情報化がさらに進んだ新しい社会」では、その課題をどのように解決することができると考えられるか、あなたの考えを書きなさい。

なお、解答らんには、１２１字以上１５０字以内で段落《だんらく》を変えずに書きなさい。「、」や「。」もそれぞれ字数に数えます。

2 **おじいさん**に買い物をたのまれた**あさこ**さんと**けんじ**さんは、**おじいさん**の家にもどってきて買い物の時の様子を話しています。

おじいさん：おかえり。おつかいに行ってくれてありがとう。

あさこ：ただいま。品物がたくさん並《なら》んでいて楽しかったよ。

けんじ：お店の中を見て歩くだけでも楽しかったね。お店の人はあんなにたくさんの種類の品物の在庫をきちんと管理しているね。難《むずか》しくないのかな。

おじいさん：おもしろいところに気が付いたね。二人が買い物をしたような、品物を仕入れてお客さんに売るお店を小売店というよ。小売店では売る前の品物を在庫として保管しておかなければいけないね。実はレジでバーコードを読み取っていたのは、金額を計算するばかりではなく、在庫の管理とも関係があるんだ。

あさこ：電たくのような機能だけなのかと思った。どんな関係があるのかな。

おじいさん：レジでバーコードを読み取る機械はＰＯＳ《ポス》システムという仕組みの一部なんだよ。ＰＯＳシステムは、いつ、どこで、何が、どれくらい売れたのかをコンピュータで管理して、売り切れを防いだり、売れ残りを少なくしたりできるよ。インターネットを使えば、たくさんの小売店を経営する会社でもまとめて管理できるね。

あさこ：とても便利だね。ＰＯＳシステムができる前にはどうやってまとめていたのかな。

けんじ：ノートや紙に書いてまとめていたんじゃないかな。

おじいさん：そうだね。ＰＯＳシステムができる前には、売り上げや在庫の数をノートに書いて管理するという作業をしていたんだ。

けんじ：それは大変そうだね。ＰＯＳシステムは、お店の人にとっては会計の管理や在庫管理の手間が省けたり、誤《あやま》りが少なくなったりするんだね。

あさこ：私《わたし》たち消費者にとっても会計が正確になって便利だね。消費者や小売店以外の仕事にとっても何かよいことがありそうだね。

〔問題１〕 あさこさんはＰＯＳシステムを使うと、「消費者や小売店以外の仕事にとっても何かよいことがありそうだ」と言っています。どのような仕事にどのようなよいことがあるか、あなたの考えを書きなさい。

けんじ：ＰＯＳシステムはいろいろな仕事にとって便利な仕組みなんだね。

おじいさん：そのとおり。インターネットなどの情報通信技術が進歩し、その技術がみんなに利用され、社会に広まるようになったよ。

あさこ：情報化が進んでいくことで、私たちの身近な生活にとっては、どのようなよいことがあるのかな。

けんじ：インターネットを使った買い物なんてどうかな。お店に行かないで買い物ができて便利だし、利用する人が増えていると聞いたことがあるよ。

おじいさん：消費支出のあった世帯数とインターネットを使って買い物をした世帯数についての資料があるよ。

あさこ：それぞれの世帯数から、どれくらいの世帯がインターネットを使って買い物をしたかの割合《わりあい》が分かるね。さっそく**資料１**を作ってみたよ。

おじいさん：よくできたね。他にも調べてみたければ、インターネットで調べてみてはどうかな。このパソコンを貸してあげよう。

けんじ：ありがとう。さっそく調べてみよう。この**資料２**なんてどうだろう。一か月ごとの一世帯当たりの支出総額とインターネットを利用した支出総額についての資料だよ。

あさこ：おもしろそうだね。**資料１**と**資料２**を合わせて見ていくと、社会の変化について何か分かるかもしれないね。

資料１　消費支出のあった世帯のうち、インターネットを利用した支出のあった世帯の割合《わりあい》

	インターネットを利用した支出のあった世帯の割合（％）
２００３年	７．２
２００７年	１４．８
２０１１年	１８．４
２０１５年	２５．１
２０１９年	３９．２

（経済産業省《けいざいさんぎょうしょう》「家計消費状況調査《かけいしょうひじょうきょうちょうさ》」より作成）

資料２　一か月ごとの一世帯当たりの支出総額とインターネットを利用した支出総額

	一か月ごとの一世帯当たりの支出総額（円）	一か月ごとの一世帯当たりのインターネットを利用した支出総額（円）	一世帯当たりの消費支出に対するインターネットを利用した消費支出の割合（％）
２００３年	２６６４３２	１５２６	
２００７年	２６１５２６	３０５９	
２０１１年	２４７２２３	４１０３	
２０１５年	２４７１２６	７７４２	
２０１９年	２４９７０４	１２６８３	

（経済産業省「家計消費状況調査」などより作成）

〔問題２〕（１）　**資料２**の「一世帯当たりの消費支出に対するインターネットを利用した消費支出の割合」について、２００３年、２００７年、２０１１年、２０１５年、２０１９年の数値《すうち》を百分率で求めなさい。計算には「一か月ごとの一世帯当たりの支出総額」と「一か月ごとの一世帯当たりのインターネットを利用した支出総額」を用いなさい。答えは、百分率で表した数の小数第二位を四捨五入《ししゃごにゅう》して、小数第一位まで求めなさい。

（２）（１）で求めた割合の数値をもとに、解答用紙のグラフの左の目盛《めも》りを使って折れ線グラフをかきなさい。

（３）「インターネットを利用した支出のあった世帯の割合」のグラフと（２）であなたがかいたグラフを見比べて分かる変化の特ちょうを述べなさい。ただし、「インターネットを利用した支出のあった世帯の割合」を「世帯の割合」、「一世帯当たりの消費支出に対するインターネットを利用した消費支出の割合」を「支出の割合」と書いてもかまいません。

（４）（３）のように変化したのはなぜなのか、その理由についてあなたの考えを書きなさい。

3 小石川 適性 Ⅲ

適性検査Ⅲ

注　意

1　問題は **1** から **2** までで、**8**ページにわたって印刷してあります。

2　検査時間は**４５分**で、終わりは**午後０時３５分**です。

3　声を出して読んではいけません。

4　計算が必要なときは、この問題用紙の余白を利用しなさい。

5　答えは全て解答用紙に明確に記入し、**解答用紙だけを提出しなさい。**

6　答えを直すときは、きれいに消してから、新しい答えを書きなさい。

7　**受検番号**を解答用紙の決められたらんに記入しなさい。

東京都立小石川中等教育学校

はるか：**〔規則Y〕**のいろいろな特ちょうが分かってきたね。

ゆうき：先生、１けたの整数１から始めて**〔規則Y〕**をくり返し当てはめてみたら、おもしろいことに気付きました。

先　生：それは何ですか。

ゆうき：１から始めて**〔規則Y〕**を何回当てはめても、できたどの整数にも０という数字は現れないということが分かったんです。

先　生：それはなぜだか考えてみましょう。

はるか：**〔規則Y〕**を当てはめてできた整数の左から奇数《きすう》番めの数字と偶数《ぐうすう》番めの数字に分けて考えてみたらどうかな。

ゆうき：なるほど。では、１から始めて**〔規則Y〕**を何回か当てはめてできた整数について考えてみよう。例えば、その整数が１１１２２１だったとするよ。このとき、左から５番めの「２」と６番めの「１」が表しているものは、**〔規則Y〕**を１回当てはめる前の整数に、２個の１が続いているということだよ。

はるか：つまり、**〔規則Y〕**を当てはめてできた整数の左から奇数番めの数字は、その１つ右どなりのけたの数字の個数を表しているから、０になることはないね。

先　生：そうですね。では、左から偶数番めの数字についてはどうでしょうか。

はるか：左から偶数番めに０があったとすると、**〔規則Y〕**を１回当てはめる前の整数は必ず０をふくむことになるね。

ゆうき：そうするとその整数に**〔規則Y〕**を１回当てはめる前の整数も０をふくんでいなければならないね。

はるか：同じようにして**〔規則Y〕**を当てはめる前の整数にさかのぼっていくと、やがて最初の整数までもどるけれど、最初の整数を１としたのだから、おかしなことになるね。

先　生：よく分かりましたね。実は、１から始めて**〔規則Y〕**をくり返し当てはめたとき、４という数字が現れないことも分かりますよ。

〔問題３〕　先生は、「１から始めて**〔規則Y〕**をくり返し当てはめたとき、４という数字が現れない」と言っています。その理由を説明しなさい。

はるか：整数に〔**規則Y**〕を当てはめたとき、もとの整数のけた数と〔**規則Y**〕を当てはめてできた整数のけた数にはどのようなちがいがあるのかな。

ゆうき：例えば、２けたの整数２５に〔**規則Y**〕を１回当てはめると、４けたの整数１２１５ができるから、〔**規則Y**〕を当てはめてできた整数のけた数は必ず増えるのかな。

先　生：でも、３けたの整数４４４に〔**規則Y**〕を１回当てはめると、２けたの整数３４になるから、必ずしもけた数が増えるわけではありませんね。

はるか：そうですね。では、もとの整数と〔**規則Y**〕を当てはめてできた整数のけた数が等しくなることはあるのでしょうか。

先　生：ありそうですね。さらに言うと、もとの整数と〔**規則Y**〕を当てはめてできた整数が等しくなることもありますね。

ゆうき：そのような整数があるのですか。考えてみます。

〔問題２〕（１）　ある２けたの整数に〔**規則Y**〕を１回当てはめると、もとの整数と等しい整数になりました。この整数は何か答えなさい。

（２）　４けたの整数に〔**規則Y**〕を１回当てはめて、もとの整数と等しい整数にすることはできますか。解答らんの「できる」または「できない」のうち、どちらかを○で囲み、「できる」を選んだ場合はその整数を答え、「できない」を選んだ場合はその理由を説明しなさい。

問題は次のページからです。

1 **れいな**さんと**かずき**さんは、**おばあさん**といっしょに動物園に来ています。

れ　い　な：動物ふれあいコーナーに行く前に、まずは冷たいものを飲みに行こうよ。
か　ず　き：クーラーボックスの水に、大きい氷とペットボトルの飲み物が入っているね。
れ　い　な：大きい氷が入っているけれど、よく見ると小さく割《わ》った氷も入っているね。
大きい氷だけでなく、小さく割った氷も入れるのはなぜだろう。
おばあさん：大きい氷と小さい氷で役割《やくわり》がちがうからですよ。

〔問題1〕　おばあさんは、「大きい氷と小さい氷で役割《やくわり》がちがうからですよ。」と言っています。大きさの異《こと》なる氷を入れる理由についてあなたの考えを説明しなさい。説明には図を用いてもかまいません。

〔問題1〕（1）　３～５の中から一つの整数を選び、その整数から始めて**〔規則Y〕**を５回当てはめたときにできる整数を答えなさい。

（2）　ある1けたの整数から始めて**〔規則Y〕**を何回か当てはめると、５６けたの整数

3113112221131112311332111213122112311311123112112322211 2

がてきました。このとき、もとの1けたの整数は何か答えなさい。また、その理由を説明しなさい。

2 算数の授業後の休み時間に、**はるか**さん、**ゆうき**さん、**先生**が話しています。

はるか：整数の計算に興味があって、いろいろ調べているんだ。

ゆうき：計算というと、たし算とかひき算とかかな。

はるか：そう。例えば、２＋１＝３でしょう。これを、２に「１を加える」という規則を当てはめることによって、２が３になったというように見方を変えることもできるよね。

先生：いいことに気付きましたね。整数に、ある規則を当てはめると別の整数になるという考え方はとても重要です。

ゆうき：では、自分たちで規則を考えて、ある整数を別の整数にすることを考えてみます。

はるか：おもしろそうだね。

ゆうき：規則を一つ考えてみたよ。好きな１けたの整数を言ってみて。

はるか：８はどうかな。

ゆうき：まず、８を「１個の８」というように言葉で表すんだ。そして、その言葉の中に出てくる数字を左から順に並《なら》べると「１８」という二つの数字の並びができるよね。これを２けたの整数と見ることにしよう。こうして１けたの整数８が、規則を当てはめることによって２けたの整数１８になったよ。

はるか：おもしろい規則だね。もとの整数は１けたでなくてもいいのかな。

ゆうき：そうだね。**表１**のようにいくつか例を挙げてみよう。

表１ ゆうきさんが考えた規則を当てはめた例

もとの整数	言葉で表したもの	規則を当てはめてできた整数
３５	１個の３と１個の５	１３１５
１１５	２個の１と１個の５	２１１５
１１２２１	２個の１と２個の２と１個の１	２１２２１１

はるか：なるほど。もとの整数の中で同じ数字が続いていたら、それらをまとめて考えるんだね。

ゆうき：そのとおりだよ。

先生：ゆうきさんが考えたので、この規則を〔**規則Ｙ**〕と名付けましょう。ある整数に〔**規則Ｙ**〕を当てはめてできた整数に、また〔**規則Ｙ**〕を当てはめるとさらに整数ができますね。

はるか：なるほど、そうですね。ある整数から始めて、〔**規則Ｙ**〕を何回も当てはめると、つぎつぎに整数ができますね。

ゆうき：そのようにしてできた整数には、どのような特ちょうがあるのかな。

はるか：おもしろそうだね。調べてみよう。

次に、**れいな**さんと**かずき**さんは、**おばあさん**といっしょに食べ物があるお店に向かいました。

れいな：ここにはおでんと、とん汁《じる》があるみたいだよ。

かずき：料理によって大根の切り方がちがうね。

図１ おでんに入れる輪切りにした大根

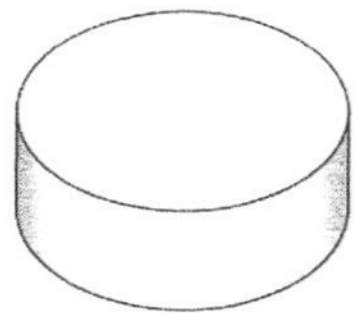

図２ とん汁《じる》に入れる大根の切り方
（**図１**の形の大根を点線に沿《そ》って切り、イチョウ切りにした。）

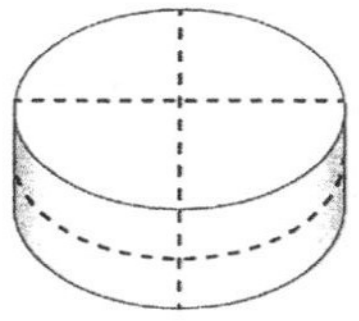

れいな：とん汁に入れる大根はイチョウ切りにしてあるので、大根の中にまで味がしみる時間が短くなりそうだね。

かずき：では、おでんの大根は、味がしみるまでの時間が長いのかな。

おばあさん：おでんに入れた大根には工夫《くふう》をして、短時間で中にまで味をしみやすくしていると思いますよ。

〔問題２〕 れいなさんは、「とん汁に入れる大根はイチョウ切りにしてあるので、大根の中にまで味がしみる時間が短くなりそうだね。」と言っています。

（１） 大根の切り方で、**図１**に比べて**図２**の方が、味がしみる時間が短くなるのはなぜだと思いますか。あなたがそう考える理由について説明しなさい。

（２） おばあさんは、「おでんに入れた大根には工夫《くふう》をして、短時間で中にまで味をしみやすくしていると思いますよ。」と言っています。大根そのものに対して、どのような工夫をすると短時間で中にまで味がしみやすくなると思いますか。（１）で答えたあなたの考えをふまえ、**図１**の大根の形を残したまま行う工夫と、その工夫を行う理由について説明しなさい。

（３） （２）で答えた工夫によって味がしみていることを確かめる実験を一つ考え、その方法をくわしく説明しなさい。ただし、「食べて味を確かめる」以外の方法で実験を考えなさい。説明には図を用いてもかまいません。

れいなさんと**かずき**さんは、**飼育員**のいる動物ふれあいコーナーに向かいました。

れ い な：いろんな大きさのウサギがいるね。「親子のウサギを展《てん》示《じ》中」ってかべに書いてあるよ。

か ず き：体の小さな子ウサギは、体の大きな親ウサギに負けないくらいたくさんえさを食べているね。

飼 育 員：よく気付きましたね。親ウサギよりも子ウサギの方が、体重に対して食べるえさの量が多いのですよ。たくさん食べて、たくさんエネルギーをとるのですね。

れ い な：子ウサギがたくさん食べるのは、体を成長させるのに必要だからですよね。

飼 育 員：そうですね。成長するためでもありますが、他にも理由があります。ウサギは体重や年れいにかかわらず、体の表面の１ｃｍ^{2}中からは、ほぼ同じくらいの熱が体の外に出ています。**表１**はイヌの資料ですが、体重が小さければ体の表面の面積も小さいのが分かりますね。ウサギでも同じことが言えます。体重が小さければ、体の表面の面積も小さいです。この資料から、体重１ｋｇ当たりの体の表面の面積を計算すると、小さいときに体重に対して食べるえさの量が多くなる理由が分かりますよ。

表１　イヌの体重と体の表面の面積

	体重	体の表面の面積
小さいイヌ	３.１９ｋｇ	２４２３ｃｍ^2
大きいイヌ	１８.２ｋｇ	７６６２ｃｍ^2

（シュミット・ニールソン「スケーリング」より作成）

〔問題３〕　飼育員は、「体重１ｋｇ当たりの体の表面の面積を計算すると、小さいときに体重に対して食べるえさの量が多くなる理由が分かりますよ。」と言っています。

（１）　**表１**から、小さいイヌと大きいイヌについて、それぞれの体重１ｋｇ当たりの体の表面の面積を計算しなさい。答えは小数第二位を四《し》捨《しゃ》五《ご》入《にゅう》して、小数第一位まで求めなさい。

（２）　飼育員は、「ウサギは体重や年れいにかかわらず、体の表面の１ｃｍ^{2}中からは、ほぼ同じくらいの熱が体の外に出ています。」とも言っています。このことと（１）の答えをふまえ、親ウサギよりも子ウサギの方が、体重に対して食べるえさの量が多い理由について、あなたの考えを書きなさい。

れ い な：表面の面積に注目すると、いろいろおもしろいことが分かったね。

か ず き：ふだんからよく見るものでも、気付いていなかったんだね。

おばあさん：他には、どのようなものがあるか、考えてごらんなさい。

〔問題４〕　氷や食品以外のあなたの身の回りにあるもので、表面の面積を変えることで効率が良くなる工夫を一つ挙げなさい。答えは次の①、②の順に書きなさい。

①　表面の面積を変えることで効率が良くなる工夫

②　効率が良くなる理由

解答用紙

適性検査Ⅰ

1

〔問題1〕

5

10

10点 ※

〔問題2〕

15

20

20点 ※

〔問題3〕

（3　小石川）

20

100

200

300

400

440

70点 ※ ※ ※ ※

※100点満点

受検番号

得点
※

※のらんには、記入しないこと。

2021(R3) 小石川中等教育学校
K 教英出版

解 答 用 紙 **適 性 検 査 Ⅱ** （3 小石川）

1

〔問題１〕 12点

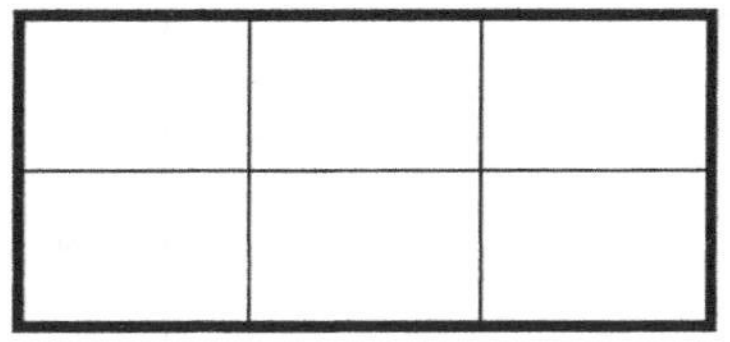

〔説明〕

※

〔問題２〕 18点

〔アの側面に書く４個の数〕				〔イの側面に書く４個の数〕			
〔ウの側面に書く４個の数〕				〔エの側面に書く４個の数〕			

〔アの展《てん》開《かい》図《ず》〕

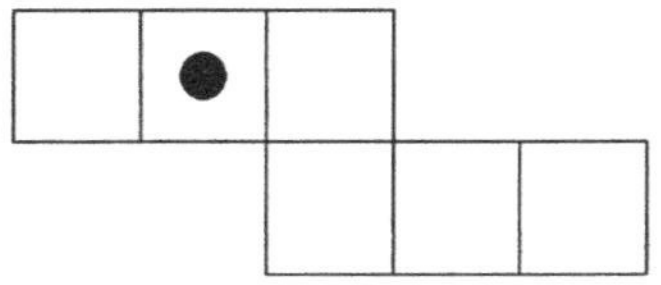

〔イの展開図〕

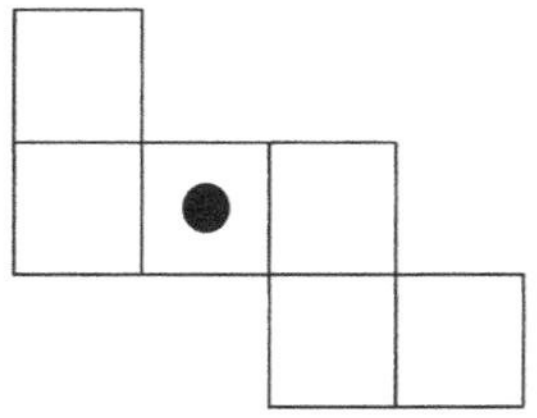

〔ウの展開図〕

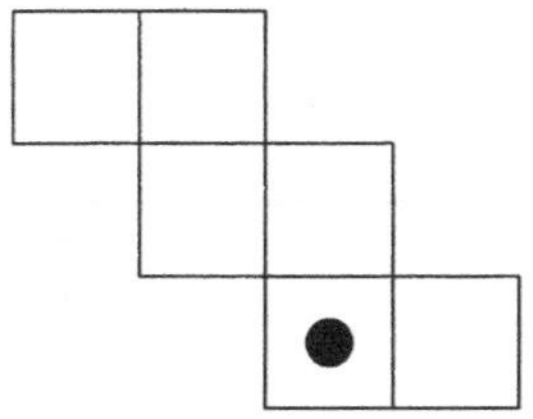

〔エの展開図〕

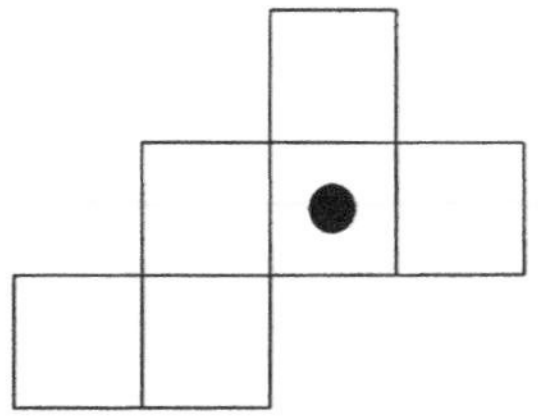

※

受 検 番 号	得 点
	※

※100点満点

※のらんには、記入しないこと

3

〔問題１〕 14点

（１）

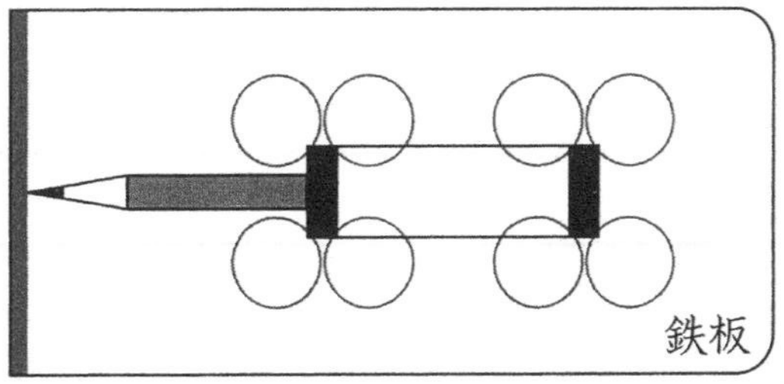

（２）

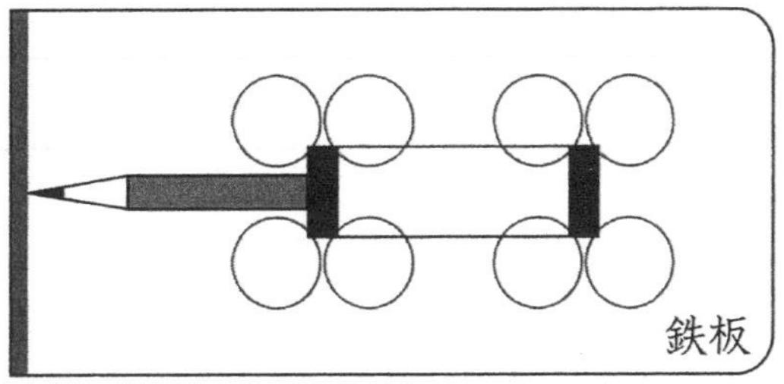

〔理由〕

※

〔問題２〕 16点

（１） 個

（２）〔大きい場合〕

〔理由〕

※

2

〔問題1〕 6点

※

〔問題2〕24点

（1）

2003年	2007年	2011年	2015年	2019年
%	%	%	%	%

※

（2）

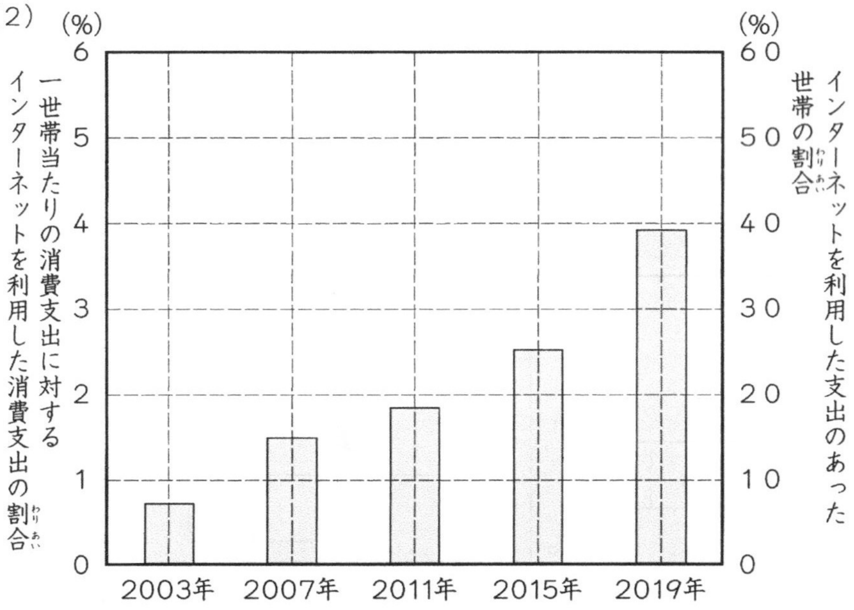

※

（3）

※

（4）

※

〔問題3〕（横書きで書きなさい。） 10点

課題

120

150

※

解答用紙　適性検査Ⅲ

〔問題２〕 15点

（１）

（２）

できる　・　できない

※

〔問題３〕 10点

※

※100点満点

受　検　番　号	得　　点
	※

※のらんには、記入しないこと

1

〔問題１〕 10点

※

〔問題２〕 20点

（１）

（２）

（３）

※

〔問題３〕 20点

（１） 小さいイヌ：　　ｃｍ²　大きいイヌ：　　ｃｍ²

（２）

※

〔問題４〕 10点

①

②

※

2

〔問題１〕 15点

（１）	選んだ整数	できる整数
（２）	もとの１けたの整数	
	理由	

※

2 小石川 適性 Ｉ

適性検査Ｉ

注意

1 問題は [1] のみで、**5**ページにわたって印刷してあります。
2 検査時間は**四十五分**で、終わりは**午前九時四十五分**です。
3 声を出して読んではいけません。
4 答えは全て解答用紙に明確に記入し、**解答用紙だけを提出しなさい**。
5 答えを直すときは、きれいに消してから、新しい答えを書きなさい。
6 **受検番号**を解答用紙の決められたらんに記入しなさい。

東京都立小石川中等教育学校

②

1 次の **文章1** と **文章2** とを読み、あとの問題に答えなさい。
（*印の付いている言葉には、本文のあとに〔注〕があります。）

文章1

（　T大学で植物学の研究をしている本村《もとむら》紗英《さえ》は、研究室の仲間や出入りの洋食店店員である藤丸陽太《ふじまるようた》とともに、構内の植《う》え込《こ》みの一角に植えられているサツマイモの収穫《しゅうかく》を手伝うことになった。自分もこれまで何度となく目にしていた植え込みにサツマイモが植えられているとは思いもしなかったことに気づき、本村はもっと植物というものに敏感《びんかん》にならなければ、と考える。　）

反省した本村《もとむら》は、しゃがみこんで植《う》え込《こ》みのサツマイモの葉を眺《なが》めた。地表に近い場所で、大小の葉が一生懸命《いっしょうけんめい》に太陽へ顔を向けている。ひしめきあいながらも、互《たが》いの邪魔《じゃま》にならぬようにということなのか、*葉柄《ようへい》の長さはさまざまだ。長い葉柄を持ち、周囲の葉から飛びだしたもの。葉柄は短いけれど、ほかの葉のあいだからうまく顔を覗《のぞ》かせているもの。

けなげだ、とつい*擬人化《ぎじんか》して感情移入してしまう。頭がいいなあ、と感心もする。植物に脳《のう》はないから、頭もお尻《しり》もないわけだが、それでもうまく調和して、生存《せいぞん》のための工夫《くふう》をこらす。人間よりもよっぽど頭がいいなと思うことしきりだ。

だが、植物と人間のあいだの断絶も感じる。本村は人間だから、なんとなく人間の理屈《りくつ》や感情に引きつけて、植物を解釈《かいしゃく》しようとする癖《くせ》が抜《ぬ》けない。けれど、脳も感情もない植物は、本村のそんな思惑《おもわく》とはまったく*隔絶《かくぜつ》したところで、ただ淡々《たんたん》と葉を繁《しげ》らせ、葉柄の長さを互いに調節し、地中深くへと根をのばす。より多く光と水と養分を取りこみ、次代に命をつなぐために。言葉も表情も身振《みぶ》りも使わずに、人間には推《お》し量《はか》りきれない複雑な機構を稼働《かどう》させて。

そう考えると、どれだけ望んでも本村には永遠に理解できない、気味悪く得体《えたい》の知れぬ生き物のように、植物が思われてくるのだった。サツマイモの葉っぱのほうは、本村が「ちょっとこわいな」と思っていることなど、もちろんまるで感知していないだろう。これからイモを掘《ほ》られるとは*微塵《みじん》も予想せず、この瞬間《しゅんかん》も元気に光合成を行っている様子だ。

本村とは少し距離《きょり》を置き、㋐藤丸《ふじまる》もしゃがんでサツマイモの葉を眺めていた。「うお」と藤丸が小さく声を上げたので、本村は顔をそちらに向けた。

「葉っぱの筋《すじ》がサツマイモの皮の色してる。すげえ」

藤丸は独り言のようにつぶやき、よりいっそう葉に顔を近づけて、何枚《なんまい》かを熱心に見比べている。

本村は手もとの葉を改めて眺めた。言われてみれば、たしかに。ハート型の葉に張りめぐらされた*葉脈は、ほのかな臙脂色《えんじいろ》だった。「こういう色のイモが、土のなかで育ってますよ」と予告するみたいに。

血管のような葉脈を見ていたら、*最前感じた気味の悪さは薄《うす》らいだ。たしかに植物は、ひととはまったくちがう仕組みを持っている。人間の

〈問題1〉 ㋐藤丸《ふじまる》、㋑藤丸さん というように、同一の人物について、書き分けがされていますが、その理由について、四十五字程度で分かりやすくまとめなさい。

〈問題2〉 ㋒いろんないきものの生き方をたくさん勉強するといいと思う。とありますが、筆者がそう思うのは、どのようなものの見方ができるようになるからでしょうか。**文章1** の表現を用いて、解答らんに合うよう四十字程度で答えなさい。

〈問題3〉 次に示すのは、**文章1** と **文章2** についての、**ひかる**さんと**かおる**さんのやりとりです。このやりとりを読んだ上で、あなたの考えを四百字以上四百四十字以内で書きなさい。ただし、下の条件と〈**きまり**〉にしたがうこと。

ひかる——**文章1** を読んで、「ちがい」ということについて、いろいろと考えさせられました。

かおる——「ちがい」という言葉が直接使われてはいませんが、**文章2** にもそういったことが書いてあると思います。

ひかる——わたしも、みんなはそれぞれちがっていると感じるときがあります。

かおる——学校生活のなかでも、「ちがい」を生かしていった方がよい場面がありそうですね。

条件　次の三段落構成《さんだんらくこうせい》にまとめて書くこと

①第一段落では、**文章1**、**文章2** それぞれの、「ちがい」に対する向き合い方について、まとめる。

②第二段落では、「ちがい」がなく、みなが全く同じになってしまった場合、どのような問題が起こると思うか、考えを書く。

③第三段落では、①と②の内容に関連づけて、これからの学校生活のなかで「ちがい」を生かして活動していくとしたら、あなたはどのような場面で、どのような言動をとるか、考えを書く。

〈**きまり**〉

○題名は書きません。

○最初の行から書き始めます。

○各段落《だんらく》の最初の字は一字下げて書きます。

○行をかえるのは、段落をかえるときだけとします。

○、や。や」などもそれぞれ字数に数えます。これらの記号が行の先頭に来るときには、前の行の最後の字と同じますめに書きます。（ますめの下に書いてもかまいません。）

○。と」が続く場合には、同じますめに書いてもかまいません。この場合、。」で一字と数えます。

○段落をかえたときの残りのますめは、字数として数えます。

○最後の段落の残りのますめは、字数として数えません。

「常識」が通じない世界を生きている。けれど、同じ地球上で進化してきた生き物だから、当然ながら共通する点も多々《たた》あるのだ。

自分の理解が及《およ》ばないもの、自分とは異《こと》なる部分があるものを、すぐに「気味が悪い」「なんだかこわい」と締《し》めだし遠ざけようとしてしまうのは、私《わたし》の悪いところだ。ううん、人類全般《ぜんぱん》に通じる、悪いところかもしれない。本村はまたも反省した。人間に感情と思考があるからこそ生じる悪癖《あくへき》だと言えるが、「気味が悪い」「なんだかこわい」という気持ちを乗《の》り越《こ》えて、相手を真に理解するために必要なのもまた、感情と思考だろう。どうして「私」と「あなた」はちがうのか、分析《ぶんせき》し受け入れるためには理性と知性が要求される。ちがいを認《みと》めあうためには、相手を思いやる感情が不可欠だ。

植物みたいに、脳も愛もない生き物になれれば、一番面倒《めんどう》がなくて気楽なんだけど。本村はため息をつく。思考も感情もないはずの植物が、人間よりも他者を受容し、*飄々《ひょうひょう》と生きているように見えるのはなんとも皮肉だ。

それにしても、藤丸さんはすごい。と本村は思った。私がうだうだ考えているそばで、藤丸さんはサツマイモの葉っぱをあるがまま受け止め、イモの皮の色がそこに映《うつ》しだされていることを発見した。なんてのびやかで、でも鋭《するど》い観察眼なんだろう。きっと㋑藤丸さんは、だれかを、なにかを、「気味悪い」なんて思わないはずだ。一瞬《いっしゅん》そう感じることがあったとしても、「いやいや、待てよ」と熱心に観察し、いろいろ考えて、最終的には相手をそのまま受け止めるのだろう。おおらかで優《やさ》しいひとだから。

*感嘆《かんたん》をこめて藤丸を見ていると、視線《しせん》に気づいた藤丸が顔を上げ、照れたように笑った。

（三浦《みうら》しをん「愛なき世界」による）

〈注〉

葉柄《ようへい》——葉の一部。柄《え》のように細くなったところ。（**図1**）

擬人化《ぎじんか》して——人間以外のものを人間と同じに見立てて。

隔絶《かくぜつ》した——かけはなれた。

微塵《みじん》も——すこしも。

葉脈——葉の根もとからこまかく分かれ出て、水分や養分の通路となっている筋《すじ》。（**図2**）

最前——さきほど。さっき。

飄々《ひょうひょう》と——こだわりをもたず、自分のペースで。

感嘆《かんたん》をこめて——感心し、ほめたたえたいような気持ちになって。

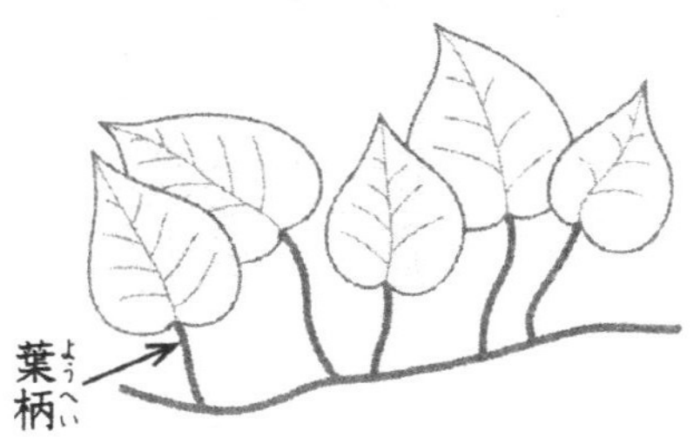

図1

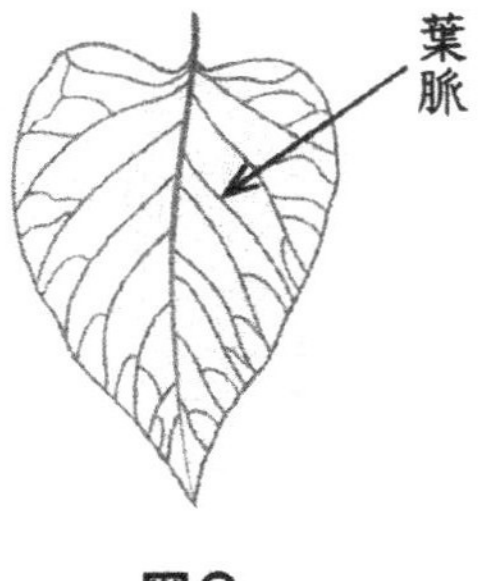

図2

文章2

ぼくは昔からガという虫が好きだ。そもそも、なぜ昼間飛ばないで夜飛ぶのだろうというところに興味がある。

昼間飛んだらいいじゃないか。暗いと敵がいなくて安全だというが、夜に出てきてエサを探《さが》す敵もいる。暗ければ安全とは決していえないだろう。

実際に、昼間飛ぶガもいる。それは夜飛ぶガの苦労はしていないはずだ。それでも夜飛ぶなら、昼間飛ぶよりどこがいいのだろう、などと考えているとますますなぜ夜飛ぶのか、わからなくなってくる。

それぞれに、それぞれの生き方があるのだ、といういいかげんな答えしか残らない。

それなりに苦労しているんだ、としかいいようがない。

しかし、それなりに、どういう苦労をしているのだろうということを、いろいろ考えてみるのがおもしろい。それは哲学的《てつがくてき》な*思考実験に似ている。

*エポフィルスにせよ、ガにせよ、苦労するには苦労するだけの原因があり、仕組みがある。それは何かということを探《さぐ》るのだ。

たとえば*節足動物は、なぜ節足動物になってしまったか、ということから考える。たまたま祖先がそうだったから、彼《かれ》らは*体節を連ねる外骨格《がいこっかく》の動物になっていった。

すると体の構造上、頭の中を食道が通《とお》り抜《ぬ》けることになり、脳《のう》を発達させると食道にしわ寄せがいくようになった。ではどうしたらいいか。

樹液《じゅえき》や体液、血液といった液状のエサを採ることにした。それが、その形で何とか生き延《の》びる方法だった。節足動物といういきものは、そういう苦労をしている。

動物学では、現在の動物の形が必ずしも最善《さいぜん》とは考えない。

そうならざるをえない原因があり、その形で何とか生きているのだと考える。

なぜそういう格好をして生きているのか、その結果、どういう生き方をしているのか。そういった根本の問題を追究するのが動物学という学問なのだと思う。

いろいろないきものを見ていくと、こんな生き方もできるんだなあ、そのためにはこういう仕組みがあって、こういう苦労があるのか、なるほど、それでやっと生きていられるのか、ということが、それぞれにわかる。

わかってみると感激《かんげき》する。その形でしか生きていけない理由を、たくさん知れば知るほど感心する。

その感激は、原始的といわれるクラゲのような*腔腸《こうちょう》動物《どうぶつ》でも、高等といわれるほ乳類《にゅうるい》でもまったく同じだ。

このごろ、よく、*生物多様性はなぜ大事なのですかと聞かれる。ぼくは、簡単《かんたん》に説明するときはこんなふうにいう。

*生態系《せいたいけい》の豊かさが失われると人間の食べものもなくなります。食べものも、もとは全部いきもので、人間がそれを一から作れるわけではないのですから、いろんなものがいなければいけないのです、と。

ただそれは少し説明を省略したいい方で、ほんとうは、あらゆるいきものにはそれぞれに生きる理由があるからだと思っている。

理由がわかって何の役に立つ、といわれれば、別に何の役にも立ちませんよ、というほかない。しかし役に立てるためだったら、こんな格好をしていないほうがいいというものがたくさんある。

人間も、今こういう格好をしているが、それが優《すぐ》れた形かどうかはわからない。これでも生きていけるという説明はつくけれども。

だからこそ動物学では、海の底のいきものも人間も、どちらが進化していてどちらが上、という発想をしない。

㋒いろんないきものの生き方をたくさん勉強するといいと思う。ぼくはそれでとてもおもしろかったし、そうすることで、不思議に広く深く、静かなものの見方ができるようになるだろう。

いきものは全部、いろいろあるんだな、あっていいんだな、ということになる。つまりそれが、生物多様性ということなのだと思う。

（日高敏隆《ひだかとしたか》「世界を、こんなふうに見てごらん」による）

〈注〉

思考実験――（起こりにくいことが）もし実際に起こったらどうなるか、考えてみること。

エポフィルス――カメムシの仲間。水中に住みながら空気呼吸《こきゅう》をする。

節足動物――ガやクモなど、足にたくさんの節をもつ動物。

体節を連ねる外骨格《がいこっかく》の動物――体のじくに沿《そ》って連なった、からやこうでおおわれている動物。

腔腸《こうちょう》動物《どうぶつ》――クラゲやサンゴなど、口から体内までの空所をもつ、かさやつつのような形をした水中の動物。

生物多様性――いろいろなちがった種類の生物が存在《そんざい》すること。

生態系《せいたいけい》――生物とまわりの環境《かんきょう》とから成り立つ、たがいにつながりのある全体。

2020(R2) 小石川中等教育学校
教英出版

2

小石川適性Ⅱ

適性検査Ⅱ

注　　意

1　問題は［1］から［3］までで、**15ページ**にわたって印刷してあります。

2　検査時間は**45分**で、終わりは**午前11時00分**です。

3　声を出して読んではいけません。

4　計算が必要なときは、この問題用紙の余白を利用しなさい。

5　答えは全て解答用紙に明確に記入し、**解答用紙だけを提出しなさい。**

6　答えを直すときは、きれいに消してから、新しい答えを書きなさい。

7　**受検番号**を解答用紙の決められたらんに記入しなさい。

東京都立小石川中等教育学校

1　**先生**、**花子**さん、**太郎**《たろう》さんが、校内の６年生と４年生との交流会に向けて話をしています。

先　生：今度、学校で４年生との交流会が開かれます。６年生５９人は、制作した作品を展示《てんじ》して見てもらいます。また、４年生といっしょにゲームをします。

花　子：楽しそうですね。私《わたし》たち６年生は、この交流会に向けて一人１枚《まい》画用紙に動物の絵をかいたので、それを見てもらうのですね。絵を展示する計画を立てましょう。

先　生：みんなが絵をかいたときに使った画用紙の辺の長さは、短い方が４０ｃｍ、長い方が５０ｃｍです。画用紙を横向きに使って絵をかいたものを横向きの画用紙、画用紙を縦向《たてむ》きに使って絵をかいたものを縦向きの画用紙とよぶことにします。

太　郎：**図１**の横向きの画用紙と、**図２**の縦向きの画用紙は、それぞれ何枚《なんまい》ずつあるか数えてみよう。

花　子：横向きの画用紙は３８枚あります。縦向きの画用紙は２１枚です。全部で５９枚ですね。

太　郎：先生、画用紙はどこにはればよいですか。

先　生：学校に、**図３**のような縦《たて》２ｍ、横１．４ｍのパネルがあるので、そこにはります。
絵はパネルの両面にはることができます。

花　子：分かりました。ところで、画用紙をはるときの約束はどうしますか。

先　生：作品が見やすいように、画用紙をはることができるとよいですね。昨年は、次の〔**約束**〕にしたがってはりました。

図１　横向きの画用紙

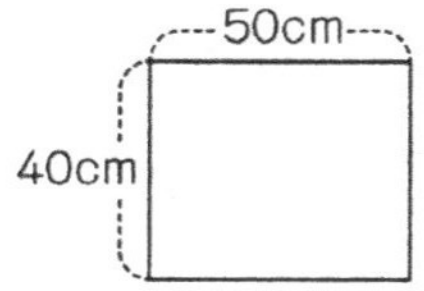

図２　縦向《たてむ》きの画用紙

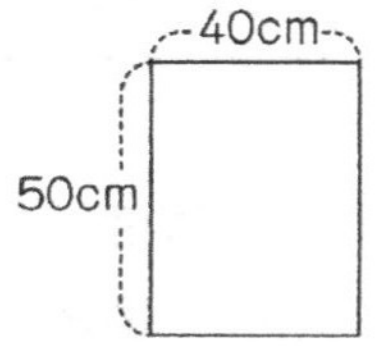

図３　パネル

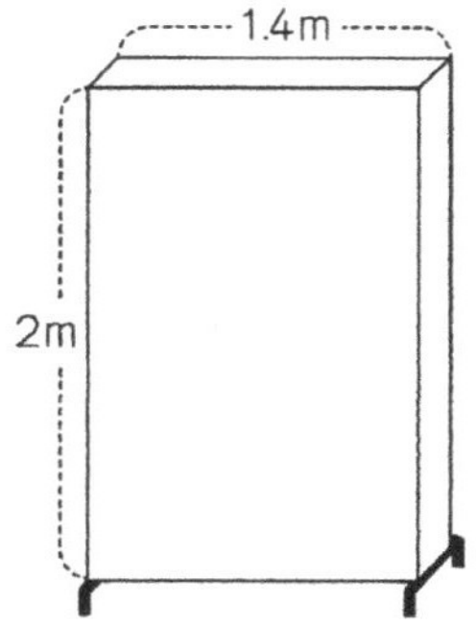

〔約束〕

(1) **図4**のように、画用紙はパネルの外にはみ出さないように、まっすぐにはる。

(2) パネルの一つの面について、どの行（横のならび）にも同じ枚数《まいすう》の画用紙をはる。また、どの列（縦《たて》のならび）にも同じ枚数の画用紙をはる。

(3) １台のパネルに、はる面は２面ある。一つの面には、横向きの画用紙と縦向きの画用紙を混ぜてはらないようにする。

(4) パネルの左右のはしと画用紙の間の長さを①、左の画用紙と右の画用紙の間の長さを②、パネルの上下のはしと画用紙の間の長さを③、上の画用紙と下の画用紙の間の長さを④とする。

(5) 長さ①どうし、長さ②どうし、長さ③どうし、長さ④どうしはそれぞれ同じ長さとする。

(6) 長さ①～④はどれも５ｃｍ以上で、５の倍数の長さ（ｃｍ）とする。

(7) 長さ①～④は、面によって変えてもよい。

(8) 一つの面にはる画用紙の枚数は、面によって変えてもよい。

図4　画用紙のはり方

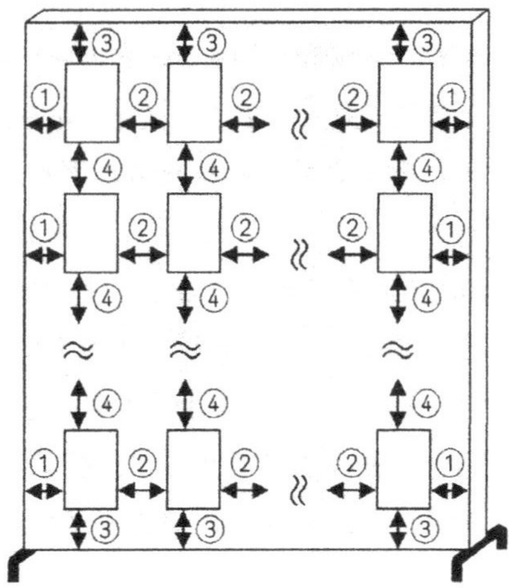

花　子：今年も、昨年の〔**約束**〕と同じように、パネルにはることにしましょう。

太　郎：そうだね。例えば、**図2**の縦向きの画用紙６枚を、パネルの一つの面にはってみよう。いろいろなはり方がありそうですね。

〔問題１〕〔**約束**〕にしたがって、**図3**のパネルの一つの面に、**図2**で示した縦向《たてむ》きの画用紙６枚《まい》をはるとき、あなたなら、はるときの長さ①～④をそれぞれ何ｃｍにしますか。

表6　**実験3**の結果

		Ⓘ						
		10°	20°	30°	40°	50°	60°	70°
Ⓐ	20°	×	×	×	×	×	×	×
	30°	×	×	×	×	×	×	×
	40°	×	×	×	×	△	△	△
	50°	×	×	×	△	○	○	○
	60°	×	×	△	○	○	○	○
	70°	×	△	○	○	○	○	○
	80°	△	○	○	○	○	○	○

花　子：風をななめ前から当てたときでも、車が前に動く場合があったね。

太　郎：車が前に動く条件は、どのようなことに注目したら分かりますか。

先　生：Ⓐとⓘの和に注目するとよいです。

花　子：**表7**の空らんに、○か×か△のいずれかの記号を入れてまとめてみよう。

表7　車の動き

		Ⓐとⓘの和					
		60°	70°	80°	90°	100°	110°
Ⓐ	20°						
	30°						
	40°						
	50°						
	60°		★				
	70°						
	80°						

〔問題３〕（１）**表7**の★に当てはまる記号を○か×か△の中から一つ選び、書きなさい。

（２）**実験3**の結果から、風をななめ前から当てたときに車が前に動く条件を、あなたが作成した**表7**をふまえて説明しなさい。

太　郎：モーターとプロペラを使わずに、ほを立てた車に風を当てると、動くよね。

花　子：風を車のななめ前から当てたときでも、車が前に動くことはないのかな。調べる方法は何かありますか。

先　生：**図5**のようにレールと車輪を使い、長方形の車の土台を動きやすくします。そして、**図6**のように、ほとして使う三角柱を用意します。次に、車の土台の上に**図6**の三角柱を立てて、**図7**のようにドライヤーの冷風を当てると、車の動きを調べることができます。

太　郎：車の動きを調べてみましょう。

二人は先生のアドバイスを受けながら、次のような1～4の手順で**実験3**をしました。

1　工作用紙で**図6**の三角柱を作る。その三角柱の側面が車の土台と垂直《すいちょく》になるように底面を固定し、車を作る。そして、車をレールにのせる。

2　**図8**のように、三角柱の底面の最も長い辺のある方を車の後ろとする。また、真上から見て、車の土台の長い辺に対してドライヤーの風を当てる角度をあとする。さらに、車の土台の短い辺と、三角柱の底面の最も長い辺との間の角度をいとする。

3　あが20°になるようにドライヤーを固定し、いを10°から70°まで10°ずつ変え、三角柱に風を当てたときの車の動きを調べる。

4　あを30°から80°まで10°ごとに固定し、いを手順3のように変えて車の動きを調べる。

実験3の結果を、車が前に動いたときには○、後ろに動いたときには×、3秒間風を当てても動かなかったときには△という記号を用いてまとめると、**表6**のようになりました。

図5　レールと車輪と車の土台

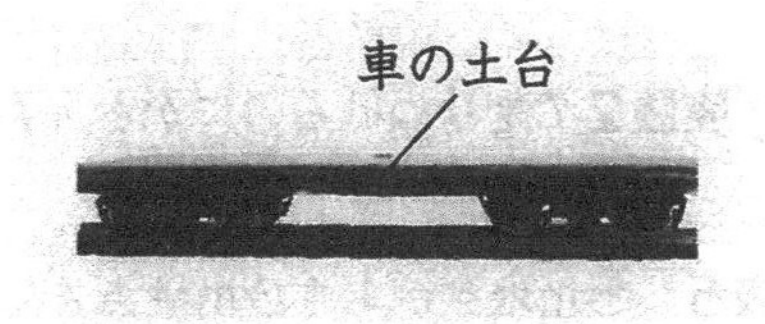

図6　ほとして使う三角柱

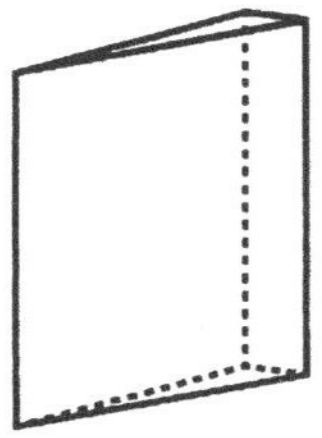

図7　車とドライヤー

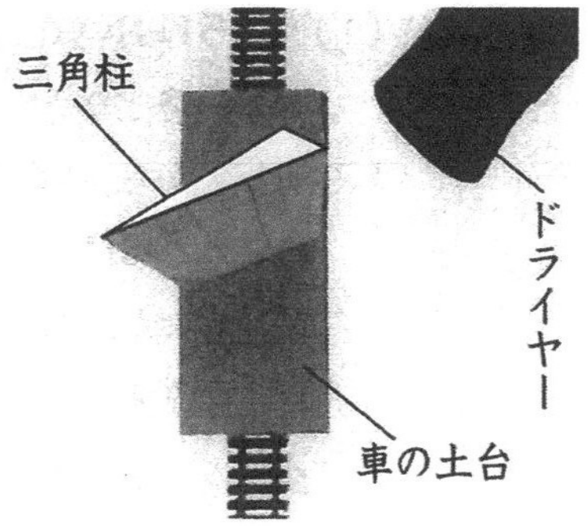

図8　**実験3**を真上から表した図

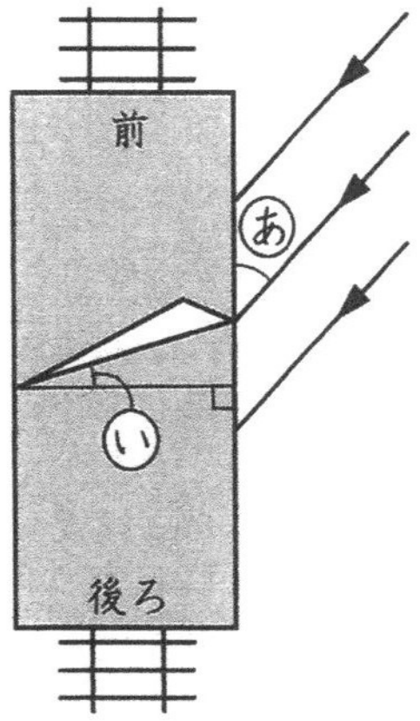

花　子：次に、6年生の作品の、横向きの画用紙38枚と、縦向きの画用紙21枚のはり方を考えていきましょう。

太　郎：横向きの画用紙をパネルにはるときも、**〔約束〕**にしたがってはればよいですね。

花　子：先生、パネルは何台ありますか。

先　生：全部で8台あります。しかし、交流会のときと同じ時期に、5年生もパネルを使うので、交流会で使うパネルの台数はなるべく少ないほうがよいですね。

太　郎：パネルの台数を最も少なくするために、パネルの面にどのように画用紙をはればよいか考えましょう。

〔問題2〕**〔約束〕**にしたがって、6年生の作品59枚をはるとき、パネルの台数が最も少なくなるときのはり方について考えます。そのときのパネルの台数を答えなさい。

また、その理由を、それぞれのパネルの面に、どの向きの画用紙を何枚ずつはるか具体的に示し、文章で説明しなさい。なお、長さ①～④については説明しなくてよい。

先　生：次は4年生といっしょに取り組むゲームを考えていきましょう。何かアイデアはありますか。

花　子：はい。図画工作の授業で、**図5**のような玉に竹ひごをさした立体を作りました。

この立体を使って、何かゲームができるとよいですね。

太　郎：授業のあと、この立体を使ったゲームを考えていたのですが、しょうかいしてもいいですか。

図5　玉に竹ひごをさした立体

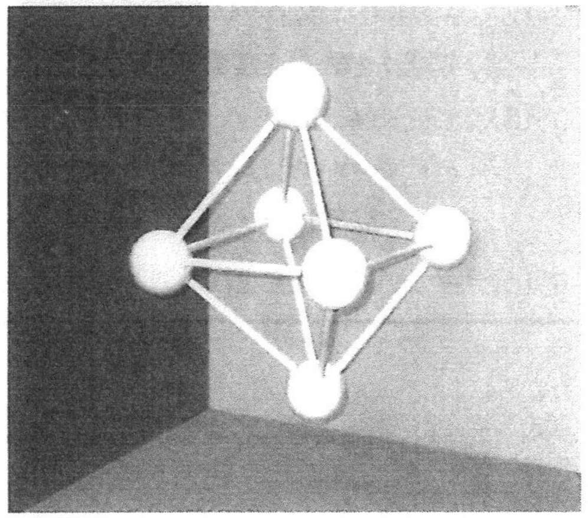

花　子：太郎さんは、どんなゲームを考えたのですか。

太　郎：**図6**のように、６個の玉に、**あ**から**か**まで一つずつ記号を書きます。また、１２本の竹ひごに、０、１、２、３の数を書きます。**あ**からスタートして、サイコロをふって出た目の数によって進んでいくゲームです。

花　子：サイコロには**1**、**2**、**3**、**4**、**5**、**6** の目がありますが、竹ひごに書いた数は０、１、２、３です。どのように進むのですか。

太　郎：それでは、ゲームの〔**ルール**〕を説明します。

図6　記号と数を書いた立体

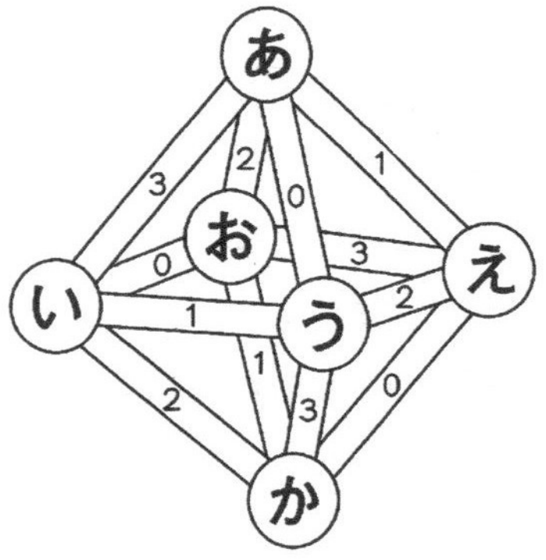

〔**ルール**〕

（1）　**あ**をスタート地点とする。

（2）　六つある面に、**1**～**6**の目があるサイコロを１回ふる。

（3）　(2)で出た目の数に２０を足し、その数を４で割《わ》ったときの余りの数を求める。

（4）　(3)で求めた余りの数が書かれている竹ひごを通り、次の玉へ進む。また、竹ひごに書かれた数を記録する。

（5）　(2)～(4)をくり返し、**か**に着いたらゲームは終わる。
ただし、一度通った玉にもどるような目が出たときには、先に進まずに、その時点でゲームは終わる。

（6）　ゲームが終わるまでに記録した数の合計が得点となる。

花　子：モーターとプロペラの組み合わせをいろいろかえて、**実験2**をやってみましょう。

実験2で走りぬけるのにかかった時間は、**表5**のようになりました。

表5　５m地点から１０m地点まで走りぬけるのにかかった時間（秒）

		モーター			
		ア	**イ**	**ウ**	**エ**
プロペラ	**E**	3.8	3.1	3.6	7.5
	F	3.3	2.9	3.2	5.2
	G	3.8	3.1	3.1	3.9
	H	4.8	4.0	2.8	4.8

〔問題２〕（1）　**表5**において、車の模型が最も速かったときのモーターとプロペラの組み合わせを書きなさい。

（2）　**表5**から、①の予想か②の予想が正しくなる場合があるかどうかを考えます。
太郎さんは、「①モーターが軽くなればなるほど、速く走ると思うよ。」と予想しました。①の予想が正しくなるプロペラは**E**～**H**の中にありますか。
花子さんは、「②プロペラの中心から羽根のはしまでの長さが長くなればなるほど、速く走ると思うよ。」と予想しました。②の予想が正しくなるモーターは**ア**～**エ**の中にありますか。
①の予想と②の予想のどちらかを選んで解答らんに書き、その予想が正しくなる場合があるかどうか、解答らんの「あります」か「ありません」のどちらかを丸で囲みなさい。また、そのように判断した理由を説明しなさい。

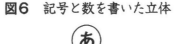

花　子：**図1**の車の模型から、モーターの種類やプロペラの種類の組み合わせをかえて、**図4**のような車の模型を作ると、速さはどうなるのかな。

太　郎：どのようなプロペラを使っても、①モーターが軽くなればなるほど、速く走ると思うよ。

花　子：どのようなモーターを使っても、②プロペラの中心から羽根のはしまでの長さが長くなればなるほど、速く走ると思うよ。

図4　車の模型

太　郎：どのように調べたらよいですか。

先　生：**表3**の**ア**～**エ**の４種類のモーターと、**表4**の**E**～**H**の４種類のプロペラを用意して、次のような**実験2**を行います。まず、モーターとプロペラを一つずつ選び、**図4**のような車の模型を作ります。そして、それを体育館で走らせ、走り始めてから、５m地点と１０m地点の間を走りぬけるのにかかる時間をストップウォッチではかります。

表3　４種類のモーター

	ア	**イ**	**ウ**	**エ**
モーター				
重さ（g）	１８	２１	３０	４４

表4　４種類のプロペラ

	E	**F**	**G**	**H**
プロペラ				
中心から羽根のはしまでの長さ（cm）	４.０	５.３	５.８	９.０

太　郎：例えば、サイコロをふって出た目が**1**、**3** の順のとき、**あ→え→お**と進みます。その次に出た目が**5**のときは、**か**に進み、ゲームは終わります。そのときの得点は５点となります。

花　子：**5**ではなく、**6**の目が出たときはどうなるのですか。

太　郎：そのときは、**あ**にもどることになるので、先に進まずに、**お**でゲームは終わります。得点は４点となります。それでは、３人でやってみましょう。
まず私がやってみます。サイコロをふって出た目は、**1**、**3**、**4**、**5**、**3** の順だったので、サイコロを５回ふって、ゲームは終わりました。得点は８点でした。

先　生：私がサイコロをふって出た目は、**1**、**2**、**5**、**1** の順だったので、サイコロを４回ふって、ゲームは終わりました。得点は［ア］点でした。

花　子：最後に私がやってみます。
サイコロをふって出た目は、［イ、ウ、エ、オ］の順だったので、サイコロを４回ふって、ゲームは終わりました。得点は７点でした。３人のうちでは、太郎さんの得点が一番高くなりますね。

先　生：では、これを交流会のゲームにしましょうか。

花　子：はい。太郎さんがしょうかいしたゲームがよいと思います。

太　郎：ありがとうございます。交流会では、４年生と６年生で協力してできるとよいですね。４年生が楽しめるように、準備していきましょう。

〔問題３〕〔**ルール**〕と会話から考えられる［ア］に入る数を答えなさい。また、［イ、ウ、エ、オ］にあてはまるものとして考えられるサイコロの目の数を答えなさい。

2 **あさこ**さんと**けんじ**さんは日本の貿易について調べることにしました。そこで、たくさんの資料を持っている**おじいさん**の家にやって来ました。

あ さ こ：日本がどんなものを輸出したり、輸入したりしているのかを調べましょう。
け ん じ：金額や品物についての資料は見つかったけれど、くわしすぎて分かりにくいな。
おじいさん：輸出も輸入も、金額でそれぞれの１０％以上のものだけを書き出してみると、どれが重要なのかが分かるんじゃないかな。
あ さ こ：**資料１**ができたよ。日本からイギリスへ輸出している乗用車の金額は、日本からイギリスへの輸出額全体である１５３９２億円の１７．８％にあたるということだね。**資料１**に挙げた国がどこにあるかが分かるように**資料２**も作ったよ。
け ん じ：**資料１**にある一般《いっぱん》機械というのは何のことかな。
おじいさん：カメラなどの精密《せいみつ》機械や、テレビなどの電気機器のように、特別な分類をされていない機械全体のことだよ。
あ さ こ：**資料１**では、貿易額を、輸出額と輸入額に分けて書いてあるね。
おじいさん：輸出額と輸入額を合わせた金額を貿易総額と呼《よ》ぶよ。
あ さ こ：貿易総額に対する輸出額の割合《わりあい》を、イギリスについて計算してみると６６．０％になるね。他の国についても計算してみると、ちがいが見えてくるかな。
け ん じ：他の国についても計算してみたよ。国によってだいぶちがうんだね。
おじいさん：計算した結果を参考にして、**資料１**に挙げた５か国を、自分の考えでグループＡとグループＢの二つに分けてごらん。
あ さ こ：イギリスについて**資料３**のような円グラフを作ってみたよ。数字だけよりも、グラフにした方が分かりやすいね。
おじいさん：資料やグラフ、グループ分けの基準などから考えると、日本の貿易の特ちょうが説明できるのではないかな。

資料１　日本と主な国の貿易額と貿易品目《ひんもく》（２０１７年）

相手国	貿易額（億円）		貿易品目（数値《すうち》の単位は%）
イギリス	輸出額	15392	乗用車 17.8、電気機器 11.5、金（非貨幣《かへい》用）10.1
	輸入額	7930	医薬品 18.9、一般《いっぱん》機械 16.8、乗用車 16.4
サウジアラビア	輸出額	4189	乗用車 34.6、一般機械 13.7、鉄鋼《てっこう》 10.7、バスとトラック 10.7
	輸入額	31150	原油 92.3
オーストラリア	輸出額	17956	乗用車 36.5、軽油 13.4
	輸入額	43650	石炭 36.7、液化天然ガス 27.9、鉄鉱石 12.8
アメリカ合衆国《がっしゅうこく》	輸出額	151135	乗用車 29.6、一般機械 22.5、電気機器 13.7
	輸入額	80903	一般機械 15.9、電気機器 13.3
ブラジル	輸出額	3805	一般機械 23.7、自動車部品 17.0、電気機器 13.9
	輸入額	8041	鉄鉱石 39.4、鶏肉《とりにく》 12.7

※「貿易品目」は貿易している品物。輸出品と輸入品の両方を指している。
※「輸出額」は日本からの輸出額。「輸入額」は日本への輸入額。
（「データブック オブ・ザ・ワールド２０１９」より作成）

表１　４種類のプロペラ

	A	B	C	D
プロペラ				
中心から羽根のはしまでの長さ（cm）	５．４	４．９	４．２	２．９
重さ（g）	７．５	２．７	３．３	４．２

スイッチを入れてプロペラが回っていたときの電子てんびんの示す値は、**表２**のようになりました。

表２　プロペラが回っていたときの電子てんびんの示す値《あたい》

プロペラ	A	B	C	D
電子てんびんの示す値《あたい》（g）	１２３．５	１２３．２	１２０．９	１１１．８

〔問題１〕 **表１**の**Ａ**～**Ｄ**のプロペラのうちから一つ選び、そのプロペラが止まっていたときに比べて、回っていたときの電子てんびんの示す値《あたい》は何gちがうか求めなさい。

3 **花子**さん、**太郎**《たろう》さん、**先生**が車の模型《もけい》について話をしています。

花　子：モーターで走る車の模型を作りたいな。

太　郎：プロペラを使って車の模型を作ることができますか。

先　生：プロペラとモーターとかん電池を組み合わせて、**図１**のように風を起こして走る車の模型を作ることができます。

花　子：どのようなプロペラがよく風を起こしているのかな。

太　郎：それについて調べる実験はありますか。

先　生：電子てんびんを使って、**実験１**で調べることができます。

花　子：**実験１**は、どのようなものですか。

先　生：まず、**図２**のように台に固定したモーターを用意します。それを電子てんびんではかります。

太　郎：はかったら、５４．１ｇになりました。

先　生：次に、**図３**のようにスイッチがついたかん電池ボックスにかん電池を入れます。それを電子てんびんではかります。

花　子：これは、４８．６ｇでした。

先　生：さらに、プロペラを**図２**の台に固定したモーターにつけ、そのモーターに**図３**のボックスに入ったかん電池をつなげます。それらを電子てんびんではかります。その後、電子てんびんにのせたままの状態でスイッチを入れると、プロペラが回り、電子てんびんの示す値《あたい》が変わります。ちがいが大きいほど、風を多く起こしているといえます。

太　郎：**表１**の**Ａ**～**Ｄ**の４種類のプロペラを使って、**実験１**をやってみましょう。

図１　風を起こして走る車の模型《もけい》

図２　台に固定したモーター

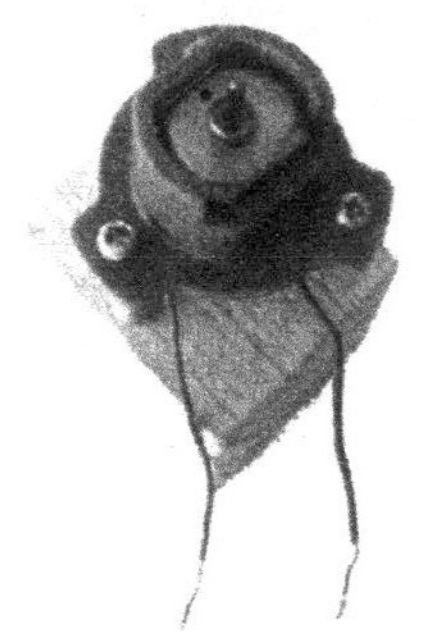

図３　ボックスに入ったかん電池

資料２　**資料１**に挙げた国の位置を示した地図

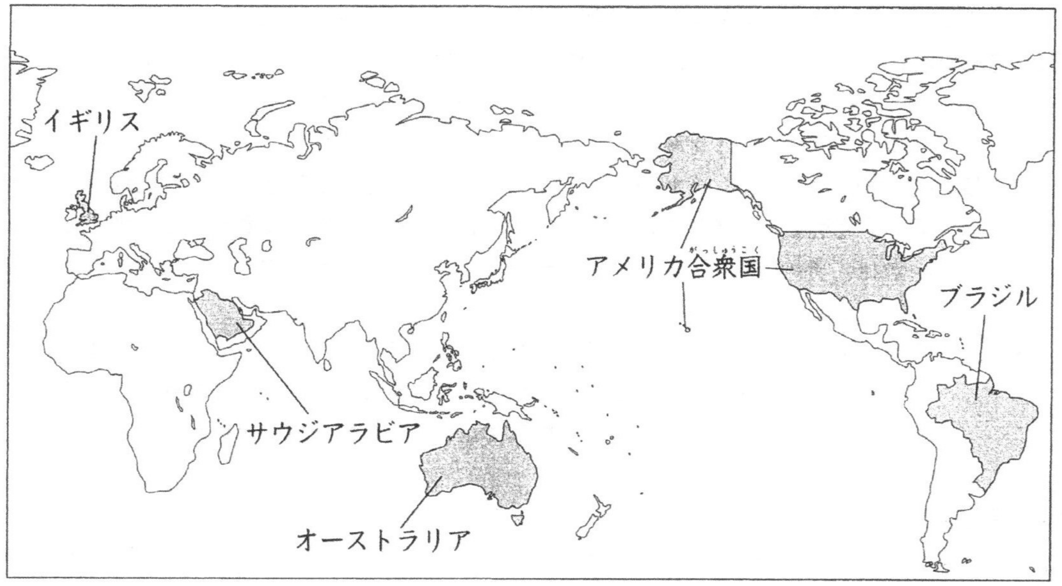

資料３　イギリスの貿易総額に対する輸出額の割合《わりあい》

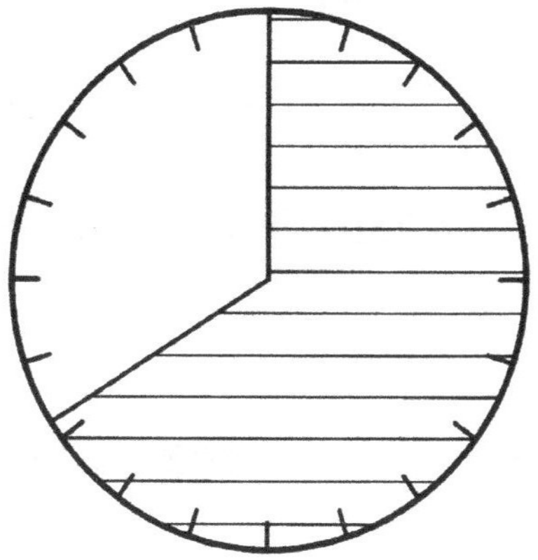

※横線を引いた部分は輸出額を、横線を引いていない部分は輸入額を表す。

〔問題１〕（１）　**資料１**に挙げた５か国のうち、イギリス以外の４か国について、貿易総額に対する輸出額の割合を計算しなさい。答えは小数第二位を四捨五入《ししゃごにゅう》して、小数第一位まで求めなさい。

（２）（１）で計算した数値《すうち》とあさこさんが求めた数値を使って、５か国をグループＡとグループＢに分けなさい。また、そのように分けた理由を書きなさい。

（３）　グループＡとグループＢから１か国ずつ選んで、**資料３**で示したイギリスの例に従《したが》って、解答用紙に円グラフを作りなさい。

（４）　ここまでの資料と解答を参考にして、輸出と輸入から見えてくる日本の貿易の特ちょうについて、あなたの考えを書きなさい。

け ん じ：ところで、アメリカ合衆国《がっしゅうこく》の通貨は「アメリカドル」だね。
あ さ こ：１アメリカドルを日本円に両替《りょうがえ》すると、いくらになるのかな。
おじいさん：時代によってちがっているけれど、この数年は、１アメリカドルはだいたい１００円くらいだね。１アメリカドルが１００円と両替できるとき、「１アメリカドル＝１００円」と書くことにしよう。
け ん じ：「１アメリカドル＝１００円」のときに、日本で２００００００円の値段《ねだん》がついている自動車をアメリカ合衆国へ輸出すると、輸送にかかる費用などを考えなければ、その自動車はアメリカ合衆国では２００００アメリカドルの値段がつくということだね。
あ さ こ：では、同じように考えると、アメリカ合衆国で２００００アメリカドルの値段がついている機械を、アメリカ合衆国から輸入するときには、その機械は「１アメリカドル＝１００円」のとき、日本では２００００００円の値段がつくということになるね。
おじいさん：そうだね。
け ん じ：「１アメリカドル＝１００円」が「１アメリカドル＝５０円」になったり、「１アメリカドル＝２００円」になったりすることはあるのかな。
おじいさん：あるかもしれないね。
あ さ こ：「１アメリカドル＝５０円」になるということは、少ない日本円で、「１アメリカドル＝１００円」のときと同じだけのアメリカドルと両替できるのだから、円の価値《かち》が高くなったと考えていいのかな。
おじいさん：そうだね。「１アメリカドル＝１００円」が「１アメリカドル＝５０円」になった状態を「円高《えんだか》」と呼ぶよ。
け ん じ：だったら、「１アメリカドル＝２００円」になった状態は「円安《えんやす》」と呼ぶのかな。
おじいさん：そうだよ。

〔問題２〕　日本で２００００００円の値段がついている自動車は、アメリカ合衆国ではアメリカドルでいくらの値段がつくことになるでしょうか。
　また、アメリカ合衆国で２００００アメリカドルの値段がついている機械は、日本では円でいくらの値段がつくことになるでしょうか。
　「１アメリカドル＝９０円」のときと、「１アメリカドル＝１１０円」のときについてそれぞれ計算し、小数第一位を四捨五入して整数で求め、解答用紙の表を完成させなさい。

あ さ こ：貿易について少しずつ分かってきたね。
け ん じ：貿易は、原料や製品の輸出や輸入だけなのかな。
あ さ こ：そうだね。たくさんの人が海外から日本にやって来ているし、たくさんの人が日本から海外へ行っているね。
け ん じ：旅行中に使うお金は、輸出額や輸入額には入らないのかな。
あ さ こ：観光業はサービス業だよね。サービス業には貿易は無いのかな。
おじいさん：サービス貿易という考え方はあるよ。けれども、**資料１**にはその金額はふくまれていないよ。
け ん じ：それなら、まずは原料や製品の貿易だけを考えることにしようか。
あ さ こ：その方が分かりやすそうだね。
おじいさん：分かりやすいところから考え始めるのは、よいことだね。
け ん じ：「円高」の状態と「円安」の状態とでは、どちらの方が、日本にとって有利なのかな。
あ さ こ：どちらの状態にも、日本にとって有利なところと不利なところがありそうだね。

〔問題３〕　原料や製品の貿易について考えるとき、「円高」と「円安」のどちらの状態が日本にとって望ましいとあなたは考えますか。どちらかの状態を選び、選んだ理由を書きなさい。また、あなたが選んだ状態のときにはどのような問題点があると考えられますか。問題点を挙げ、あなたが考える具体的な解決策《かいけつさく》を書きなさい。
　なお、解答らんには、１２１字以上１５０字以内で段落《だんらく》を変えずに書きなさい。「、」や「。」もそれぞれ字数に数えます。

2・小石川適性Ⅲ

適性検査Ⅲ

注意

1 問題は 1 から 2 までで、**7ページ**にわたって印刷してあります。

2 検査時間は**45分**で、終わりは**午後0時15分**です。

3 声を出して読んではいけません。

4 計算が必要なときは、この問題用紙の余白を利用しなさい。

5 答えは全て解答用紙に明確に記入し、**解答用紙だけを提出しなさい。**

6 答えを直すときは、きれいに消してから、新しい答えを書きなさい。

7 **受検番号**を解答用紙の決められたらんに記入しなさい。

東京都立小石川中等教育学校

1 **あすか**さんはお姉さんの**やよい**さんと話をしています。

あ す か：あら、いつの間にか緑茶の色が変わっているよ。
や よ い：きゅうすでいれた緑茶はしばらく置いておくと茶色くなるね。すっかり冷えてしまったけれど、味はどうかな。
あ す か：熱いときとの味のちがいはよく分からないな。でも、ペットボトルの緑茶は工場から届《とど》くまで時間がかかっているのに、売っているときは茶色くなっていないね。なぜだろう。
や よ い：冷蔵庫《れいぞうこ》にペットボトルの緑茶があるから見に行きましょう。ラベルの成分表示を見てごらん。ビタミンCと書いてあるでしょう。ビタミンCには、色や風味の変化を防ぐ役割《やくわり》があるの。

〔問題１〕　やよいさんは、「ビタミンCには、色や風味の変化を防ぐ役割《やくわり》がある」と言っています。ビタミンCが色や風味の変化を防いでいる仕組みについて、あなたの考えを書きなさい。また、そのことを確かめる実験を考え、説明しなさい。答えは次の①～③の順に書きなさい。説明には図や表を用いてもかまいません。

①　ビタミンCが色や風味の変化を防いでいる仕組み
②　①を確かめる実験のくわしい方法
③　予想される結果

あすか：ペットボトルの緑茶を温めたらどうなるのだろう。

やよい：やってごらん。

あすか：火にかけてもよいガラスの容器にペットボトルの緑茶を入れ、温めていたら、色が茶色く変わったよ。こうばしいにおいはしたけれど、少し苦い味がしたよ。

やよい：ペットボトルの緑茶だからビタミンＣが入っていたはずなのに、温めるとなぜ色も味も変わってしまったのかな。ペットボトルのまま温めて売られている緑茶は茶色くもないし、苦くもないのに不思議ね。

写真１　ペットボトルの緑茶を温めている様子

〔問題２〕　火にかけてもよいガラスの容器にペットボトルの緑茶を入れて温めると、色や味などの性質が変化します。その変化の仕組みについて、あなたの考えを書きなさい。

ゆうき：楽しかったね。

はるか：そうだね。もっとゲームがしたいなあ。

おじいさん：次は別のカードを使ってゲームをしよう。ここに、同じ形で同じ大きさの４枚のカードがあるよ。そのカードには①、②、③、④の記号が書かれているよ。このゲームはこれら４枚のカードと１枚のコインを使うんだ。今、４枚のカードを**図１**のように一列に置くよ。

図１

ゆうき：まず何をするの。

おじいさん：一人が相手に分からないようにして、４枚のカードのうち１枚の下にコインを置き、もう一人がどこにコインがあるかを当てるんだ。コインを置く人をＥさん、当てる人をＦさんと呼ぼう。

はるか：Ｆさんは、コインがあると思ったカードをめくるんだね。

ゆうき：当たらなかったらどうするの。

おじいさん：Ｆさんはめくったカードを元にもどし、Ｅさんは、Ｆさんに分からないようにしてコインの位置を移動させなければならないんだ。ただし、もともと置いてある位置の両どなりのどちらかのカードの下にしか移動させられないよ。

ゆうき：①や④のカードの下にコインがあった場合はどうするの。

おじいさん：①のカードの下にコインがある場合は②に、④のカードの下にコインがある場合は③にしか移動させられないね。

はるか：Ｅさんがコインを移動させ終わったら、次はＦさんの番だね。さっきと同じように、どのカードの下にコインがあるか当てるんだね。

おじいさん：そうだよ。もし当たらなければ、Ｅさんの番になって、さっきと同じようにコインを移動させることになるよ。

ゆうき：勝敗はどうやって決まるの。

おじいさん：Ｆさんのめくる操作が４回行われる間に、下にコインがあるカードを当てられたらＦさんの勝ち、そうでなければＥさんの勝ちだよ。

はるか：よし、やってみよう。

〔問題３〕　Ｆさんのめくる操作が４回行われる間に、どのような順番でどの記号のカードをめくれば、Ｆさんが確実に勝つことができますか。めくるカードの順番を、①、②、③、④の記号で答えなさい。

はるか：楽しかったね。

ゆうき：そうだね。他にもゲームはないの。

おじいさん：さっきと同じカードを４枚使った別のゲームを教えよう。アイマスクをする人をＣさん、しない人をＤさんと呼ぼう。Ｃさんは、ゲームが終わるまでずっとアイマスクをしているよ。

Ｃさんがアイマスクをしてから、Ｄさんは４枚のカードを机の上に一列に並《なら》べる。それぞれのカードは赤色の面と青色の面のどちらを表にして置いてもかまわないが、赤色が２枚、青色が２枚となるように置いてはいけないよ。ここまでがゲームの準備だよ。

はるか：いよいよゲームが始まるんだね。

おじいさん：そうだよ。このゲームでは、Ｃさんがカードを裏返す操作を通じて、４枚のカードのうち２枚が赤色、残りの２枚が青色という組み合わせにしようとするんだ。この組み合わせになった状態を「赤２青２」と呼び、そこでゲームは終わるよ。

はるか：だから最初に赤色が２枚、青色が２枚となるように置いてはいけないんだね。

ゆうき：どんな手順でゲームを行うの。

おじいさん：最初にＣさんは、４枚のカードの中から好きな枚数のカードを選んで裏返す。この時点で「赤２青２」になったらＣさんの勝ちだよ。もし、「赤２青２」にならなかったら、次にＤさんは、４枚のカードを並べかえることができるよ。ただし、表裏《おもてうら》は変えてはいけないよ。

ゆうき：Ｃさんにはどのカードがどの位置に移ったのか分からないということだね。

おじいさん：そうだね。そうしたら次はＣさんの番だ。Ｃさんはさっきと同じように、好きな枚数のカードを選んで裏返すことができるよ。この時点で「赤２青２」になったらＣさんの勝ちだよ。もし、「赤２青２」にならなかったら、またＤさんは４枚のカードを並べかえるんだ。最後にＣさんはもう一度だけカードを裏返すことができるよ。

はるか：Ｃさんが３回裏返しても「赤２青２」にならなかったらどうなるの。

おじいさん：その場合は、Ｄさんの勝ちとなるんだ。

ゆうき：よし、やってみよう。

〔問題２〕　このゲームで、ＣさんがＤさんに確実に勝つためには、Ｃさんは３回以内の裏返す操作で、それぞれ何枚裏返せばよいですか。裏返す枚数を答えなさい。また、その操作によって確実に勝つことができる理由を説明しなさい。説明には図を用いてもかまいません。

あすか：緑茶を温めると色や味が変わるなら、緑茶の葉を温めても色や味が変わるのかな。

やよい：おもしろいことに気がついたね。お茶について書かれたこの本を見ながら同じことをやってみましょう。

あすか：紅茶《こうちゃ》の葉も緑茶の葉もチャノキという木の葉から作られるのね。知らなかった。

やよい：紅茶の葉と緑茶の葉は、ちがう種類の木から採れると思っていたでしょう。

あすか：うん。

やよい：チャノキの葉をつんだ後にすぐ加熱したものが緑茶の葉で、チャノキの葉を加熱しないで暖《あたた》かくしめった部屋にしばらく置いておき、最後に加熱すると紅茶の葉になるのね。

あすか：そのときに葉に何かを混ぜるのかな。

やよい：薬品とか、何かを混ぜなくても紅茶の葉になるよ。

あすか：しばらく置いておく間に、葉にどんなことが起きているのだろう。

〔問題３〕　やよいさんは、「暖《あたた》かくしめった部屋にしばらく置いておき」と言っています。このとき、葉にどのようなことが起きていると思いますか。チャノキの葉が紅茶の葉になる仕組みについて、あなたの考えを書きなさい。また、そのことを確かめる実験を考え、説明しなさい。答えは次の①～③の順に書きなさい。説明には図や表を用いてもかまいません。

①　暖かくしめった部屋でチャノキの葉が紅茶の葉になる仕組み

②　①を確かめる実験のくわしい方法

③　予想される結果

あ す か：自分で作っても紅茶の味がするね。それなら、緑茶の葉を暖かくしめった部屋にしばらく置いておいたら紅茶の葉になってしまわないのかな。

や よ い：緑茶の葉は作る過程で一度加熱しているから、そうならないよ。

あ す か：変化が起こらないような工夫《くふう》がしてあるんだね。

や よ い：それから、遠くまで運ぶのに時間がかかるなどして品質が変わってしまうのも困《こま》るね。

あ す か：食品には、変化が起こらないように保存料《ほぞんりょう》を加えているものもあるね。

や よ い：食品以外にも、長い期間、変化が起こらないように工夫されているものはたくさんあるよ。

〔問題４〕　身の回りにある食品以外のものについて、時間がたつにつれて、ものの色などの性質が自然に変化していくのを防ぐためにされている加工や工夫を一つ挙げなさい。また、なぜそのような加工や工夫によって、ものの色などの性質が変化するのを防ぐことができるのか、説明しなさい。

２　**おじいさん**が、**ゆうき**さんと**はるか**さんに二人で遊べるカードゲームを教えています。

おじいさん：今日はちょっと変わったゲームをしょうかいしよう。

ゆ う き：どんなゲームなの。

おじいさん：ここに同じ大きさ、同じ形で、一方の面は赤色、もう一方の面は青色でぬられているカードがたくさんあるよ。今、これらのカードを全て赤色の面を表にして、どのカードも重ならないように机《つくえ》の上に置いておこう。

　まず一人が、これらのカードの中から好きな１０枚《まい》を選んで、青色の面が表になるように裏返《うらがえ》し、残ったカードはそのままにしておく。この人をＡさんと呼《よ》ぼう。もう一人はその様子が分からないようにアイマスクをしておこう。この人をＢさんと呼ぼう。

は る か：Ｂさんには、どの１０枚が裏返されたのか分からないんだね。

おじいさん：そうだよ。そしてＢさんは、アイマスクをしたまま机の上のカード全体を二つのグループに分けるんだよ。ただし、それぞれのグループのカードの枚数《まいすう》は同じでなくてもかまわないんだ。１枚とその他でもいいし、２０枚とその他でもいいよ。

ゆ う き：その後どうするの。

おじいさん：Ｂさんは、二つのグループに分けた後、どちらかのグループを選んで、そのグループのカードのうち、好きな枚数だけ裏返すことができるよ。１枚も裏返さなくてもいいし、全部裏返してもいいよ。

は る か：勝敗はどうやって決まるの。

おじいさん：Ｂさんは裏返す操作《そうさ》を終えたら、アイマスクを外す。そのとき、二つのグループのそれぞれにふくまれる青色の面が表になっているカードの枚数がいっちしていたらＢさんの勝ち、そうでなければＡさんの勝ちとしよう。

は る か：もし、Ｂさんがたまたま青色の面が表になった１０枚のカードとその他のカードの二つのグループに分けて、その１０枚のカードを全て裏返したらどうなるの。その場合、全て赤色の面が表になってしまうけれど。

おじいさん：よい質問だね。その場合は、二つのグループのそれぞれにふくまれる青色の面が表になっているカードの枚数がどちらも０枚となるね。だから、枚数がいっちしているとしてＢさんの勝ちとしよう。

ゆ う き：よし、分かった。では、やってみよう。

〔問題１〕　このゲームで、ＡさんとＢさんのどちらが有利だと言えますか。解答らんのＡさん、Ｂさんのどちらかを選んで○で囲みなさい。また、そのように考えた理由を説明しなさい。説明には図を用いてもかまいません。

解答用紙　適性検査Ⅰ

1

〔問題1〕

45　50

40　20

10点

※

〔問題2〕

45

ものの見方。

40　20

20点

※

〔問題3〕

（2　小石川）

440　400　300　200　100　20

70点

※　※　※　※

※100点満点

受検番号

得点
※

※のらんには何も記入しないこと。

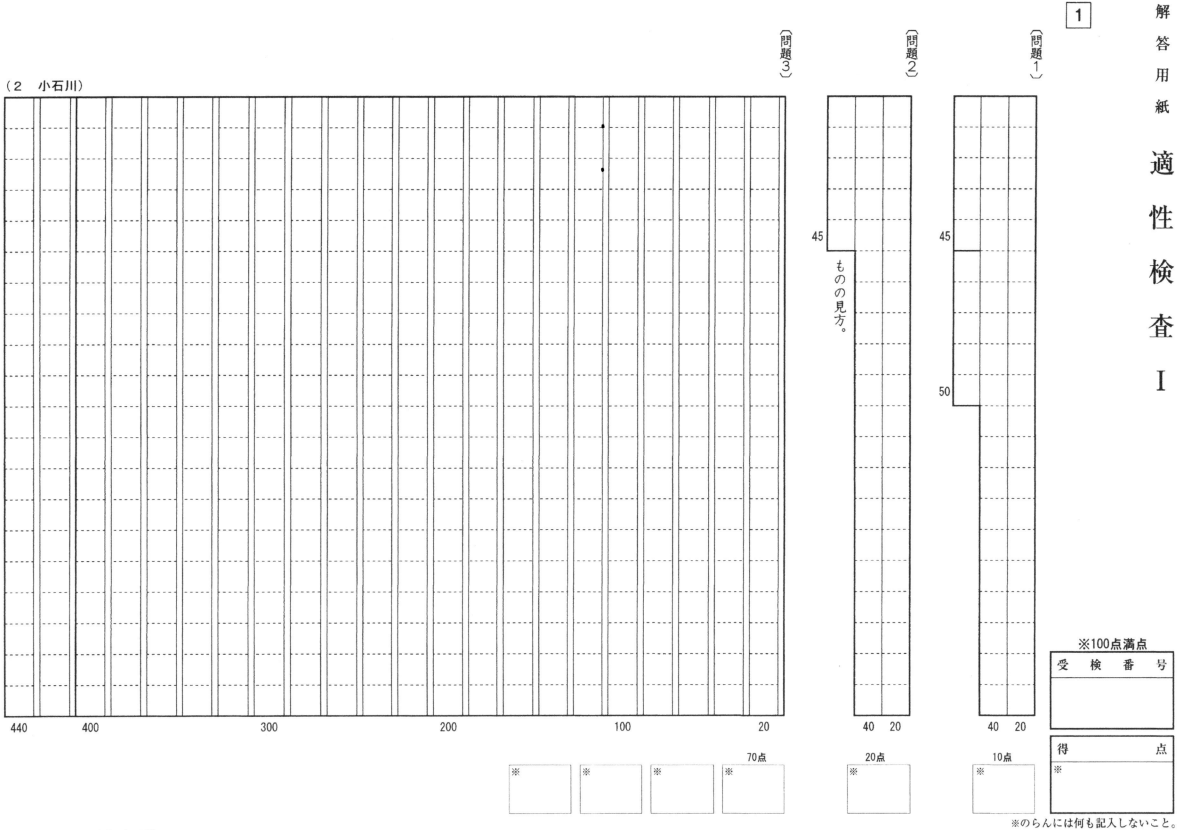

解答用紙　適性検査Ⅱ

1

〔問題１〕 ８点

①	②	③	④
ｃｍ	ｃｍ	ｃｍ	ｃｍ

※

〔問題２〕 10点

〔必要なパネルの台数〕

台

〔説明〕

※

〔問題３〕 12点

〔 **ア** に入る数〕

点

〔 **イ** に入る数〕	〔 **ウ** に入る数〕	〔 **エ** に入る数〕	〔 **オ** に入る数〕

※

受　検　番　号

得　点
※

※100点満点

※のらんには、記入しないこと

3

〔問題１〕 ６点

〔選んだプロペラ〕
〔示す値《あたい》のちがい〕　　g

※

〔問題２〕 14点

（１）〔モーター〕　　〔プロペラ〕
（２）〔選んだ予想〕　　の予想
〔予想が正しくなる場合〕　ありますある・ありません
〔理由〕

※

〔問題３〕 10点

（１）
（２）

※

2

〔問題１〕 24点

（１）

	サウジアラビア	オーストラリア
輸出額の割合《わりあい》	%	%

	アメリカ合衆国《がっしゅうこく》	ブラジル
輸出額の割合	%	%

※

（２）

グループA	
グループB	
理由	

※

（３）

グループA	
国名	

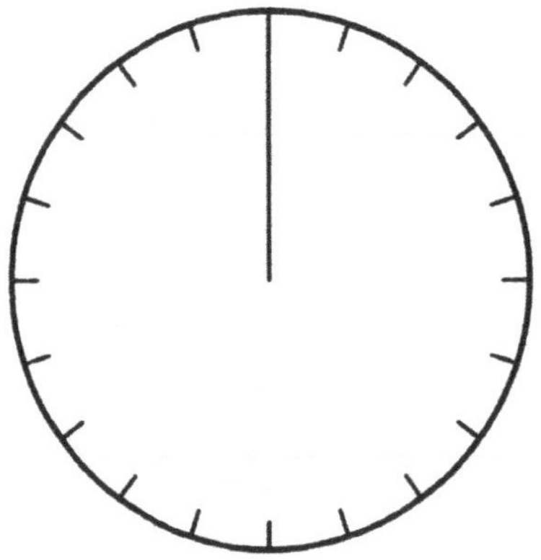

グループB	
国名	

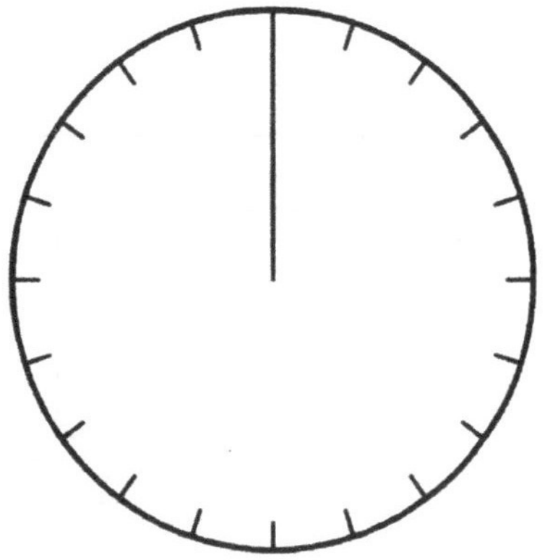

※

（４）

※

〔問題２〕 ６点

	自動車	機械
１アメリカドル＝９０円	アメリカドル	円
１アメリカドル＝１１０円	アメリカドル	円

※

〔問題３〕（横書きで書きなさい）10点

円高《えんだか》　・　円安《えんやす》　選んだ方に○を付ける

120

150

※

2

〔問題１〕15点

Aさん　・　Bさん
理由

※

〔問題２〕15点

１回め　　　　枚《まい》	２回め　　　　枚	３回め　　　　枚
理由		

※

〔問題３〕 10点

	→		→		→	

※

解答用紙　**適性検査Ⅲ**

※100点満点

受　検　番　号

得　　点
※

※のらんには、記入しないこと

1

〔問題１〕15点

①

②

③

※

〔問題２〕10点

※

〔問題３〕25点

①

②

③

※

〔問題４〕10点

※

適性検査Ⅰ

☆

注意

1 問題は 1 のみで、**8ページ**にわたって印刷してあります。

2 検査時間は**四十五分**で、終わりは**午前九時四十五分**です。

3 声を出して読んではいけません。

4 答えは全て解答用紙に明確に記入し、**解答用紙だけを提出しなさい。**

5 答えを直すときは、きれいに消してから、新しい答えを書きなさい。

6 **受検番号**を解答用紙の決められたらんに記入しなさい。

東京都立小石川中等教育学校

㉛

〈きまり〉

○題名は書きません。

○最初の行から書き始めます。

○各段落《だんらく》の最初の字は一字下げて書きます。

○行をかえるのは、段落《だんらく》をかえるときだけとします。

○、や。や」などもそれぞれ字数に数えます。これらの記号が行の先頭に来るときには、前の行の最後の字と同じますめに書きます。（ますめの下に書いてもかまいません。）

○。と」が続く場合には、同じますめに書いてもかまいません。この場合、。」で一字と数えます。

○段落をかえたときの残りのますめは、字数として数えます。

○最後の段落の残りのますめは、字数として数えません。

〈問題1〉 ㋐*真っ当な面白《おもしろ》さにぶつかる とありますが、「真っ当な面白さにぶつかる」と、子どもはどうなるとかこさんは考えているでしょうか。**文章2** の中から探《さが》し、解答らんに合うように二十四字以上三十五字以内で答えなさい。（、や。も字数に数えます。）

〈問題2〉 ㋑これからの将来《しょうらい》に生きる子どもたちのための本 とありますが、そのためにかこさんはどのような態度で本を書いているのでしょうか。**文章1** のかこさんの発言の中から探《さが》し、解答らんに合うように二十四字以上三十五字以内で答えなさい。（、や。も字数に数えます。）

〈問題3〉 下に示すのは、**文章1** と **文章2** を読んだ後の、**ひかる**さんとある**友だち**とのやりとりです。このやりとりのあと、**ひかる**さんが示したと思われる考えを、四百字以上四百四十字以内で書きなさい。ただし、下の条件と次ページの〈**きまり**〉にしたがうこと。

ひかる――**文章1** と **文章2** を読んで、科学の本を読んでみたくなりました。

友だち――たしかに、かこさんが、むずかしそうな専門《せんもん》知識《ちしき》まで調べた上で本を作っていることはよくわかりました。でも、それだと、私《わたし》たち子ども向けの本としてはつまらない本になってしまうと思います。

ひかる――それは誤解《ごかい》のような気がします。それに、私はかこさんの考えを知って、本を読むときに心がけたいこともできました。

友だち――そうですか。**ひかる**さんの考えをくわしく教えてください。

条件　次の三段落構成《さんだんらくこうせい》にまとめて書くこと

① 第一段落では、**友だち**の発言の中で誤解《ごかい》をしていると思う点を指摘《してき》する。

② 第二段落では、①で示した点について、**文章1** と **文章2** にもとづいて説明する。

③ 第三段落には、①と②をふまえ、**ひかる**さんがこれから本を読むときに心がけようと思っている点を書く。

問題は次のページからです。

1 次の **文章1** は、絵本作家のかこさとしさんと、聞き手である林《はやし》公代《きみよ》さんとの対話です。（――は林さんの発言を表します。）これと、あとに続く **文章2** を読んで、あとの問題に答えなさい。（＊印の付いている言葉には、本文のあとに〔注〕があります。）

文章1

お詫び

著作権上の都合により、文章は掲載しておりません。
ご不便をおかけし、誠に申し訳ございません。

お詫び

著作権上の都合により、文章は掲載しておりません。
ご不便をおかけし、誠に申し訳ございません。

このページには問題は印刷されていません。

2019(H31) 小石川中等教育学校
教英出版

文章2

とかく科学の本というと、肩《かた》がこる、知識が覚えられる、学校の成績に少しでも役立つ――というような意識が先にたちがちですが、私《わたくし》の場合、(1) おもしろくて、(2) 総合的で、(3) 発展的《はってんてき》な内容を、これからの科学の本の軸《じく》にしたいと心がけています。

おもしろいというのは、一冊《さつ》の本をよみ通し、よく理解してゆく原動力になるだけでなく、もっとよく調べたり、もっと違《ちが》うものをよんだりするというように、積極的な行動にかりたてるもっとも大事なエネルギーとなるものです。よい本だけれど一頁《ぺーじ》よんだらねむくなったとかいうのでは*残念なきわみなので、私は内容がよければよいほど、おもしろさというものが必要だと考えています。しかし、おもしろさと一口にいっても、子どもだからとて、いや子どもだからこそ、いつも下品でゲラゲラ*くすぐりだけをよろこぶわけではありません。必ずしだいに内容の深い次元の高いものに興味を発展《はってん》させ*昇華《しょうか》してゆくものと、私は考えています。

二番目の総合性に関連していえば、個々の分野ではすばらしく深い*精緻《せいち》な本が多いのですが、それらは分化し細分化されたまま、その本質や全体像が明示されていない*うらみがありました。日本の科学技術の*泣き所の一つに、やはり総合力のなさや*学界の*断層《だんそう》の問題が多くの方から指摘《してき》されています。したがって、こまかな個々の分野は他の方におまかせして、私はあまり他の方がおやりにならない総合性をめざしてみたいと考えているものです。

第三の発展性《はってんせい》については、今日の科学技術の*様相を、ただ現状だけとか、いまいえる限りといったように*静的に提示するだけでは十分でありません。なぜそのようになってきたかという姿勢《しせい》の延長《えんちょう》としての未来、どう臨《のぞ》むのが好ましいのかという態度、そうした科学観や社会への視点《してん》、未来への*洞察《どうさつ》といった点が、これからの科学の本、しかも、㋑これからの将来《しょうらい》に生きる子どもたちのための本としては不可欠であると私は考えています。そのことは、好むと好まざるとにかかわらず、作者に態度を明確にすることを迫《せま》るでしょう。

(かこさとし『地球』解説 福音館書店による)

〔注〕

残念なきわみ――非常に残念。

くすぐり――笑わせようとすること。

昇華《しょうか》してゆく――高めてゆく。

精緻《せいち》な――くわしくて細かい。

うらみ――残念な点。

泣き所――弱点。

学界――学問の世界。

断層《だんそう》――意見などの食いちがい。

様相――ありさま。

静的に――変化のない、あるいは少ないものとして。

洞察《どうさつ》――見通し。

お詫び

著作権上の都合により、文章は掲載しておりません。
ご不便をおかけし、誠に申し訳ございません。

お詫び

著作権上の都合により、文章は掲載しておりません。
ご不便をおかけし、誠に申し訳ございません。

お詫び
著作権上の都合により、文章は掲載しておりません。
ご不便をおかけし、誠に申し訳ございません。

お詫び
著作権上の都合により、文章は掲載しておりません。
ご不便をおかけし、誠に申し訳ございません。

（かこさとし〔談〕・林公代〔聞き手〕「科学の本の作り方」による）

〈注〉

拝読《はいどく》した ―― 読ませていただいた。
動的に ―― 変化するものとして。
論文《ろんぶん》 ―― 意見や研究の結果を、筋道《すじみち》を立ててのべた文章。
プレートテクトニクス論《ろん》 ―― 地球のつくりに関する理論《りろん》。
妥当《だとう》 ―― 実情によく当てはまっていること。
学会 ―― 学問研究のための学者の団体やその会合。
仰《おお》せつかって ―― 命じられて。
ことに ―― 中でも。特に。
技術のことをかじった端《はし》くれ ―― 技術のことを少しでも学んだ者。
原理原則 ―― 基本的な決まり。
匹敵《ひってき》する ―― 同じ程度の。
羅列《られつ》したり ―― ならべたり。
真っ当な ―― まともな。
喚起《かんき》すれば ―― よび起こせば。
ちゃちな ―― いいかげんで内容がない。
エンジン ―― 原動力。
琴線《きんせん》に触《ふ》れる ―― 心の奥底《おくそこ》を刺激《しげき》し感動させる。

31

小石川適性Ⅱ

適性検査Ⅱ

注　意

1　問題は 1 から 3 までで、**１８ページ**にわたって印刷してあります。

2　**検査時間**は**４５分**で、終わりは**午前１１時００分**です。

3　**声**を出して読んではいけません。

4　**計算**が必要なときは、この問題用紙の余白を利用しなさい。

5　答えは全て解答用紙に明確に記入し、**解答用紙だけを提出しなさい。**

6　答えを直すときは、きれいに消してから、新しい答えを書きなさい。

7　**受検番号**を解答用紙の決められたらんに記入しなさい。

東京都立小石川中等教育学校

問題を解くときに、問題用紙や解答用紙、ティッシュペーパーなどを実際に折ったり切ったりしてはいけません。

1　**先生**、**太郎**《たろう》さん、**花子**さんが、学校生活最後のお楽しみ会の準備をしています。

先　生：お楽しみ会では、クラスのみなさんでできる遊びを行いましょう。遊び方をしおりにまとめて、クラスのみなさんに配ろうと思います。1枚《まい》の紙の片面《かためん》から左とじのしおり（**図1**）を作りましょう。

太　郎：1枚の紙の片面からしおりを作ることができるのですか。

花　子：しおりの作り方（**図2**）によると、1枚の紙を ----- で折り、▬▬▬ を切って、折りたたむと、しおりを作ることができるみたいよ。

図1　左とじのしおり

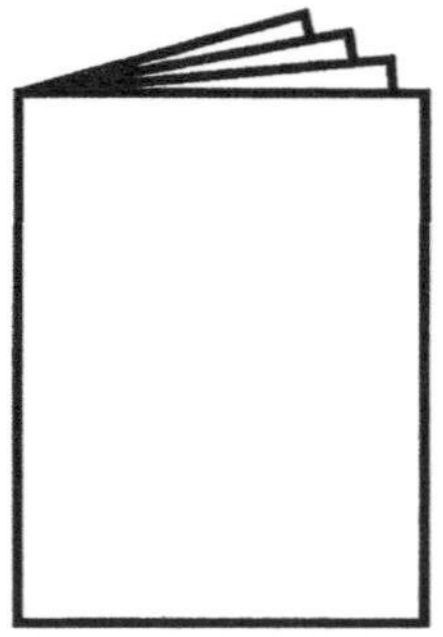

図2　しおりの作り方

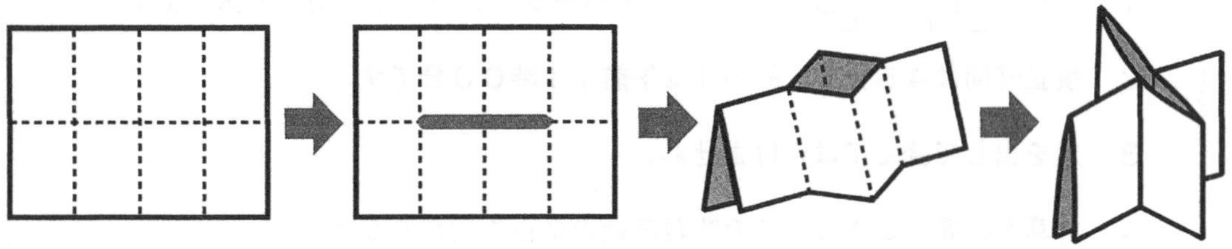

先　生：お楽しみ会では二つの遊びを行います。しおりができたら、表紙を1ページとして、最初の遊びの説明を2ページから4ページに、次の遊びの説明を5ページから7ページにのせましょう。8ページは裏表紙《うらびょうし》になります。

太　郎：折りたたみ方によって、しおりの表紙がくる位置や5ページがくる位置が変わってくるね。

花　子：それに、文字の上下の向きも変わってくるね。しおりにしたときにすべてのページの文字の向きがそろうように書かないといけないね。

先　生：そうですね。では、1枚の紙を折りたたみ、しおりにする前の状態（**図3**）で、しおりの表紙や5ページがどの位置にくるのか、またそれぞれ上下どの向きで文字を書けばよいのかを下書き用の用紙に書いて確かめておきましょう。

表2　1回めから3回めまでの**実験4**の結果

	1回め	2回め	3回め
加える水の重さ（g）	50	60	70
おもりの数（個）	44	46	53

花　子：さらに加える水を増やしたら、どうなるのかな。たくさん実験したいけれども、でんぷんの粉はあと2回分しか残っていないよ。

先　生：では、あと2回の実験で、なるべく紙がはがれにくくなるのりを作るために加える水の重さを何gにすればよいか調べてみましょう。のりを作る手順は今までと同じにして、4回めと5回めの**実験4**の計画を立ててみてください。

太　郎：では、4回めは、加える水の重さを100gにしてやってみようよ。

花　子：5回めは、加える水の重さを何gにしたらいいかな。

太　郎：それは、4回めの結果をふまえて考える必要があると思うよ。

花　子：なるほど。4回めで、もし、おもりの数が［**(あ)**］だとすると、次の5回めは、加える水の重さを［**(い)**］にするといいね。

先　生：なるべく紙がはがれにくくなるのりを作るために、見通しをもった実験の計画を立てることが大切ですね。

〔問題3〕（1）　5回めの**実験4**に使うのりを作るときに加える水の重さを考えます。あなたの考えにもっとも近い［**(あ)**］と［**(い)**］の組み合わせを、次の**A**～**D**のうちから一つ選び、記号で書きなさい。

A　**(あ)** 35個　　**(い)**　80g
B　**(あ)** 45個　　**(い)** 110g
C　**(あ)** 60個　　**(い)**　90g
D　**(あ)** 70個　　**(い)** 130g

（2）　あなたが（1）で選んだ組み合わせで実験を行うと、なぜ、なるべく紙がはがれにくくなるのりを作るために加える水の重さを調べることができるのですか。3回めの**実験4**の結果と関連付けて、理由を説明しなさい。

太　郎：私《わたし》たちが校外学習ですいた和紙を画用紙にはって、ろう下のかべに展示《てんじ》しようよ。

先　生：昔から使われているのりと同じようなのりを使うといいですよ。

花　子：どのようなのりを使っていたのですか。

先　生：でんぷんの粉と水で作られたのりです。それをはけでぬって使っていました。次のような手順でのりを作ることができます。

〔のりの作り方〕

1　紙コップに２gのでんぷんの粉を入れ、水を加える。
2　割《わ》りばしでよく混ぜて、紙コップを電子レンジに入れて２０秒間加熱する。
3　電子レンジの中から紙コップを取り出す。
4　ふっとうするまで２と３をくり返し、３のときにふっとうしていたら、冷ます。

太　郎：加える水の重さは決まっていないのですか。

先　生：加える水の重さによって、紙をはりつけたときのはがれにくさが変わります。

花　子：なるべく紙がはがれにくくなるのりを作るために加える水の重さを調べたいです。

先　生：そのためには、加える水の重さを変えてできたのりを使って、**実験４**を行うといいです。

太　郎：どのような実験ですか。

先　生：**実験４**は、和紙をのりで画用紙にはってから１日おいた後、**図６**のようにつけたおもりの数を調べる実験です。同じ重さのおもりを一つずつ増やし、和紙が画用紙からはがれたときのおもりの数を記録します。

花　子：おもりの数が多いほど、はがれにくいということですね。

先　生：その通りです。ここに実験をするためのでんぷんの粉が５回分ありますよ。はけでぬるためには、加える水の重さは１回あたり５０g以上は必要です。また、紙コップからふきこぼれないように、１５０g以下にしておきましょう。

太　郎：のりしろは５回とも同じがいいですね。

図６　実験４のようす
（横からの図）

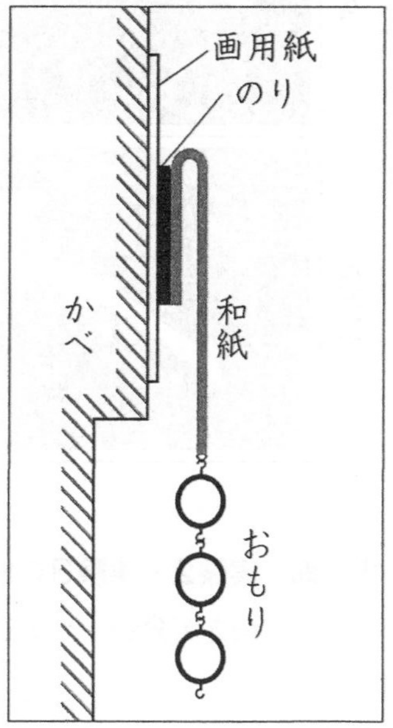

二人は、１回めとして、加える水の重さを５０gにしてできたのりを使って、**実験４**を行いました。そして、２回めと３回めとして、加える水の重さをそれぞれ６０gと７０gにしてできたのりを使って、**実験４**を行いました。その結果は、**表２**のようになりました。

〔問題１〕　１枚の紙を折りたたみ、左とじのしおり（**図１**）を作るとき、しおりの表紙と５ページは、しおりにする前の状態（**図３**）ではどの位置にくるのでしょうか。また、それぞれ上下どちらの向きで文字を書けばよいですか。

解答用紙の図の中に、表紙の位置には「表」という文字を、５ページの位置には「五」という文字を**図４**のように文字の上下の向きも考え、書き入れなさい。

図３　しおりにする前の状態

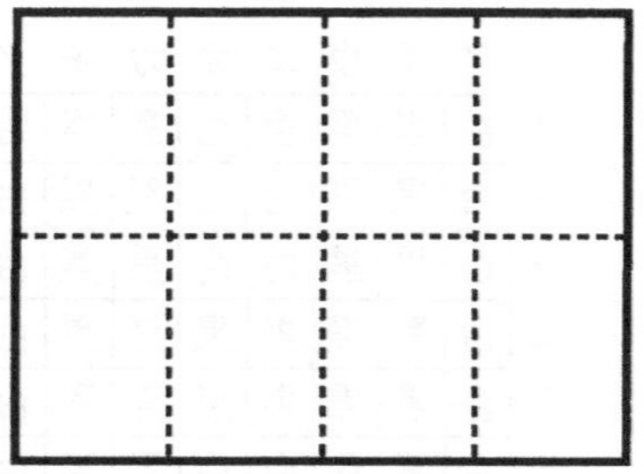

図４　文字の書き方

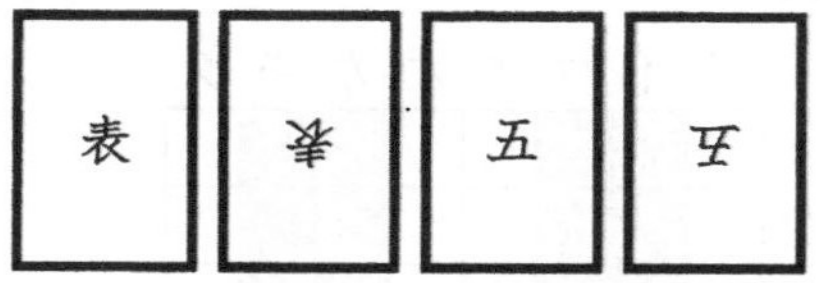

先　生： しおりの２ページから４ページには、「白と黒の２色でぬられた模様《もよう》を漢字や数字で相手に伝える遊び方」の説明をのせます。

花　子： どのような遊びですか。

先　生： 例えば、伝える人は模様（**図5**）を漢字で表現（**図6**）します。答える人は、伝えられた表現から模様を当てるという遊びです。横の並《なら》びを「行」といい、縦《たて》の並びを「列」といいます。

図5　白と黒の２色でぬられた模様《もよう》

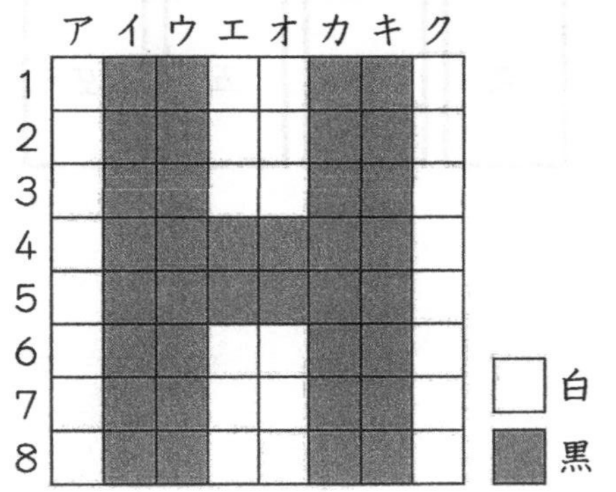

図6　漢字で表現した模様

	ア	イ	ウ	エ	オ	カ	キ	ク
1	白	黒	黒	白	白	黒	黒	白
2	白	黒	黒	白	白	黒	黒	白
3	白	黒	黒	白	白	黒	黒	白
4	白	黒	黒	黒	黒	黒	黒	白
5	白	黒	黒	黒	黒	黒	黒	白
6	白	黒	黒	白	白	黒	黒	白
7	白	黒	黒	白	白	黒	黒	白
8	白	黒	黒	白	白	黒	黒	白

太　郎： 全部で６４個の漢字を使って模様を表現していますね。６４個も答える人に伝えるのは大変ではないでしょうか。

先　生： そうですね。ではここで、数字も取り入れて、１行ずつ考えていくと（約束１）、より少ない漢字と数字の個数で模様を表現することができますよ。

> 約束１
>
> ①上から１行ごとに、左から順にますの漢字を見る。
>
> ②漢字が白から始まるときは「白」、黒から始まるときは「黒」と最初だけ漢字を書く。
>
> ③白または黒の漢字が続く個数を数字で書く。

花　子： **図6**の模様については、1行めは白から始まるから、最初の漢字は「白」になりますね。左から白が1個、黒が2個、白が2個、黒が2個、白が1個だから、

白１２２２１

という表現になります。漢字と数字を合わせて6個の文字で表現できますね。2行めと3行めも1行めと同じ表現になりますね。

先　生： そうですね。４行めと５行めは、白から始まり、白が１個、黒が６個、白が１個ですから、

白１６１

という表現になります。

花　子： **実験3**はどのようなものですか。

先　生： 短冊《たんざく》の形に切った紙の垂《た》れ下がり方のちがいを調べます。紙には、せんいの向きに沿《そ》って長く切られた短冊の方が垂れ下がりにくくなる性質がありますが、ちがいが分からない紙もあります。

太　郎： 短冊は、同じ大きさにそろえた方がいいよね。

花　子： **A**方向と**B**方向は、紙を裏返《うらがえ》さずに**図2**で示された方向と同じにしないといけないね。

二人は、**図2**で先生が方向を示した紙について、**図4**のように**A**方向に長い短冊**A**と、**B**方向に長い短冊**B**を切り取りました。そして、それぞれの紙について**実験3**を行いました。その結果は、**図5**のようになりました。

図4　短冊《たんざく》の切り取り方

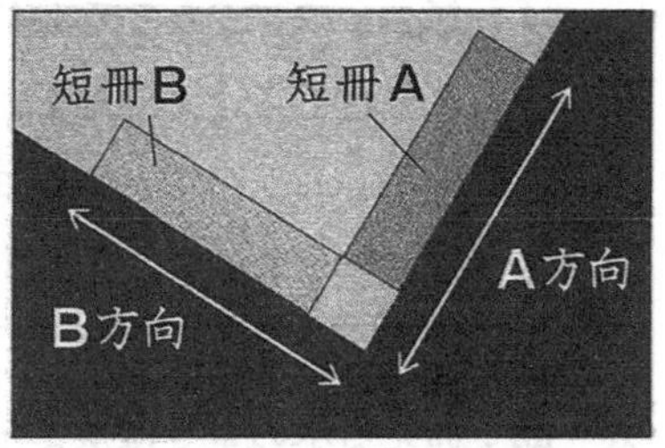

図5　**実験3**の結果

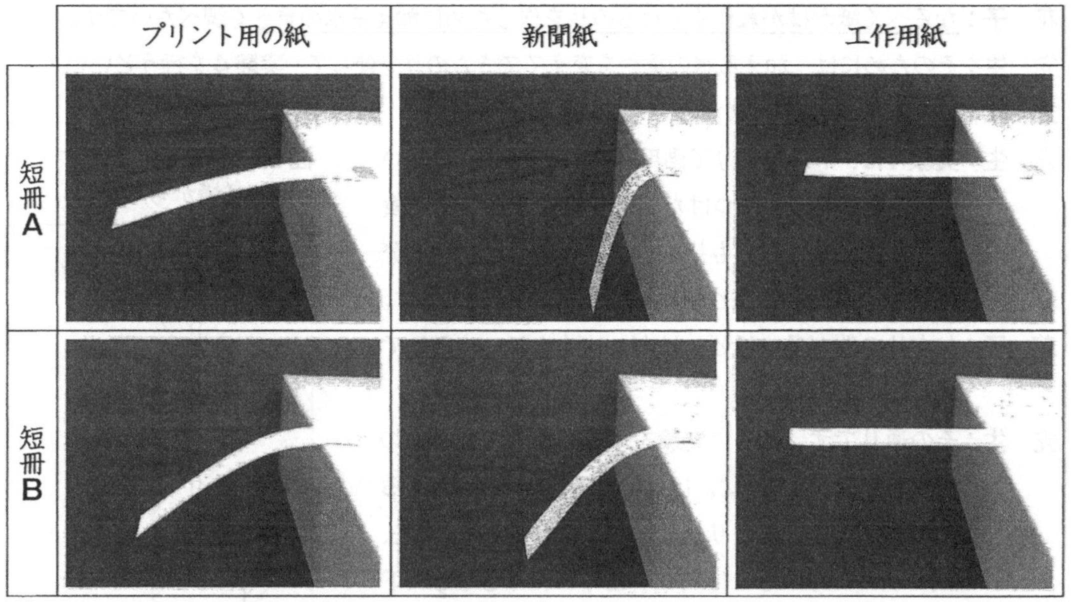

太　郎： **実験２**と**実験3**の結果を合わせれば、プリント用の紙、新聞紙、工作用紙のせんいの向きが分かりそうですね。

〔問題２〕　プリント用の紙、新聞紙、工作用紙のうちから一つ選び、選んだ紙のせんいの向きは、**図2**で示された**A**方向と**B**方向のどちらなのか答えなさい。また、そのように答えた理由を**実験2**の結果と**実験3**の結果にそれぞれふれて説明しなさい。

花　子：紙すき体験では、あみを和紙の原料が入った液に入れて、手であみを前後左右に動かしながら原料をすくったね。

太　郎：和紙の原料は、コウゾやミツマタなどの植物のせんいだったよ。

花　子：**図1**を見ると、和紙は、せんいの向きがあまりそろっていないことが分かるね。

図1　和紙のせんいの拡大写真《かくだいしゃしん》

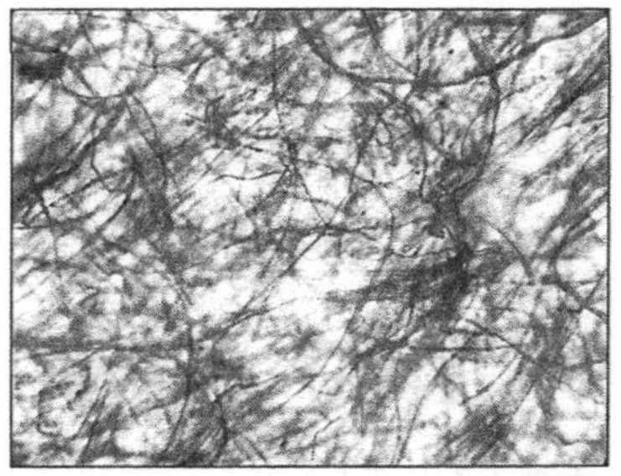

太　郎：ふだん使っている紙は、和紙とどのようにちがうのですか。

先　生：学校でふだん使っている紙の主な原料は、和紙とは別の植物のせんいです。また、機械を使って、あみを同じ向きに動かし、そこに原料をふきつけて紙を作っています。だから、和紙と比べると、より多くのせんいの向きがそろっています。

花　子：ふだん使っている紙のせんいの向きを調べてみたいです。

先生は、プリント用の紙、新聞紙、工作用紙のそれぞれについて、一つの角を選び、**A**方向・**B**方向と名前をつけて、**図2**のように示しました。

図2　方向の名前のつけ方

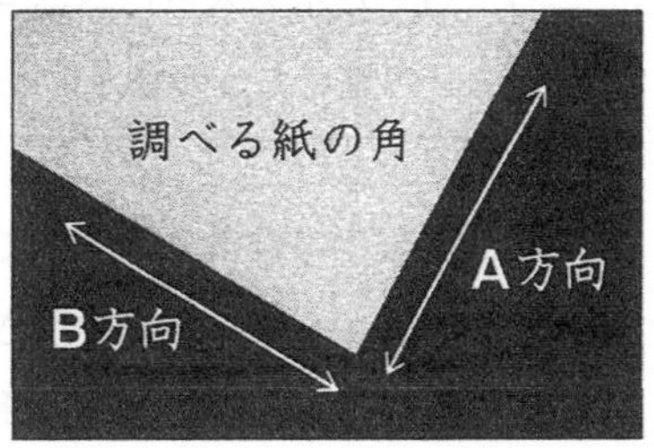

太　郎：それぞれの紙について、せんいの向きが**A**方向と**B**方向のどちらなのかを調べるには、どのような実験をしたらよいですか。

先　生：**実験2**と**実験3**があります。**実験2**は、紙の一方の面だけを水にぬらした時の紙の曲がり方を調べます。ぬらした時に曲がらない紙もありますが、曲がる紙については、曲がらない方向がせんいの向きです。

花　子：それぞれの紙について、先生が選んだ一つの角を使って同じ大きさの正方形に切り取り、**実験2**をやってみます。

実験2の結果は、**図3**のようになりました。

図3　実験2の結果

プリント用の紙

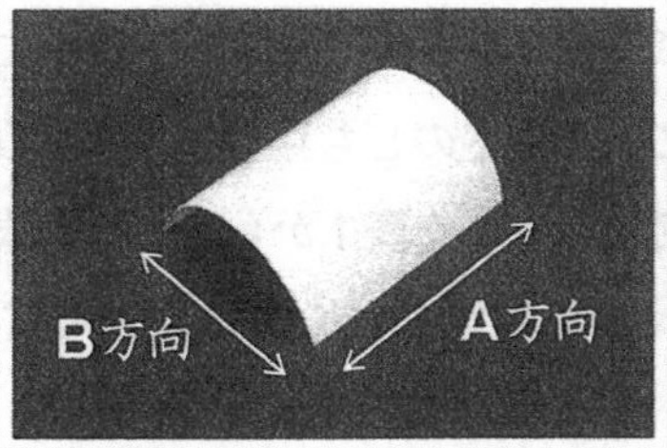

新聞紙

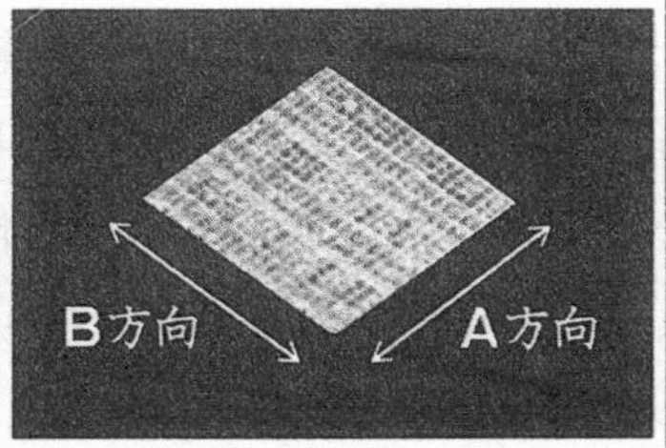

工作用紙

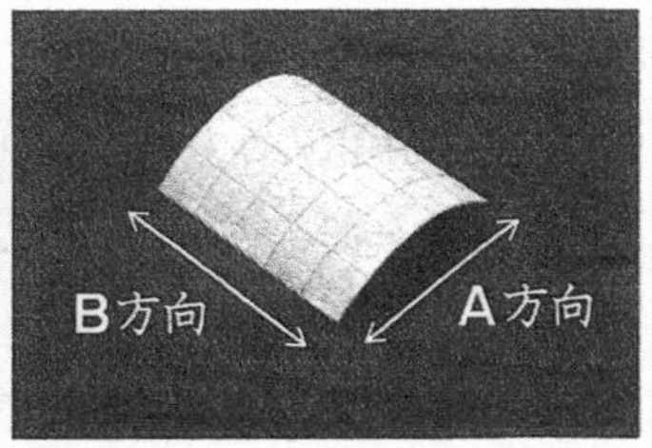

太　郎：６行めから８行めも１行めと同じ表現になりますね。そうすると、漢字と数字を合わせて４４個の文字で**図6**の模様を表現できました（**図7**）。［約束１］を使うと**図6**よりも２０個も文字を少なくできましたね。漢字と数字の合計の個数をもっと少なくすることはできないのかな。

先　生：別の約束を使うこともできますよ。今度は、１列ずつ考えていきます（［約束２］）。

図7　［約束１］を使った表現

白１２２２１
白１２２２１
白１２２２１
白１６１
白１６１
白１２２２１
白１２２２１
白１２２２１

［約束２］
①ア列から１列ごとに、上から順にますの漢字を見る。
②文字が白から始まるときは「白」、黒から始まるときは「黒」と最初だけ漢字を書く。
③白または黒の漢字が続く個数を数字で書く。

花　子：**図6**の模様については、**図8**のように表現できるから、漢字と数字を合わせて２０個の文字で模様を表現できました。［約束１］に比べて［約束２］を使ったほうが、２４個も文字を少なくできましたね。
伝える人は、［約束２］を使って答える人に模様を伝えるのがよいと思います。

図8　［約束２］を使った表現

白	黒	黒	白	白	黒	黒	白
８	８	８	３	３	８	８	８
			２	２			
			３	３			

先　生：どのような模様であっても［約束２］で表現するのがよいのでしょうか。 別の模様でも考えてみましょう。

〔問題２〕　**図9**はある模様を［約束１］で表現したものです。この模様を［約束２］で表現したとき、漢字と数字の合計の個数がいくつになるのかを答えなさい。
　また、［約束１］と［約束２］のどちらを使ったほうが表現する漢字と数字の合計の個数が少なくできるのか答えなさい。さらに、少なくできる理由を説明しなさい。考えるときに**図10**を使ってもよい。

図9　［約束１］を使った表現

白８
黒７１
黒１７
白１１６
白２１５
白１１６
黒１７
黒８

図10

	ア	イ	ウ	エ	オ	カ	キ	ク
１								
２								
３								
４								
５								
６								
７								
８								

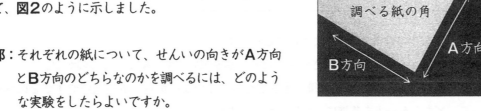

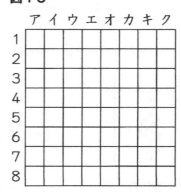

先　生：しおりの５ページから７ページには、**図１１**のような「磁石《じしゃく》がついているおもちゃ（てんとう虫型）を鉄製の箱の表面で動かす遊び方」の説明をのせます。
図１２のように鉄製の箱の表面にはますがかかれていて、使う面は前面と上面と右面だけです。

図１１

図１２

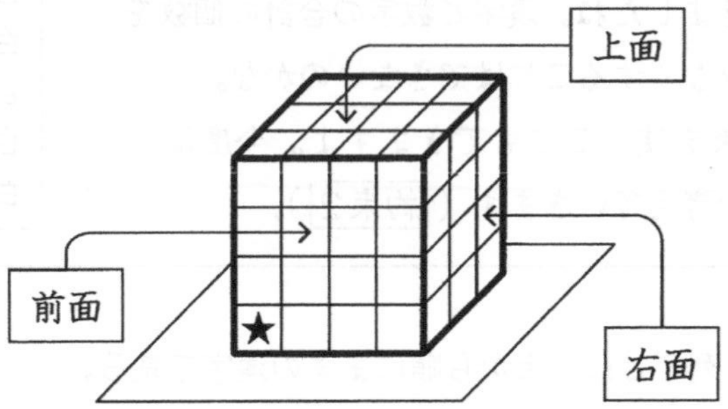

太　郎：どのような遊びですか。
先　生：**表１**にあるカードを使って、「★」の位置から目的の位置まで、指定されたカードの枚数でちょうど着くようにおもちゃを動かす遊びです。最初に、おもちゃを置く向きを決めます。次に、おもちゃを動かすカードの並べ方を考えます。同じカードを何枚使ってもかまいませんし、使わないカードがあってもかまいません。では、まずはカードの枚数を気にしないでやってみましょう。例えば、目的の位置を「う」の位置とします（**図１３**）。**表１**をよく読んで、おもちゃの動かし方を考えてみてください。

表１

カード番号	カード	おもちゃの動かし方
①		同じ面で１ます前に動かす
②		同じ面で２ます前に動かす
③		そのままで右に９０度回転させる
④		そのままで左に９０度回転させる
⑤		面を変えながら１ます前に動かす

図１３

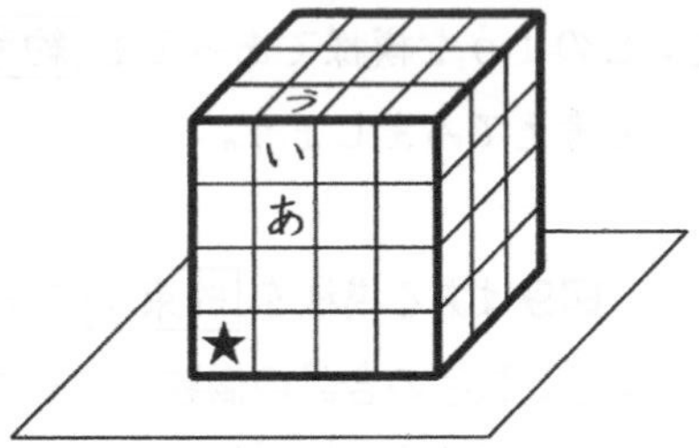

太　郎：私《わたし》は、最初におもちゃを**図１４**のように置いて、このように考えました。

図１４

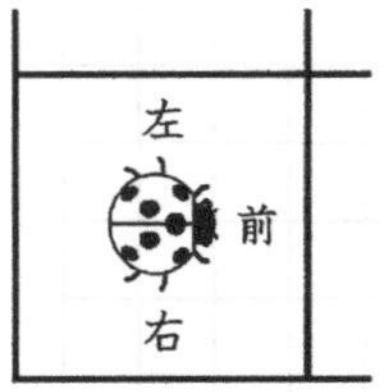

（カード番号　①　④　②　①　⑤　）

３　**太郎《たろう》**さん、**花子**さん、**先生**が先日の校外学習について話をしています。

太　郎：校外学習の紙すき体験で、和紙は水をよく吸《す》うと教えてもらったね。
花　子：和紙と比べて、プリント用の紙、新聞紙、工作用紙などのふだん使っている紙は、水の吸いやすさにちがいがありそうだね。和紙と比べてみよう。

二人は先生のアドバイスを受けながら、和紙、プリント用の紙、新聞紙、工作用紙について、**実験１**をしました。

実験１　水の吸《す》いやすさを調べる実験

１　実験で使う紙の面積と重さをはかる。
２　容器に水を入れ、水の入った容器全体の重さを電子てんびんではかる。
３　この容器の中の水に紙を１分間ひたす。
４　紙をピンセットで容器の上に持ち上げ、３０秒間水を落とした後に取り除《のぞ》く。
５　残った水の入った容器全体の重さを電子てんびんではかる。
６　２の重さと５の重さの差を求め、容器から減った水の重さを求める。

太　郎：**実験１**の結果を**表１**のようにまとめたよ。
花　子：容器から減った水の重さが多いほど、水を吸いやすい紙といえるのかな。
太　郎：実験で使った紙は、面積も重さもそろっていないから、水の吸いやすさを比べるにはどちらか一方を基準にしたほうがいいよね。
花　子：紙の面積と紙の重さのどちらを基準にしても、水の吸いやすさについて、比べることができるね。

表１　実験１の結果

	和紙	プリント用の紙	新聞紙	工作用紙
紙の面積（cm^2）	４０	８０	２００	５０
紙の重さ（ｇ）	０.２	０.５	０.８	１.６
減った水の重さ（ｇ）	０.８	０.７	２.１	２

〔問題１〕　和紙の水の吸いやすさについて、あなたが比べたい紙をプリント用の紙、新聞紙、工作用紙のうちから一つ選びなさい。さらに、紙の面積と紙の重さのどちらを基準にするかを書き、あなたが比べたい紙に対して、和紙は水を何倍吸うかを**表１**から求め、小数で答えなさい。ただし、答えが割《わ》りきれない場合、答えは小数第二位を四捨五入《ししゃごにゅう》して小数第一位までの数で表すこととする。

あ　さ　こ：東京都に人口が集中してきたことが分かったね。
け　ん　じ：昔と今とでは、東京都の様子も大きく変わっただろうね。
おじいさん：これからの東京都をどう変えていくべきかを考えるためにも、今までどう変わってきたのかを考えてごらん。
あ　さ　こ：良い方向に変わってきているものは、より一層《いっそう》のばすことが大切だね。そして、問題がありそうなものは、直していくことが大切だね。
け　ん　じ：これからの東京都をどう変えていけばいいのかな。
おじいさん：これからの東京都を創《つく》っていくのは、君たちだよ。しっかりと考えてほしいな。
け　ん　じ：責任重大だね。
あ　さ　こ：でも、やりがいがあるね。がんばって考えましょう。

〔問題４〕　東京都に人口が集中したことで、東京都はどう変わってきたと考えられますか。また、これから東京都をどう変えていったら良いですか。これまでの会話や解答を参考にして、変えていく具体的な方法もふくめて、あなたの考えを書きなさい。
　なお、解答らんには、１２１字以上１５０字以内で段落《だんらく》を変えずに書きなさい。「、」や「。」もそれぞれ字数に数えます。

先　生：そうですね。「あ」の位置でまずのカードを使って「い」の位置に動かし、それからのカードを使って面を変えながら１ます前に動かすことで「う」の位置にたどりつきます。
花　子：私は、最初におもちゃを**図１５**のように置いて、このように考えました。

図１５

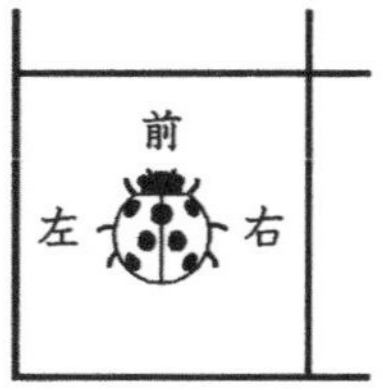

（カード番号　②　①　③　①　④　⑤　）

先　生：そうですね。花子さんの並べ方では、「い」の位置でまずのカードを使っておもちゃの向きを変え、それからのカードを使って面を変えながら１ます前に動かすことで「う」の位置にたどりつきます。
花　子：お楽しみ会ではカードの枚数を指定して遊びましょう。
太　郎：お楽しみ会の日が待ち遠しいですね。

〔問題３〕　**図１６**のように「★」の位置から「え」の位置を必ず通るようにして、「お」の位置までおもちゃを動かします。**表１**のカードを１０枚使って、おもちゃを動かすとき、使うカードの種類とカードの並《なら》べ方を考えなさい。
　最初に、「★」の位置に置くおもちゃの向きを**図１７**から選び、解答用紙の（　）内に○をつけなさい。
　次に、おもちゃを動かすカードの並べ方を、**表１**にある①から⑤のカード番号を使って左から順に書きなさい。

図１６

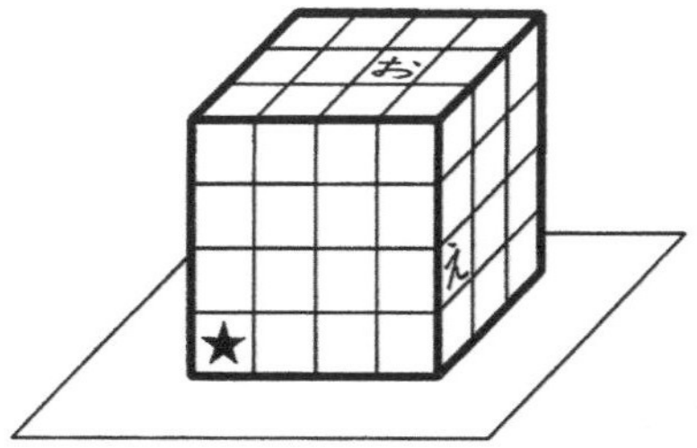

図１７

（　　）

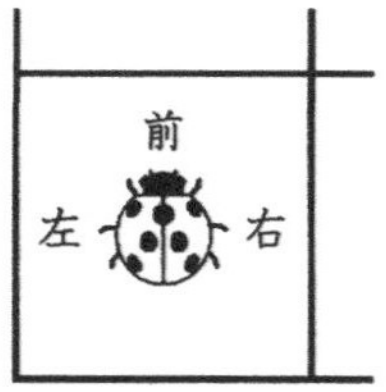

（　　）

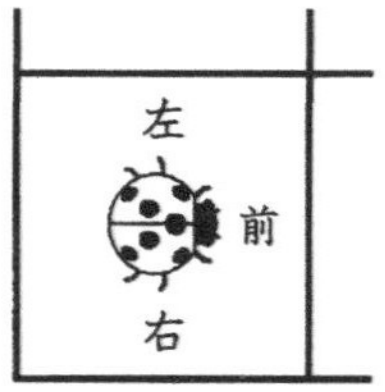

このページには問題は印刷されていません。

けんじ：１世帯当たりの人数は、全国も東京都も減ってきていることは同じだね。

あさこ：でも数値をくわしく見ると、少しちがっていないかな。

おじいさん：二人ともきちんとグラフを見ているね。変化の仕方が似ていることに気付くことも大切だし、数値のちがいに気を配ることも大切だね。

けんじ：変化の様子が同じように見えるということは、１世帯当たりの人数が減った理由も同じだということかな。

おじいさん：そう考えていいだろうね。

あさこ：だけど、数値がちがっているということは、東京都には、全国とはちがう特別な理由があるのかな。おじいさん、特別な理由があるかどうか分かるような資料は無いの。

おじいさん：それでは、**資料４**を見てごらん。

けんじ：全国と東京都の、年令別の人口の割合を表した図だね。

あさこ：何才の人が多いかが比べられるね。

資料４　１９２５年と２０１５年の全国と東京都の年令別の人口の割合

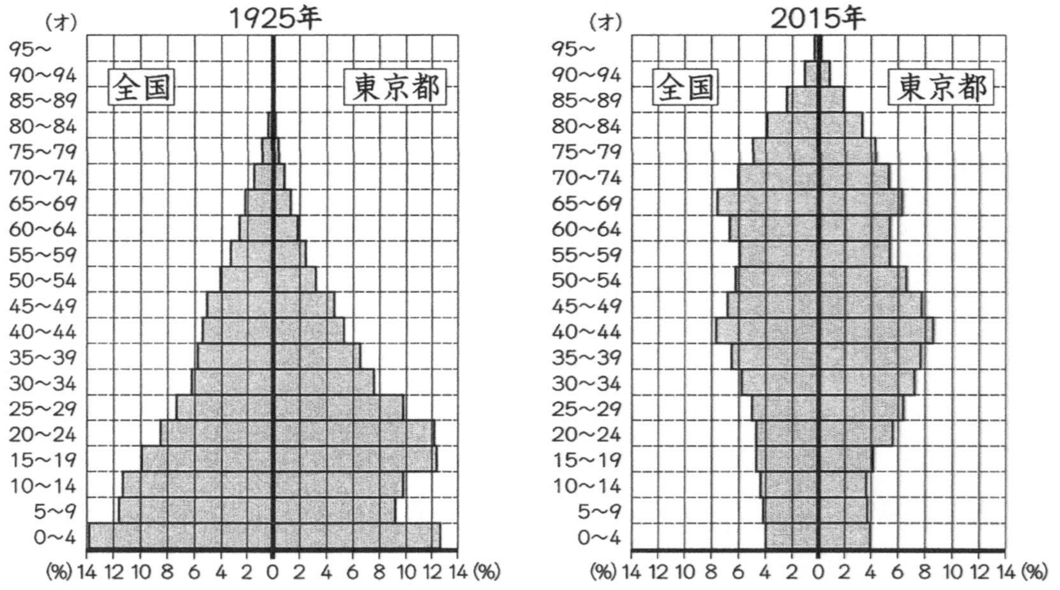

（総務省統計局「国勢調査結果」より作成）

〔問題３〕　１９２５年から２０１５年の間に、１世帯当たりの人数が変化したことについて、**資料４**も参考にして、あなたが考える、全国に共通する理由と、東京都にとって特別な理由を書きなさい。

あさこ：どの都道府県の人口が多かったのかについて、その変化が分かったね。
けんじ：それ以外に変わってきたものはないかな。
おじいさん：それでは、**資料３**を見てごらん。
けんじ：人口は分かるけれど、一般《いっぱん》世帯《せたい》というのがよく分からないな。
おじいさん：一般世帯とは、同じ家に住んで、生活するためにかかるお金などを共有しているひとまとまりの人の集まりのことだよ。一人で住んでいる人も一つの世帯として数えるよ。一般世帯以外の世帯もあるけれど、世帯のほとんどは一般世帯だから一般世帯だけを世帯として考えていこう。
あさこ：全国と東京都の人口の数値が、**資料２**とちがっているね。
おじいさん：**資料３**の数値は、一般世帯に住む人だけのものだよ。
けんじ：**資料３**から１世帯当たりの人数が計算できるね。
あさこ：計算するだけでなく、グラフにすると分かりやすくなるね。

資料３　全国と東京都の一般《いっぱん》世帯《せたい》の人口と世帯数

	全国		東京都	
	人口（人）	世帯数（世帯）	人口（人）	世帯数（世帯）
１９２５年	５４３３６３５６	１１１２２１２０	３５４５９２５	７６５３２６
１９５５年	８６３９０７２０	１７３８３３２１	７５４３７４３	１６６５４９９
１９８５年	１１９３３３７８０	３７９７９９８４	１１６６６７６０	４４８８４９３
２０１５年	１２４２９６３３１	５３３３１７９７	１３３１５４００	６６９０９３４

（総務省統計局「国勢調査結果」より作成）

〔問題２〕（１）　１９５５年、１９８５年、２０１５年について、全国と東京都の１世帯当たりの人数を計算しなさい。答えは小数第二位を四捨五入して、小数第一位まで求めなさい。

（２）（１）で計算した数値を使って、解答用紙のグラフを完成させなさい。また、グラフの○、×の記号が、全国、東京都のどちらを表しているかが分かるような工夫《くふう》をしなさい。

２　東京都の人口について調べることにした**あさこ**さんと**けんじ**さんは、たくさんの資料を持っている**おじいさん**の家にやってきました。
※問題１とそれにかかわる資料は９ページと１０ページにあります。

あさこ：東京都の人口について調べることにしたけれど、東京都のことだけを調べればいいのかな。
けんじ：東京都の人口が他の道府県と比べて多いのか、少ないのかも調べないといけないだろうね。
あさこ：**資料１**を見つけたよ。おおよそ３０年ごとに、全国の人口に対する各都道府県の人口の割合《わりあい》が図で示されているね。
けんじ：人口が多い都道府県がどこかは、ずいぶんと変わってきているね。１８９３年では、２．５％以上５．０％未満の都道府県が１５もあって、東京都もその中にふくまれているけれど、人口が一番多いのは東京都ではないかもしれないね。
おじいさん：**資料１**だけでは分からないけれど、１８９３年では、人口が一番多い都道府県は新潟県《にいがたけん》だよ。
あさこ：知らなかったな。
けんじ：人口密度《みつど》で考えると、面積のせまい東京都の方が、人が多く集まっているだろうけれど、人口としては東京都は一番ではなかったんだね。
あさこ：東京都と大阪《おおさか》府は、１９２５年の図からずっと５．０％以上の色でぬられているね。１８９３年から１９２５年の間に人が集まりだしたんだね。
けんじ：割合が５．０％以上の都道府県は、同じくらいの人口になっているのかな。
おじいさん：割合が５．０％以上の都道府県について、それぞれの人口と割合の数値《すうち》が**資料２**にあるよ。
けんじ：１９２５年にある東京府って何だろう。
おじいさん：１９４３年までは今の東京都を東京府と呼《よ》んでいたよ。この後は、分かりやすいように東京都と呼ぶことにしよう。
けんじ：**資料２**には東京都の割合が書かれていないよ。
あさこ：人口が書かれているから、どれくらいの割合なのかは計算できるね。

資料１　全国の人口に対する各都道府県の人口の割合《わりあい》

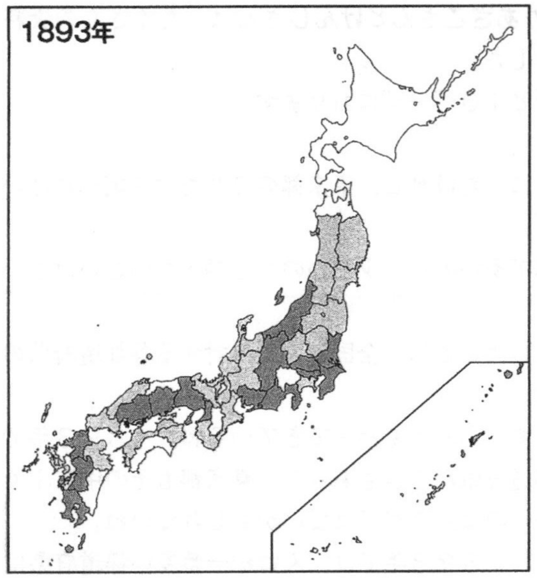

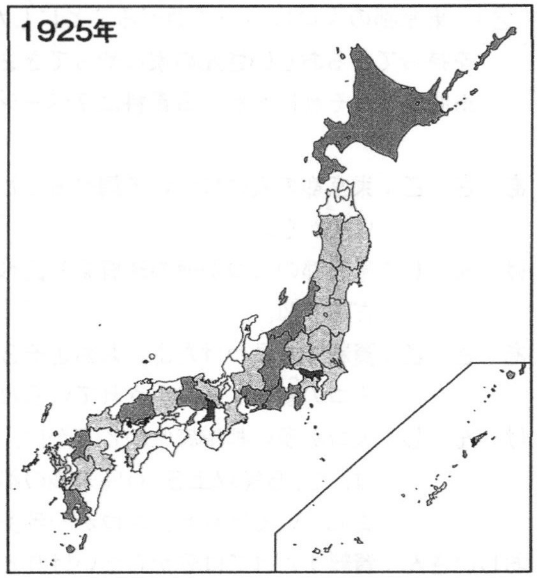

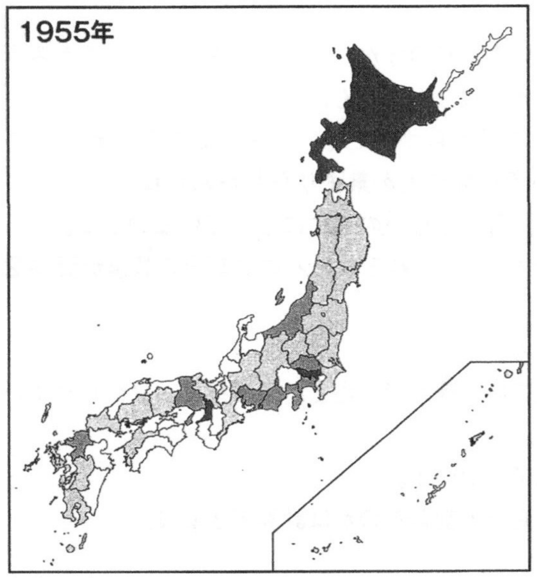

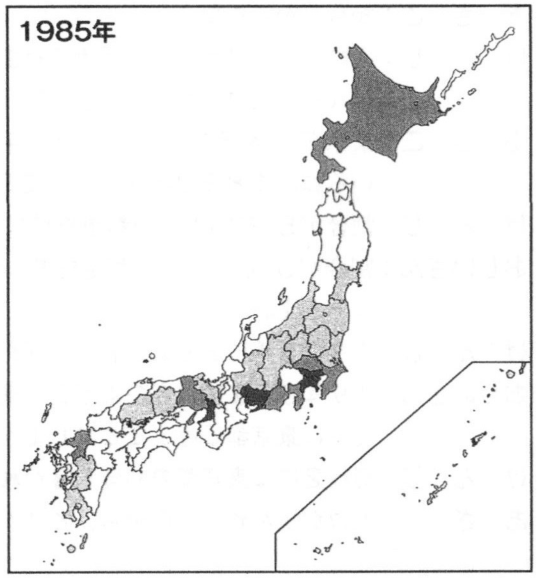

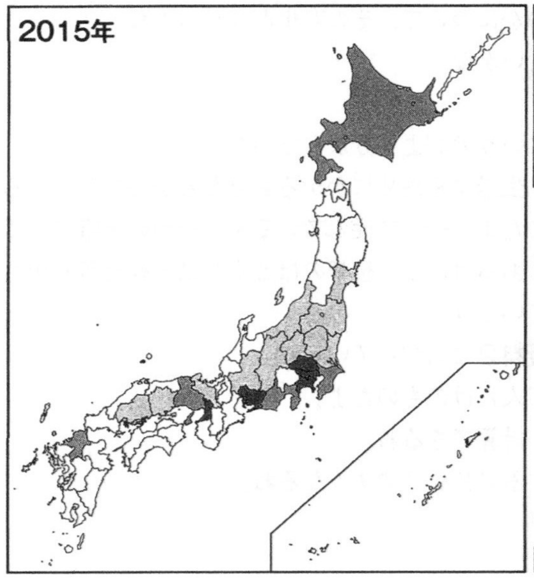

■ ５．０％以上
■ ２．５％以上　５．０％未満
■ １．５％以上　２．５％未満
□ １．５％未満

※色分けは、１８９３年から２０１５年まで共通である。
※北方領土の人口については、北海道の人口にふくまれていない年もある。

（総務省統計局「日本の長期統計系列《けいれつ》」、「国勢調査結果」より作成）

資料２　人口の割合が全国の人口に対して５．０％以上の都道府県である人口とその割合

	全国の人口（人）	都道府県の人口（人）		割合（％）
１９２５年	５９７３６８２２	東京府（東京都）	４４８５１４４	
		大阪府《おおさかふ》	３０５９５０２	５．１
１９５５年	９００７６５９４	東京都	８０３７０８４	
		北海道《ほっかいどう》	４７７３０８７	５．３
		大阪府	４６１８３０８	５．１
１９８５年	１２１０４８９２３	東京都	１１８２９３６３	
		大阪府	８６６８０９５	７．２
		神奈川県《かながわけん》	７４３１９７４	６．１
		愛知県《あいちけん》	６４５５１７２	５．３
２０１５年	１２７０９４７４５	東京都	１３５１５２７１	
		神奈川県	９１２６２１４	７．２
		大阪府	８８３９４６９	７．０
		愛知県	７４８３１２８	５．９
		埼玉県《さいたまけん》	７２６６５３４	５．７

（総務省統計局「国勢調査結果」より作成）

〔問題１〕（１）　**資料１**をもとにして、１８９３年から２０１５年までの間に、全国の人口に対する各都道府県の人口の割合の様子に、どのような変化があったかを説明しなさい。

（２）　**資料２**を使って、１９２５年から２０１５年までの、全国の人口に対する東京都の人口の割合を、百分率で求めなさい。答えは百分率で表した数の小数第二位を四捨五入《ししゃごにゅう》し、小数第一位まで求めなさい。

31 小石川 適性 III

適性検査III

注　意

1　問題は 1 から 2 までで、**8ページ**にわたって印刷してあります。

2　検査時間は**45分**で、終わりは**午後0時15分**です。

3　声を出して読んではいけません。

4　計算が必要なときは、この問題用紙の余白を利用しなさい。

5　答えは全て解答用紙に明確に記入し、**解答用紙だけを提出しなさい。**

6　答えを直すときは、きれいに消してから、新しい答えを書きなさい。

7　**受検番号**を解答用紙の決められたらんに記入しなさい。

東京都立小石川中等教育学校

1　**のぞみ**さんと**みずほ**さんが洗《せん》たく物をたたみながら会話をしています。

の　ぞ　み：この服はしわだらけになっているね。
み　ず　ほ：そうだね。でもこのタオルはあまりしわになっていないね。
の　ぞ　み：なぜしわになりやすいものとなりにくいものがあるのかな。
み　ず　ほ：布はせんいでできているから、それが関係ありそうだね。
の　ぞ　み：せんいにもいろいろな種類があるね。
み　ず　ほ：もめん、ウール、他にあるかな。
の　ぞ　み：ウールは羊の毛だね。かいこのまゆからとった絹《きぬ》もあるね。
み　ず　ほ：しわとせんいの関係を調べてみようか。

図1　しわになった服

図2　いろいろなせんいと断面（拡大図《かくだいず》）

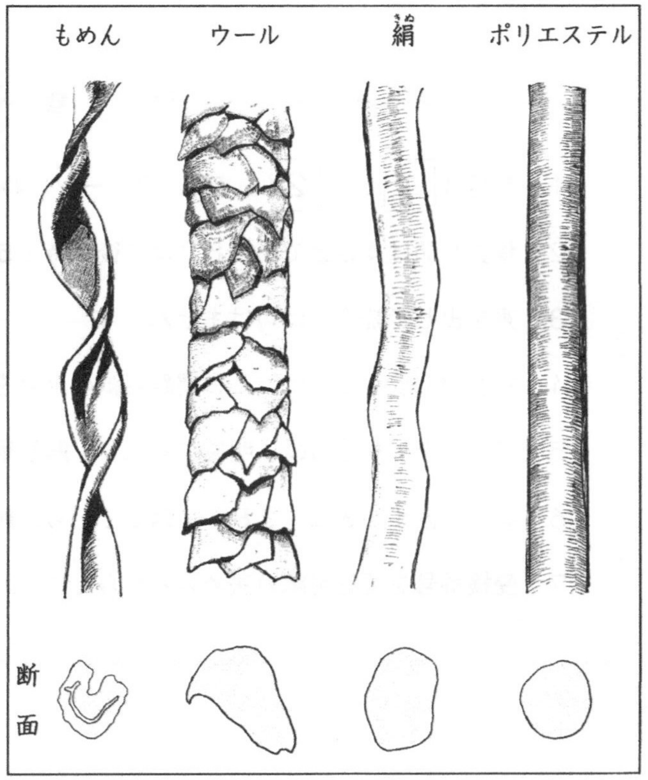

〔問題1〕　みずほさんは「布はせんいでできているから、それが関係ありそうだね。」と言っています。服やタオル以外の布製品でしわになりやすいものとなりにくいものの例を一つずつ挙げ、しわになる仕組みについて、あなたの考えを書きなさい。説明には図を用いてもかまいません。

のぞみ：しわになった服にはアイロンをかけよう。
みずほ：アイロンをかけると折りめもしっかりついて気持ちがいいね。
のぞみ：そういえば、例えばスカートのひだは、糸でぬっていなくても折りめがしっかりついていて、くずれにくいものがあるね。
みずほ：そうだね。もともとは平らな布から作っているから、はじめから折れ曲がっているわけではないのにね。
のぞみ：折っただけだと、すぐにもどってしまうよね。折りめがしっかりついている布には、何かの加工がしてあるのかな。
みずほ：加工のしやすさには、その布のせんいの種類によってちがいがあるのかな。

〔問題２〕 (1) 布に折りめをつけ、その形がくずれにくいようにするための加工があります。どのような仕組みになっていると思いますか。あなたの考えを図にかいて説明しなさい。

(2) せんいの種類によっては、布に折りめをつける加工のしやすさにちがいがあります。なぜ、そのようなちがいがあるのだと思いますか。せんいの特ちょうのちがいにふれ、あなたの考えを書きなさい。説明には図を用いてもかまいません。

のぞみ：アイロンをかけて折りめをつけたり、しわをのばしたりすることができるよね。考えてみたら不思議だよね。

みずほ：何が不思議なの。

のぞみ：だって、しわになったものを引っ張るだけではしわはとれないでしょう。

みずほ：蒸気《じょうき》を当てながらアイロンをかけるとさらにきれいになるね。

のぞみ：水を使うということは、一つのポイントかもしれないね。

みずほ：水がしわをのばす役割《やくわり》をしているのかな。

図３ アイロンから出る蒸気《じょうき》

〔問題３〕 みずほさんは「水がしわをのばす役割《やくわり》をしているのかな。」と言っています。

(1) この考えが正しいとして、なぜ水を使うとしわがのびるのか、あなたの考えを書きなさい。

(2) 水を使うとしわがのびることを確かめる方法を考え、説明しなさい。

(3) (2)の方法だけでは、アイロンをかけたときに「水がしわをのばす役割《やくわり》をしている」とは言えません。しわをのばす役割として他に何が考えられますか。一つ答えなさい。

(4) (3)で考えたものだけではしわはのびないことを確かめるために、どのような実験をすればよいですか。答えは次の①～③の順に書きなさい。

① 確かめるための実験の方法

② 予想される結果

③ 予想される結果から分かること

おじいさんが新しいとう明なカードを持ってきました。そのカードには、**図７**のように「わく」がかかれています。

図７

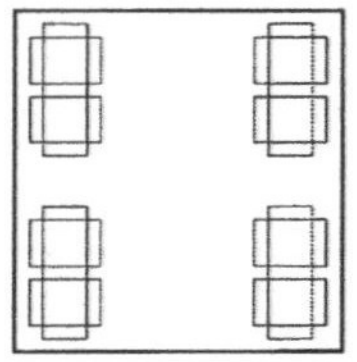

くみこ：これを使って何をするの。

おじいさん：**図７**のカードを使って、**図８**のような図形を作ろう。**図５**と同じようにカードを重ねていく。全てのカードを重ねたとき、９ができるようにしよう。

よしこ：それぞれのカードにぬられていない「わく」がたくさんあるけれど、どこをぬってもいいのかな。

おじいさん：１枚のカードには、１個の「わく」しかぬれないことにしよう。左上のカードの１個の「わく」は黒くぬっておくよ。

くみこ：カードを重ねていくと、ぬられている「わく」が移動していくように見えて難《むずか》しいね。

図８

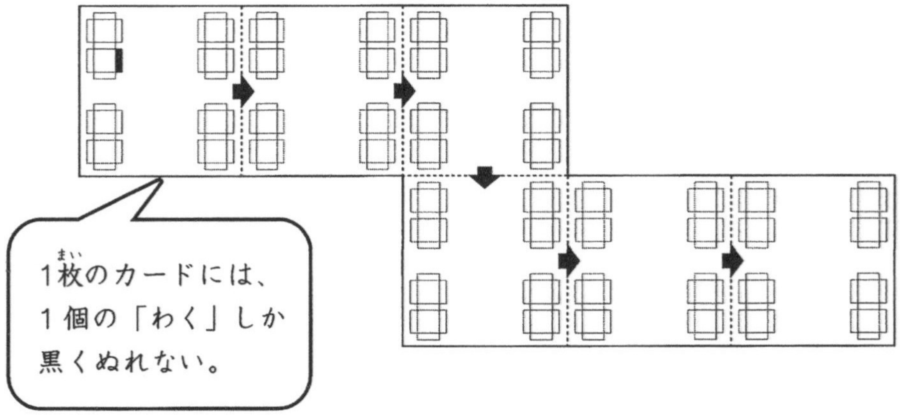

〔問題３〕 おじいさんの説明どおりに全てのカードを重ねたとき９ができるように解答用紙の「わく」を黒くぬりつぶしなさい。ただし、左上のカードはぬってはいけません。

次に、おじいさんが**図４**のような図形をとう明なカードで作り、それぞれのカードに数字をかきました。

図４

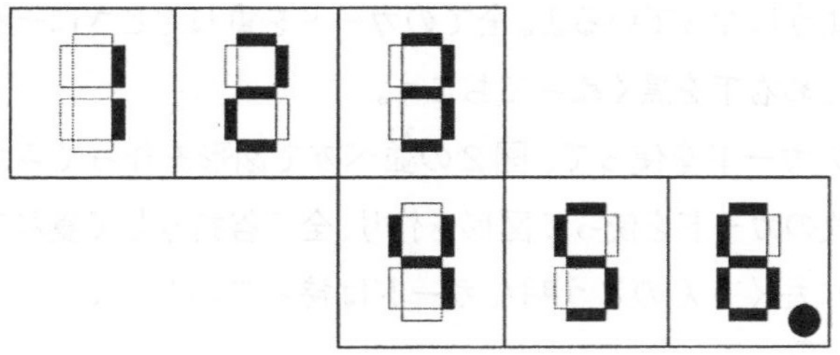

おじいさん： １がかかれているカードから、**図５**のように矢印の方向に谷折りして重ねていく。全てのカードを重ね終わったものの右の辺と下の辺に、**図６**のように、はさみで２か所に切れこみを入れる。そのときに重なった全てのカードを切るように注意しよう。元の図形にもどすと、それぞれのカードにはどのような切れこみが付くか分かるかな。

く　み　こ： はさみで切ることで、図形に模様《もよう》ができるね。

図５

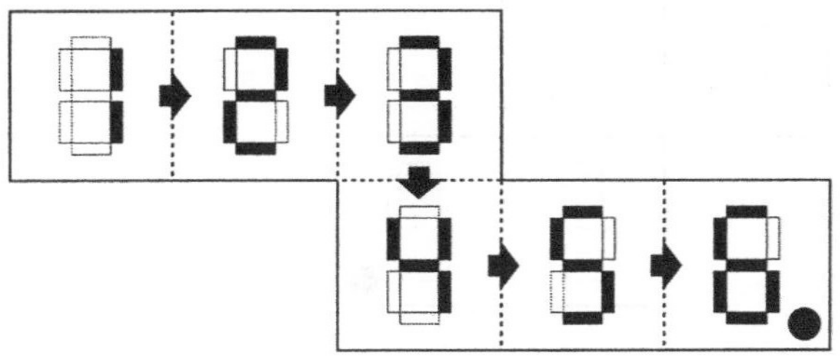

図６

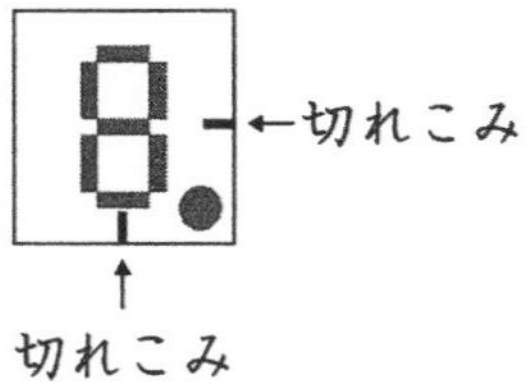

〔問題２〕　おじいさんの説明どおりに図形を重ねて、**図６**のように、はさみで２か所に切れこみを入れ、元の図形にもどすと、切れこみはどのように付いていますか。解答用紙の図にかきなさい。また、そのように考えた理由を説明しなさい。

み　ず　ほ： 服に使われている布には、もめんやウールのせんいでできているものがあるね。

の　ぞ　み： その理由を調べてみようか。

み　ず　ほ： もめんはよく水を吸《す》う性質があって、染《そ》めるのも簡単《かんたん》みたいだよ。

の　ぞ　み： もめんはせんいの中が空どうになっているんだね。だから水をよく吸うのかな。でも、そのためにかわきにくいという特ちょうもあるみたい。

み　ず　ほ： もめんは植物から作られているね。

の　ぞ　み： 薬品で作ったせんいからできた布もあるよね。この服はポリエステルを使っているよ。

み　ず　ほ： どうして布を作るときにポリエステルみたいなせんいを使うんだろうね。

の　ぞ　み： そういうせんいは私《わたし》たちにとって便利な性質をもった布を作れるからじゃないかな。

〔問題４〕　のぞみさんは「私《わたし》たちにとって便利な性質をもった布を作れる」と言っています。あなたはどのような布を作ればいいと思いますか。答えは次の①～③の順に書きなさい。

①　どのような便利な性質をもった布か。

②　その布はどのような性質をもつせんいでできているか。

③　その布の欠点は何か。

2 姉の**よしこ**さんと妹の**くみこ**さんが**おじいさん**と話をしています。

問題を解くときの注意点

○この問題では０～９の数字の表し方を下のようにする。

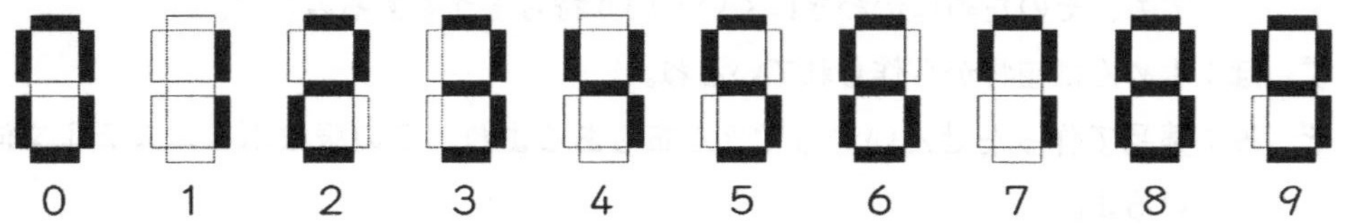

○０～９の数字をかくときに黒くぬる長方形を「わく」と呼《よ》ぶことにする。

○問題に出てくるとう明なカードは、どれもぴったり重なるものとする。また、このとき「わく」もぴったり重なるものとする。

○図の中の┈┈┈┈は谷折りする部分である。

○とう明なカードで作られた図形の一番右下のカードは、固定されているものとする。

※問題を解くときに、問題用紙や解答用紙、ティッシュペーパーなどを実際に折ったり、切ったりしてはいけません。

く　み　こ：お姉さんと磁石《じしゃく》でくっつくタイルで遊んでいて、そのときに気になることがあったんだ。

よ　し　こ：どんなことか教えて。

く　み　こ：そのタイルには数字が書いてあって、タイルをとなり合わせにくっつけて図形を作り、つなぎめで折るようにして順番に重ねていったの。そのとき見えなくなった数字の向きはどうなっていたのかな。

おじいさん：気になることをとう明なカードを使って考えてみよう。

くみこさんがタイルで作った図形をとう明なカードを使って作りました。(**図１**)

図１

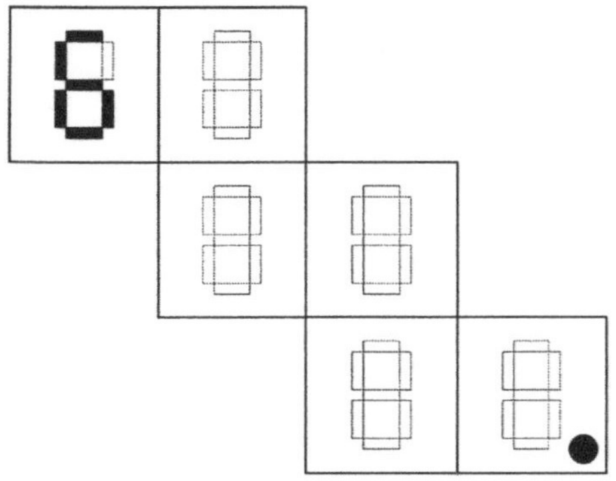

図２

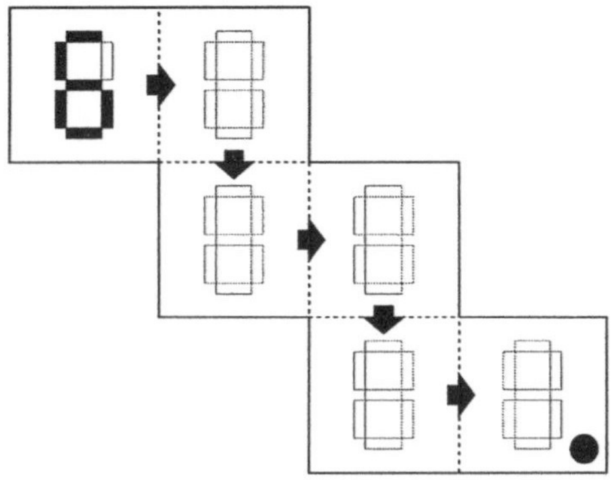

く　み　こ：左上のカードに、**図１**のように６をかこう。**図２**のように矢印の方向に左上のカードから谷折りして重ねると６の向きはどうなっていくのかな。

よ　し　こ：左上のカード以外には、黒くぬられていない７個の「わく」があるね。

おじいさん：それぞれのカードはテープではってあり、カードのつなぎめが折れてカードが重なるようになっているよ。全てのカードを重ねたときに一番下になるカードには、目印のため右下を黒くぬっておこう。

よ　し　こ：１０枚《まい》のカードを使って、**図２**の並《なら》べ方で図形を作ってみたら、**図３**になったよ。１００枚のカードを使って図形を作り、全て谷折りして重ねていくとどうなるかな。

おじいさん：そんなにたくさんのとう明なカードは持っていないぞ。

図３

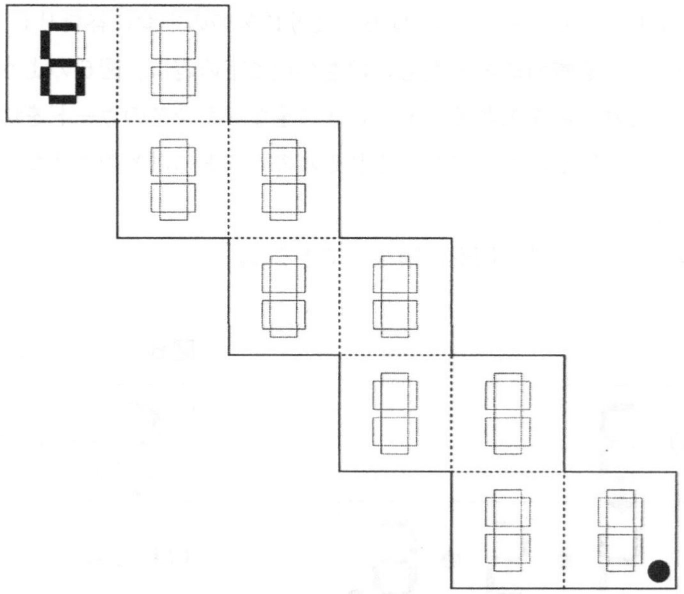

〔問題１〕 (1)　くみこさんの説明どおりに**図１**の図形のカードを**図２**のように全て谷折りして重ねると、数字６はどのように見えますか。解答用紙の「わく」を黒くぬりつぶして答えなさい。

(2)　**図３**では１０枚のカードですが、同じように１００枚のカードで図形を作り、全て谷折りして重ねると、数字６はどのように見えますか。解答用紙の「わく」を黒くぬりつぶして答えなさい。また、そのように考えた理由を説明しなさい。説明には図を用いてもかまいません。

解答用紙

適性検査Ⅰ

1

〔問題1〕

24

35

ようになる。

20

10点

※

〔問題2〕

24

35

という態度。

20

20点

※

〔問題3〕

(31　小石川)

20　100　200　300　400　440

70点

※　※　※　※

※100点満点

受検番号

得点
※

※のらんには何も記入しないこと。

2019(H31) 小石川中等教育学校
教英出版

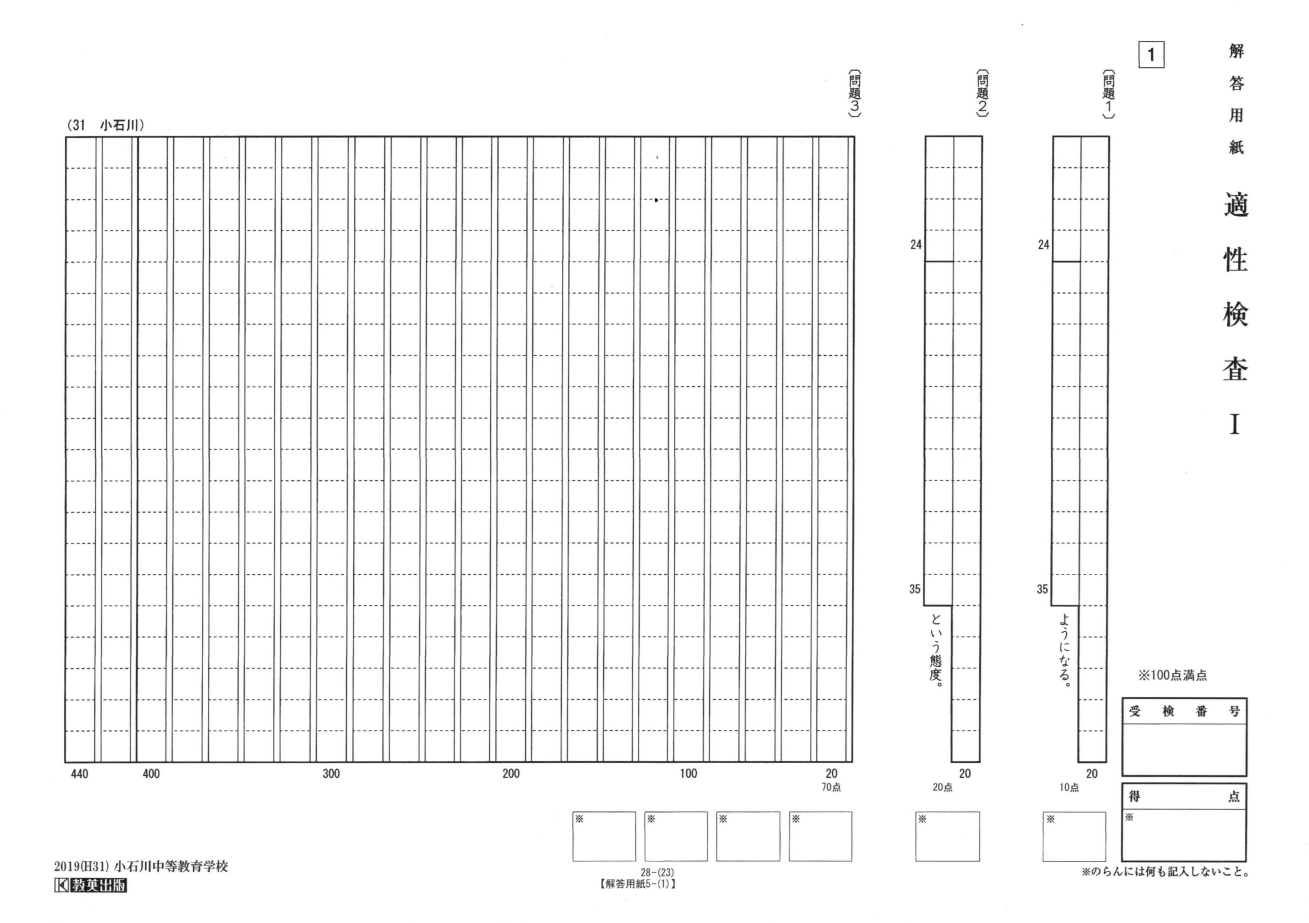

1　解答用紙　適性検査Ⅱ (31 小石川)

〔問題１〕 6点

〔しおりにする前の状態〕

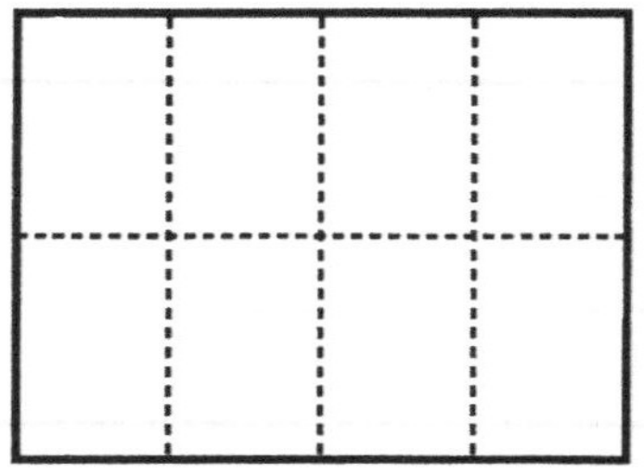

※

〔問題２〕 12点

約束２で表現したときの漢字と数字の合計の個数	〔答え〕 個
漢字と数字の合計の個数が少ない約束	〔答え〕 約束
〔理由〕	

※

〔問題３〕 12点

〔「★」の位置に置くおもちゃの向き〕

(　　)　(　　)

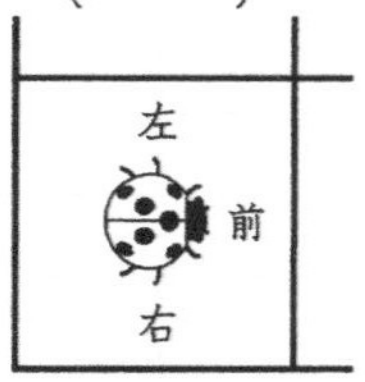

〔カードの並《なら》べ方〕

○○○○○○○○○○

※

受検番号	得点
	※

※100点満点

※のらんには、記入しないこと

3

〔問題１〕 6点

〔比べたい紙〕
〔基準にするもの〕
〔和紙は水を何倍吸《す》うか〕　倍

※

〔問題２〕 12点

〔選んだ紙〕
〔せんいの向き〕　方向
〔理由〕

※

〔問題３〕 12点

(1)
(2)

※

2

〔問題1〕 9点

（1）

※

（2）

1925年	1955年	1985年	2015年
%	%	%	%

※

〔問題2〕 13点

（1）

	1955年	1985年	2015年
全　国	人	人	人
東京都	人	人	人

※

（2）

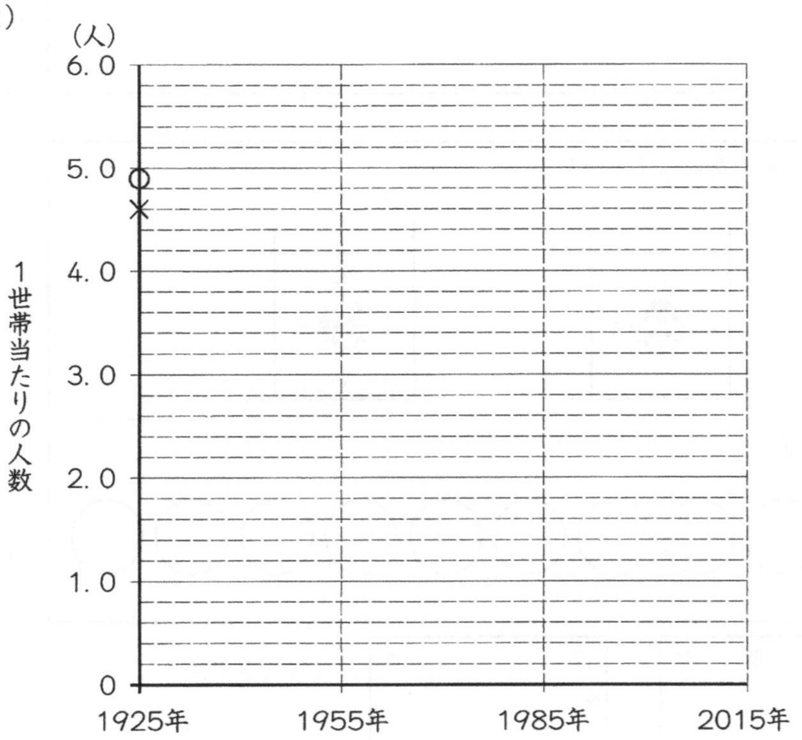

※

〔問題3〕 8点

共通する理由	
特別な理由	

※

〔問題4〕（横書きで書きなさい） 10点

120

150

※

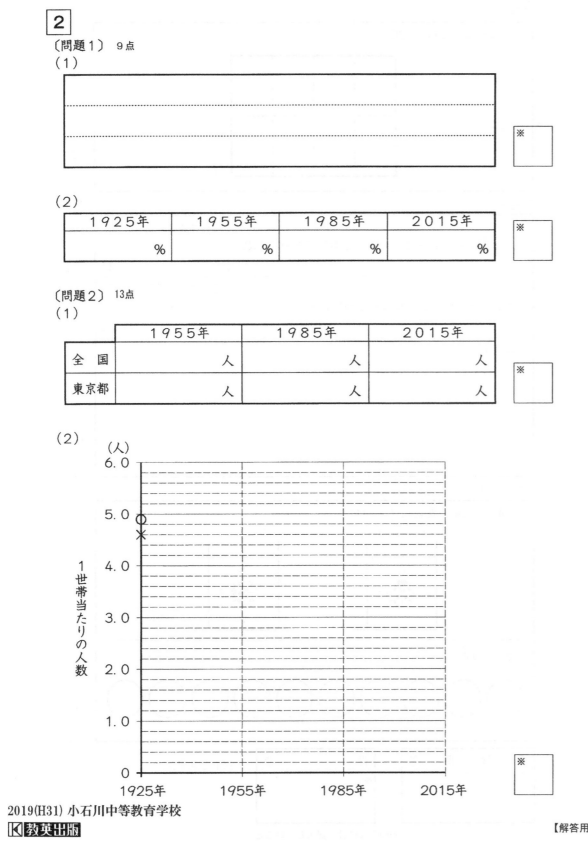

2

〔問題１〕　15点

(1)

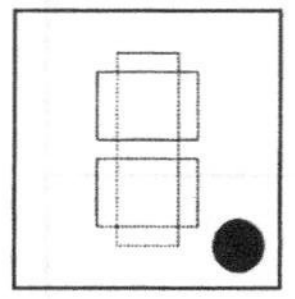

(2)

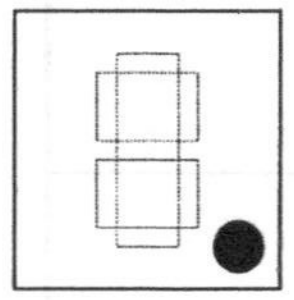

理由

※

〔問題２〕　15点

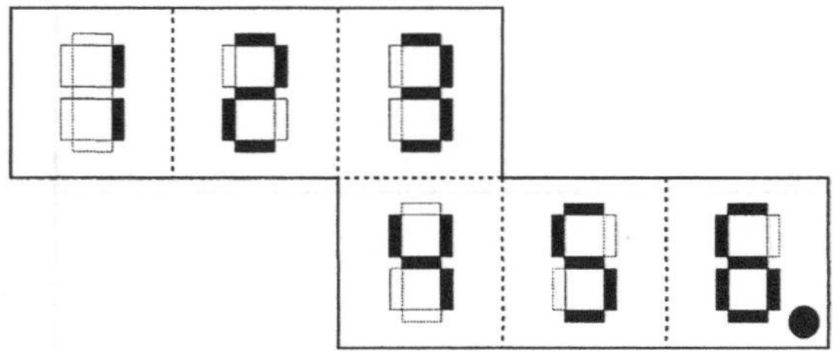

理由

※

〔問題３〕　10点

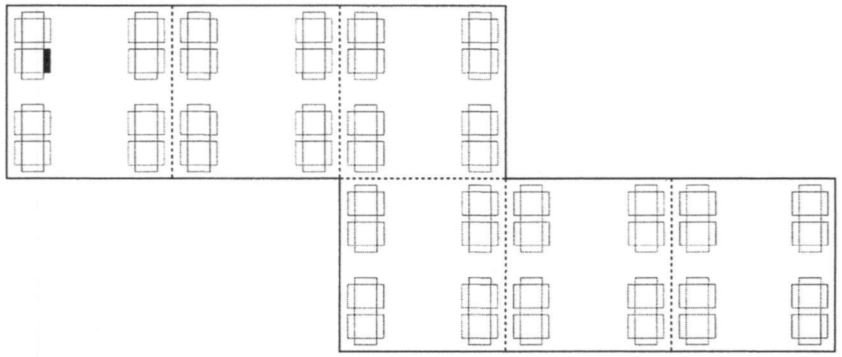

※

解答用紙　適性検査Ⅲ

※100点満点

受検番号	得点
	※

※のらんには、記入しないこと

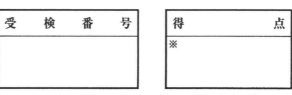

1

〔問題１〕 10点

※

〔問題２〕 10点

(1)

(2)

※

〔問題３〕 25点

(1)

(2)

(3)

(4) ①

②

③

※

〔問題４〕 15点

①

②

③

※

㉚

30 小石川 適性 Ⅰ

適性検査Ⅰ

注意

1 **問題は** [**1**] のみで、**5ページ**にわたって印刷してあります。
2 検査時間は**四十五分**で、終わりは**午前九時四十五分**です。
3 声を出して読んではいけません。
4 答えは全て解答用紙に明確に記入し、**解答用紙だけを提出しなさい。**
5 答えを直すときは、きれいに消してから、新しい答えを書きなさい。
6 **受検番号**を解答用紙の決められたらんに記入しなさい。

東京都立小石川中等教育学校

2018(H30) 小石川中等教育学校
K 教英出版

1 文章1 と 文章2 を読み、あとの問題に答えなさい。
（*印の付いている言葉には、本文のあとに〔注〕があります。）

文章1

これからまたしばらくのあいだ、私《わたくし》どもの周囲にはいろいろな花が咲《さ》いたり、飛《と》び交《か》う蝶《ちょう》の姿《すがた》が見られるようになります。私が、多少普通《ふつう》の人よりもそういうものに関心を持っていることを知って、近所の子供《こども》たちが、時々虫などをつかまえて来て私にその名をたずねるのです。こんな大きな蛾《が》がいたよ、おじさんこれなんていうの？　彼《かれ》は少し手に負えないいたずらっ子で、うちの*生垣《いけがき》の竹の棒《ぼう》を抜《ぬ》いて、野球のバットにしていたこともありますし、木のぼりをして枝を折ることも専門家《せんもんか》です。その子が水色の、大きな蛾を一匹《いっぴき》つかまえて来まして、その一枚《いちまい》の翅《はね》をつまんで私に名前をたずねるのです。「そんな風につまんでいるとばたばたあばれて翅の粉をみんな落としてしまう、蛾でも蝶でも、こういう風に持たなくちゃあ」そういって私はまず持ち方を教え、それからその蛾はオオミズアオ、あるいはユウガオビョウタンという名であることを教えます。どうも忘《わす》れそうなので、紙にその名を書いて渡《わた》します。この蛾の幼虫《ようちゅう》がどんな形をして、どんな植物の葉を食べるか、幸いにして私はそれを知ってはいましたけれども、彼はまだ小学校の三年生、ただ名前を知ればよいのです。というより、彼が知りたいと思ったのはその名前だけなのです。

「知識の獲得《かくとく》には、ある不思議な快さと喜びがある」という古い言葉がありますが、この*平素はいたずらの専門家である彼も、確かに満足の*色を顔に浮《う》かべて帰って行きます。私は、こういう風にして幼《おさな》いものから何かをたずねられた時、たとえ自分が手を離《はな》したくない仕事をしている時でも、*少なくもいやな顔は見せないようにして、そうしてその名を知らない時、あいまいな時には、その子供と一緒《いっしょ》に本をしらべるようにしています。

詩人の尾崎喜八《おざききはち》さんが、昔、あの植物学者の牧野富太郎《まきのとみたろう》氏をかこむ植物同好会の人々と採集に行かれた時の文章に次のような箇所《かしょ》があります。それは、先生、これは何ですか、これは何と申しますかと、次々にたずねられる時牧野博士はそれを*たちどころに説明されるのですが、それに続いて、次のような文章があります。「先生が日本の植物に対して百の名称《めいしょう》を*断ぜられるとしても、僕《ぼく》はただ先生の記憶《きおく》の強大さ、知識の広さに驚《おどろ》くだけである。植物学者としての先生の大いなる*カルテから見れば、それは当然の事のように思われる。しかし一人の*可憐《かれん》な小学生が――腰《こし》に小さい風呂敷《ふろしき》包みの弁当を下げ、肩《かた》から小さい*胴乱《どうらん》をつるした子供が、何か小指の先ほどの植物を探《さが》して来て、『先生これ何ですか』ときいた時、『これは松』といいながら、その子の頭へ片手《かたて》を載《の》せられた時の、あの*温顔《おんがん》の美しさを僕は忘れない」

私はこの一節が非常に好きなのです。がそこには、知るということ、そのための人間どうしに通うあたたかいものが感じられます。ただ人間としてこれだけのものは知っておかなければならない。そういう気持ちで本を読んだり、学校へ通って勉強をする。それも確かに必要なことなのですが、そこで、もし一方は教える他方はそれを教わるという関係だけならば、それは全く機械的なものになって、ついには試験のために勉強をするという、*今ではあたり前のことになってしまった現象も生まれて、知ることによって快さや喜びが伴《ともな》って来るような、ごく*素朴《そぼく》な姿があまり見られなくなってしまいました。私自身にしましてもそういう傾向《けいこう》は確かにあるのですが、自分の知らないことでも、もう誰《だれ》かは必ず知っている、もっと手っ取り早いい方をすれば、たいがいのことは本に書いてあると思ってしまって、特に知ろうとしないのです。さまざまの事典と名のつく本が出ることは、それに誤《あやま》りがない限り実にありがたいことなのですが、これだけ手もとに持っていれば必要な時にその知識をそこから引き出せるという考え、これは案外恐《おそ》ろしいことではないかと思います。昔の人は私たちより知識の持ち方は少なかったと思います。また、その知識も誤っていたことが多いかも知れません。*コロンブス以前の、大多数の人々は別の大陸があるかも知れないということは恐《おそ》らく考えなかったでしょうし、このようにして人間の発見や発明が一般《いっぱん》の人たちにも知識をふやしていったことも事実でありま す。しかし、㋐知ることと、知らされることの違《ちが》いを考えてみていただきたいのです。

（串田孫一《くしだまごいち》「考えることについて」による）徳間書店

〔注〕

生垣《いけがき》――あまり高くない木を植えならべて作ったかきね。
平素――ふだん。いつも。
色――表情。
少なくも――少なくとも。せめて。
たちどころに――ただちに。すぐに。
断ぜられる――きっぱりと判断なさる。
カルテ――本来は医師が用いる記録のカードのこと。ここでは、経験といった意味をふくむ。
可憐《かれん》な――かわいらしい。
胴乱《どうらん》――植物採集などに用いる入れ物。
温顔《おんがん》――おだやかであたたかみのある顔。
今――この文章が書かれた、一九五四（昭和二十九）年当時。
素朴《そぼく》――ありのままでかざり気が無く自然なこと。
コロンブス――イタリアの航海士《こうかいし》。ヨーロッパで初めて現在のアメリカ大陸にたどり着いたとされる。

〔問題1〕　㋐知ることと、知らされることについて、次の問いに答えなさい。

(1)　「知らされること」とちがって、「知ること」の出発点にはどのような気持ちがありますか。**文章1**の中の言葉を使って書きなさい。

(2)　「知ること」ができたら、どのような気持ちが生まれますか。**文章1**の中の言葉を使って書きなさい。

〔問題2〕　㋑私自身は、人の話を聞いてすぐに「分かった」と思うことはほとんどありません。とありますが、それはなぜですか。**文章2**の中の言葉を使い、解答らんに合わせて書きなさい。

〔問題3〕　あなたは、これから学校生活や日常生活の中で、何を大事にし、どのように行動していこうと思いますか。**文章1**と**文章2**、それぞれの内容に関連づけて、四百字以上四百四十字以内で書きなさい。ただし、次の条件と下の〔**きまり**〕にしたがうこと。

条件　次の三段落構成《さんだんらくこうせい》にすること。
①第一段落で、**文章1**と**文章2**、それぞれの内容にふれること。
②第二段落には、「①」をふまえ、大事にしたいことを書くこと。
③第三段落には、「②」をふまえ、行動を具体的に書くこと。

〔**きまり**〕
○題名は書きません。
○最初の行から書き始めます。
○各段落《だんらく》の最初の字は一字下げて書きます。
○行をかえるのは、段落をかえるときだけとします。会話を入れる場合は行をかえてはいけません。
○、や。や」などもそれぞれ字数に数えます。これらの記号が行の先頭に来るときには、前の行の最後の文字と同じます目に書きます。（ます目の下に書いてもかまいません。）
○。と」が続く場合には、同じます目に書いてもかまいません。この場合、。」で一字と数えます。
○段落をかえたときの残りのます目は、字数として数えます。
○最後の段落の残りのます目は、字数として数えません。

文章2

教養の一つの本質は、「自分の頭で考える」ことにあります。*著名《ちょめい》な*科学史家の山本義隆《やまもとよしたか》氏は、勉強の目的について「専門《せんもん》のことであろうが、専門外のことであろうが、要するにものごとを自分の頭で考え、自分の言葉で自分の意見を表明できるようになるため。たったそれだけのことです。そのために勉強するのです」と語っています。この当たり前のことが、案外置き去りにされている気がします。

「自分の頭で考える」際には、「*腑《ふ》に落ちる」という感覚が一つの*バロメーターになります。本当に自分でよく考えて納得《なっとく》できたとき、私《わたくし》たちは「腑に落ちる」という感覚を抱《いだ》きます。この感覚は大変重要です。

ところが、「腑に落ちる」ことも、また少々軽視《けいし》されているところがあります。たとえば、何か分からないテーマや事柄《ことがら》があったとして、それについて誰《だれ》かが説明していたら、その説明を聞いただけで、もう分かったつもりになっている、といったことはないでしょうか。

とくに最近は*安直に「答え」をほしがる傾向《けいこう》があり、それに応じてきれいに整えられた「答え」や、一見「答え」のように見える情報が、*ネット空間などにはあふれています。ランキング情報やベストセラー情報などは、その*最《さい》たる例です。あるいは情報が*コンパクトにまとめられたテレビ番組もたくさんあります。多くの人が、まるでコンビニへ買い物に行くかのように「答え」の情報に群がり、分かった気になっています。

誰かの話をちょっと聞いただけで「分かった」と思うのは安易な解決法です。立派《りっぱ》そうな人の本を読んで「なるほど、その通りだな」と思い、翌日《よくじつ》に反対の意見を持つ人の本を読んで「もっともだな」と思ったのでは、意味がありません。自分の頭で考えて、本当に「そうだ、その通りだ」と腹《はら》の底から思えるかどうかが大切なのです。

㋑私自身は、人の話を聞いてすぐに「分かった」と思うことはほとんどありません。心の底から「分かった」と思えない間は、「そういう考え方もあるのだな」という状態で保留扱《あつか》いにしておきます。結論《けつろん》を急いで「分かった」と言おうとするのは間違《まちが》いのもとです。「腑に落ちる」まで自分の頭で考え抜《ぬ》いているかどうか、私たちはもう少し慎重《しんちょう》になったほうがいいと思います。

整えられた「答え」ですませてしまうのは、そのほうが楽だからです。しかし、それは手抜《てぬ》きというものです。世の中のたいていの物事には、じつはすっきりした「答え」がありません。それが人生というものです。すっきりしているのは、多くの情報がそぎ落とされ、形が整えられているからです。しかし多くの場合、そぎ落とされた部分が*キモだったり、形を整える際に、（*道理ではなく）*無理が入り込《こ》んでしまっていたりします。

すっきりしない情報をあちらこちらから収集《しゅうしゅう》し、自分の頭のなかで*検証し、本当に納得することが、「自分の頭で考える」ということです。物事を見誤《みあやま》らないための、とても重要な作業です。私は、多少へそ曲がり的な性格ということもあって、子供《こども》のころからずっとその姿勢《しせい》を貫《つらぬ》いてきました。

「何となく腑に落ちないな」という感覚が少しでもあれば、安易な妥協《だきょう》はせずに探求《たんきゅう》を続けることが大切です。別の見方を考えてみる、さらに情報を探《さが》してみるなど、いまでは情報を探《さぐ》る方法はたくさんあります。探求を続けるうちに、あるところで、本当に「腑に落ちる」という感覚が得られるはずです。それが納得できたということです。

（出口治明《でぐちはるあき》「人生を面白《おもしろ》くする　本物の教養」による）

〈注〉

著名《ちょめい》な――――よく知られた。有名な。

科学史家――――科学の歴史を研究する人。

「腑《ふ》に落ちる」という感覚――――何かが体の底にすとんと落ちるように、心に入ってくる感覚。

バロメーター――――本来は気圧を測る計測器。ここでは、もの事のようすを知るもとになるもののこと。

安直に――――手軽に。気軽に。

ネット空間――――インターネットの世界。

最《さい》たる――――最も代表的な。

コンパクトに――――大切なところがむだなく簡単《かんたん》に。

キモ――――ここでは、最も大切な点や事がら。

道理――――物ごとの正しいすじみち。

無理――――りくつに合わないこと。

検証――――ものごとを調査して、事実を証明すること。

30 小石川 適性 Ⅱ

適性検査Ⅱ

注　意

1　問題は 1 から 3 までで、１６ページにわたって印刷してあります。

2　検査時間は４５分で、終わりは**午前１１時００分**です。

3　声を出して読んではいけません。

4　計算が必要なときは、この問題用紙の余白を利用しなさい。

5　答えは全て解答用紙に明確に記入し、**解答用紙だけを提出しなさい。**

6　答えを直すときは、きれいに消してから、新しい答えを書きなさい。

7　**受検番号**を解答用紙の決められたらんに記入しなさい。

東京都立小石川中等教育学校

1　**太郎**《たろう》さんと**花子**さんがさいころについて話をしています。

太　郎：面が六つあるさいころは、それぞれの面に１から６までの目がかいてあるね（**図１**）。それぞれの面をスケッチしてみたよ（**図２**）。

図１　さいころ

図２　さいころの面のスケッチ

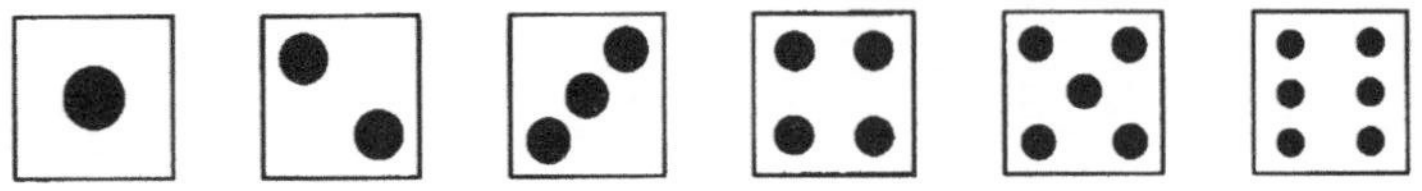

花　子：このさいころは、向かい合う面の目の数の和が、７になるように作られているよ。
太　郎：本当だ。１の目の面と向かい合う面の目の数は６だね。確かに、足すと７になるね。

〔問題１〕　**図１**のさいころを立方体の展開図《てんかいず》から作るとき、解答用紙の展開図のそれぞれの面に１から５までの目をかきなさい。ただし、展開図にかく１から５までの目は**図２**のさいころの面のスケッチを用いること。

〔展開図《てんかいず》〕

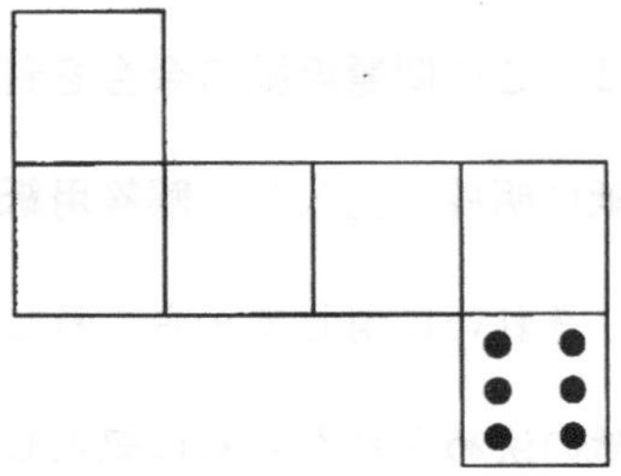

花　子：さいころの面にかかれた目の数の１から６までの整数を使って、答えが７になる式を作ることができるかな。
太　郎：例えば、１＋２＋４＝７や、１＋１＋１＋１＋１＋１＋１＝７など、いろいろな式が作れそうだよ。

花　子：それでは、今回は次のようなルールで考えてみよう。

〔ルール〕
① 1から6までの整数からいくつかの整数を使って、計算結果が7になるような式を作る。
ただし、同じ整数は一度しか使うことができない。
② 計算記号はたし算の＋、かけ算の×、わり算の÷から選んで使う。
ただし、同じ計算記号は一度しか使うことができない。
③ 計算に（　）は使わない。

花　子：まずは整数を三つ、計算記号を二つ使って、式を作ってみようよ。□に整数を、○に計算記号を入れてね（**図3**）。

図3　整数を三つ、計算記号を二つ使う場合の式

□ ○ □ ○ □ ＝ 7

太　郎：こんな式を作ってみたよ（**図4**）。同じ整数や同じ計算記号が使えないと、式を作るのはなかなか難《むずか》しいんだね。

図4　太郎さんが作った式

1 ⊕ 2 ⊗ 3 ＝ 7

花　子：そうね。では次に、整数を四つ、計算記号を三つ使う場合はどうなるかな。
ただし、たし算の＋は、計算記号を入れる○の二つめに入れる場合を考えてみてね（**図5**）。

図5　整数を四つ、計算記号を三つ使う場合の式

□ ○ □ ⊕ □ ○ □ ＝ 7

〔問題２〕〔**ルール**〕にしたがって、1から6までの中から異《こと》なる整数を四つと、計算記号を三つ全て使って、計算結果が7になるような式を作りなさい（**図5**）。
　解答用紙の式の□には整数を、○には計算記号を入れ、たし算の＋は計算記号を入れる○の二つめに入れることとする。
　また、どのように考えて式を作ったのかを説明しなさい。

花　子：向かい合う面の目の数の和が7になることを同時に見ることができないかな。

太　郎：鏡を使ってみたらどうだろう。3枚《まい》の鏡を、どの2枚の鏡も面と面が垂直《すいちょく》になるようにはり合わせて、その鏡の上にさいころを1個置いてみたよ。

花　子：本当だ。2組の向かい合う面については、それぞれ向かい合う面を同時に見ることができるね。見る方向によっては、3枚の鏡にさいころが映《うつ》って、実際に置いた1個のさいころと鏡に映って見える7個のさいころを合わせて、見かけ上8個のさいころがあるように見えるね（**図6**）。不思議だね。

図6　3枚《まい》の鏡をはり合わせてさいころを1個置いたときの見え方

（実際の写真を一部加工したもの）

花　子：黄砂発生地で、地表の砂を巻き上げるくらい強い風がふいた回数の平均をまとめたものが**図7**です。また、上空の西から東へ向かう風の平均の速さをまとめたものが**図8**です。風の秒速の数値《すうち》が大きいほど風が強いことを示します。

先　生：二人がまとめたグラフから、日本で黄砂が観測された日数が、春に比べて夏になると少なくなっている理由が説明できそうですね。

図5　黄砂発生地の平均月降水量《へいきんつきこうすいりょう》

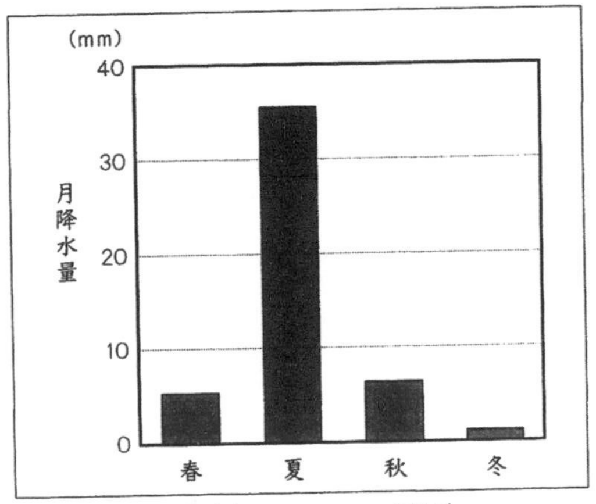

（鳥取《とっとり》大学乾燥地《かんそうち》研究センター監修《かんしゅう》
「黄砂—健康・生活環境《かんきょう》への影響《えいきょう》と対策《たいさく》」より作成）

図6　黄砂発生地の平均の積雪の深さ

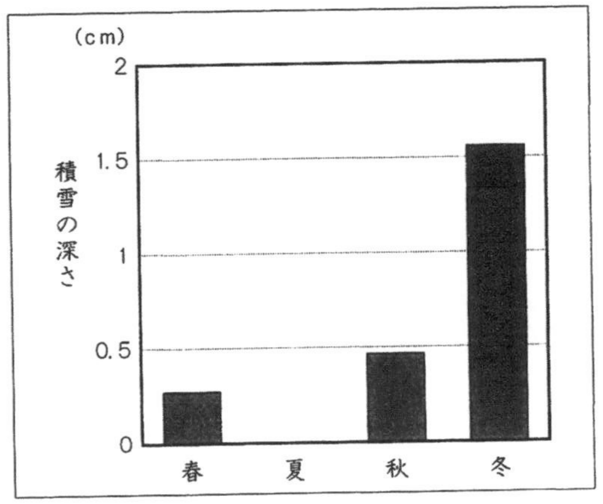

（鳥取大学乾燥地研究センター監修
「黄砂—健康・生活環境への影響と対策」より作成）

図7　黄砂発生地の地表でふく強い風の平均観測回数

（風の強さは1日に8回、3時間おきに観測している。）

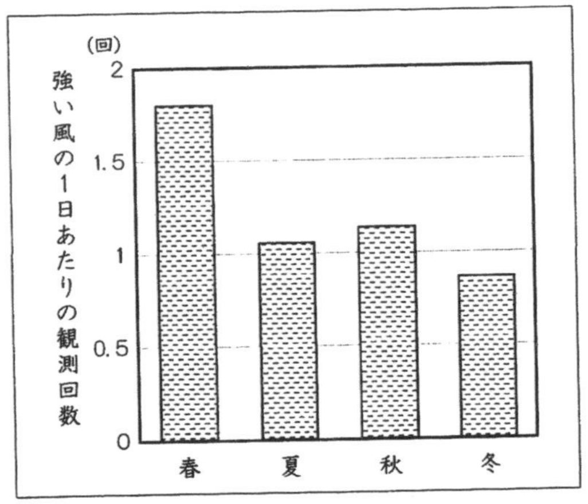

（鳥取大学乾燥地研究センター監修
「黄砂—健康・生活環境への影響と対策」より作成）

図8　上空の西から東へ向かう風の平均の速さ

（秒速を1秒間に進むきょり（m）で表している。）

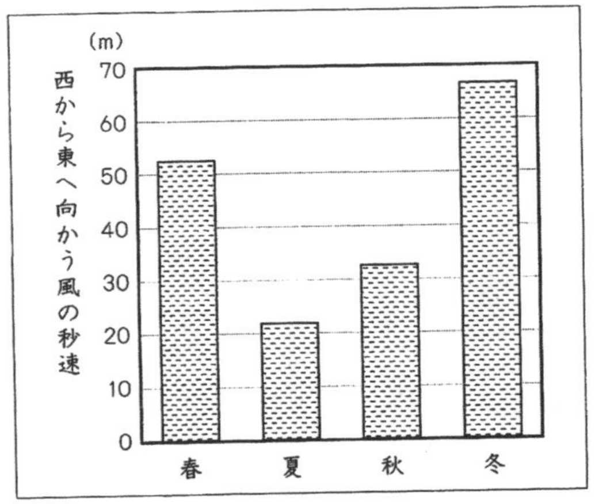

（気象庁ホームページより作成）

〔問題3〕　**図5**～**図8**の中から二つを選び、日本で黄砂が観測された日数が、春に比べて夏になると少なくなっている理由として考えられることを、それぞれ**〔三つの要因〕**①～③のうちの一つと関連付けて説明しなさい。

太　郎：黄砂という現象はどのようにして起こるのですか。

先　生：**図3**を見ると黄砂が起こる様子が分かりますよ。

太　郎：なるほど。**図3**のようにして運ばれた砂の一部が日本付近に落ちてくるのですね。

花　子：黄砂は春に起こることが多いと思うのですが、他の季節には起こらないのですか。

先　生：**図4**を見ると、日本で黄砂が観測された日数が、春に多く、夏になると少なくなっていることが分かりますね。

図3　黄砂《こうさ》が起こる様子

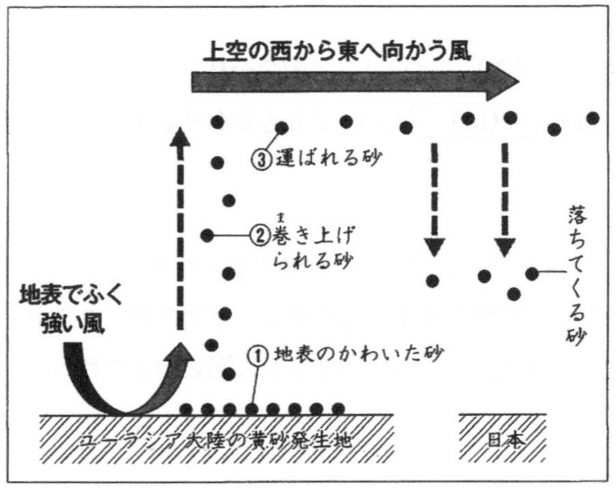

図4　日本で黄砂が観測された平均日数

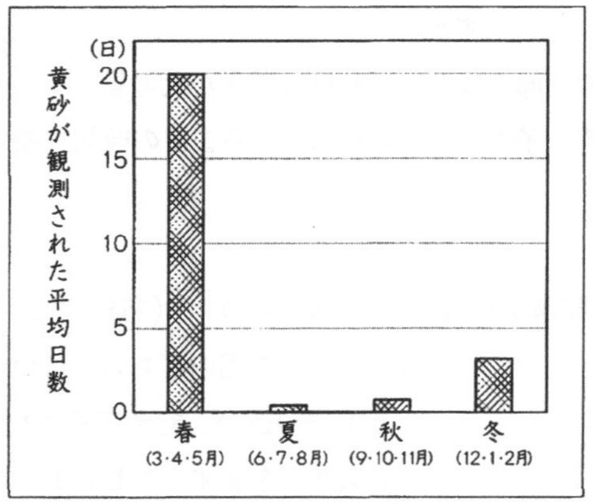

（気象庁《きしょうちょう》ホームページより作成）

太　郎：どうして夏になると黄砂が観測された日数は少なくなっているのですか。

先　生：では、日本で黄砂が観測された日数にえいきょうをあたえる要因を、次の三つにしぼって考えてみましょう。

〔三つの要因〕
① 黄砂発生地（ユーラシア大陸のある地域《ちいき》）の地表にあるかわいた砂の量。（**図3①**）
② 黄砂発生地の地表でふく強い風で、巻《ま》き上げられる砂の量。（**図3②**）
③ 上空の西から東へ向かう風で、運ばれる砂の量。（**図3③**）

花　子：黄砂発生地の気象や上空の風について、季節によるちがいを調べれば、黄砂が観測された日数が夏になると少なくなっている理由が分かりそうですね。

太　郎：図書室で調べてみよう。

二人は図書室で見つけた資料をもとに、春（3月～5月）・夏（6月～8月）・秋（9月～11月）・冬（12月～翌年《よくねん》2月）の季節ごとに平均を求めてグラフを作りました。

太　郎：**図5**は黄砂発生地の平均月降水量《へいきんつきこうすいりょう》で、**図6**は黄砂発生地の平均の積雪の深さです。このグラフでは春にも積雪があるけれども、実際に雪があるのは春の初めだけです。

太　郎：鏡の上に置いたさいころの置き方をいろいろ変えてみると、おもしろいことに気づいたよ。

花　子：おもしろいことってどのようなことなのかな。

太　郎：さいころを１の目の面が上に、２と３の目の面が手前になるように鏡の上に置いて、見かけ上８個のさいころの見えている面の目の数を合計してみて。

花　子：見えている面の目の数を合計すると６０になったよ。

太　郎：そうだね。では１の目の面を上にしたままで、さいころの置き方を変えて合計してみようよ。

〔問題３〕　１の目の面を上にしたままで、手前に見えている二つの面の目の数が２と３の組み合わせとならないようにさいころの置き方を変える。このとき、さいころの手前に見える二つの面の目の数の組み合わせを一つ答え、その場合の見かけ上８個のさいころの見えている面の目の数の合計を求めなさい。

また、太郎さんが気づいたおもしろいことを、「１の目の面を上にした」と「目の数の合計」という言葉を使って説明しなさい。

2 **あさこ**さんと**けんじ**さんが**おじいさん**の家に遊びに来て、近くのスーパーマーケットで買い物をしています。

あ　さ　こ：夕飯のためのお買い物はこれで全部かしら。
け　ん　じ：野菜と、肉と、魚と。うん、たぶんこれでだいじょうぶだと思うよ。
あ　さ　こ：野菜は日本産ね。
け　ん　じ：この肉はオーストラリア産と書いてあるよ。魚はチリ産だって。
あ　さ　こ：食べ物はいろいろなところからやって来るのね。調べてみましょうよ。
け　ん　じ：きっとおじいさんなら資料を持っているよ。

あさこさんとけんじさんはおじいさんの家に帰って、食べ物がどんなところからやって来ているのかを調べたいと話しました。

おじいさん：いいところに気が付いたね。では、まず、この**資料１**から考えてごらん。
け　ん　じ：魚介類《ぎょかいるい》というのは、魚のことかな。
おじいさん：魚や貝など、水にすむ生き物全体を指しているよ。
あ　さ　こ：国内生産量は分かるけれど、国内消費仕向量《しむけりょう》というのは分からないわ。
おじいさん：国内消費仕向量とは、１年間に国内の市場《しじょう》に出回った食料の量だよ。だから、１年間に国内で消費された食料の量とほぼ同じと考えていいね。
け　ん　じ：国内生産量と国内消費仕向量から、どれだけの食料が国内で生産されているかの割合《わりあい》が計算できるね。
おじいさん：そうだね。その数値《すうち》のことを、食料自給率と呼《よ》んでいるよ。食料自給率には重さをもとに計算したものや、金額をもとに計算したものなど、たくさんの考え方があるけれど、今は、重さをもとにしたもので考えてみよう。

花　子：はね返ってきた光の量と、はね返ってくるまでの時間から何が分かるのですか。
先　生：もう一度、**図２**を見てください。ここでは光はどんなきょりを進んでも弱くならないものとし、上空の砂は同じ高さに並《なら》んでいるものとします。**図２**の**Ａ１**のように砂がある場合の計測結果が**Ａ２**のグラフになります。グラフの横軸《よこじく》の数が大きいほど、砂に当たってはね返ってきた光の量が多いことを示します。
花　子：なるほど。**Ｂ１**のように砂がある場合の計測結果が**Ｂ２**のグラフで、**Ｃ１**のように砂がある場合の計測結果が**Ｃ２**のグラフということですね。
先　生：その通りです。計測結果から上空の砂についてどのようなことが分かるか、説明できますか。
太　郎：はい。はね返ってきた光の量が多いほど［　(あ)　］ということが分かります。
花　子：光がはね返ってくるまでの時間が長いほど［　(い)　］ということも分かります。

〔問題２〕（１）　会話の中の［　(あ)　］と［　(い)　］に当てはまる文章を答えなさい。
（２）　①か②の図のどちらかについて、その計測結果を示すグラフを次の**ア**～**エ**の中から一つ選び、記号で答えなさい。ただし、①と②のます目は**図２**のます目と同じ大きさを表すものとします。

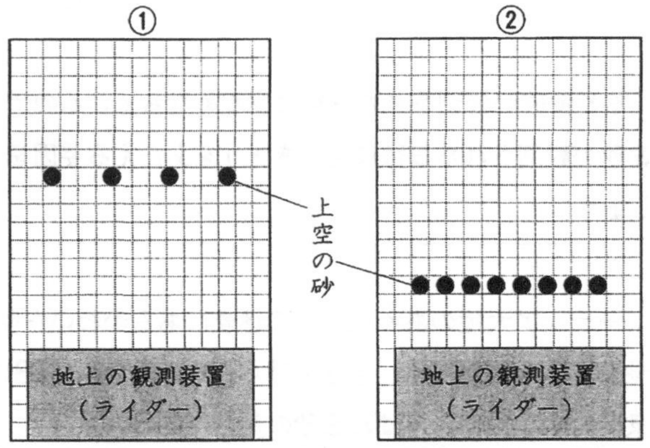

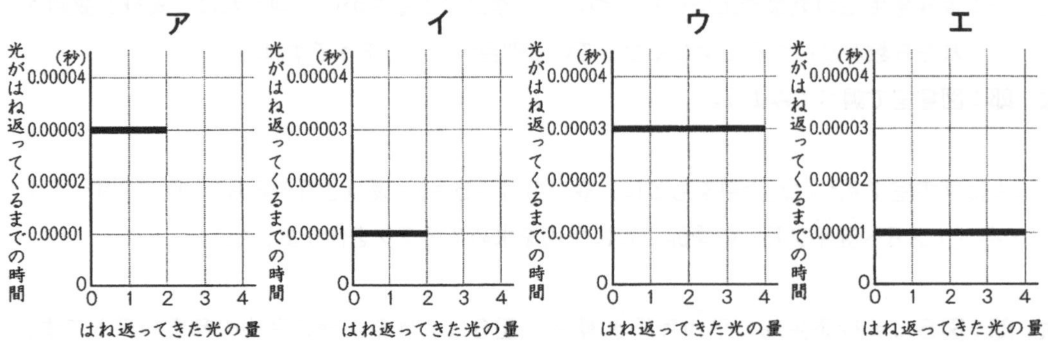

太　郎：春は花粉だけでなく、砂《すな》も飛んでいるね。

花　子：黄砂《こうさ》のことだよね。この砂も花粉と同じようにけんび鏡で調べられますか。

先　生：この砂は、ユーラシア大陸から飛ばされてくるものです。日本まで飛ばされてくる砂の大きさは花粉よりもずっと小さいので、みなさんがけんび鏡で調べるのは難しいです。環境省《かんきょうしょう》などでは、ライダーという特しゅな観測装置《かんそくそうち》で黄砂の観測をしています。

太　郎：どのようにして観測するのですか。

先　生：では、観測の仕組みを説明しましょう。**図２**の**Ａ１**のように、地上の観測装置から上空に向けて特別な光を出します。光は上空に向かってまっすぐに進みますが、上空に砂がある場合には、砂に当たってはね返ります。この装置では、はね返ってきた光の量と、光がはね返ってくるまでの時間を計測しています。

太　郎：光が進むのに、時間がかかるのですか。

先　生：そうですよ。例えば、太陽の光が地球まで進むのに８分以上かかります。

図２　上空の砂《すな》の様子と観測装置《かんそくそうち》を使った計測結果

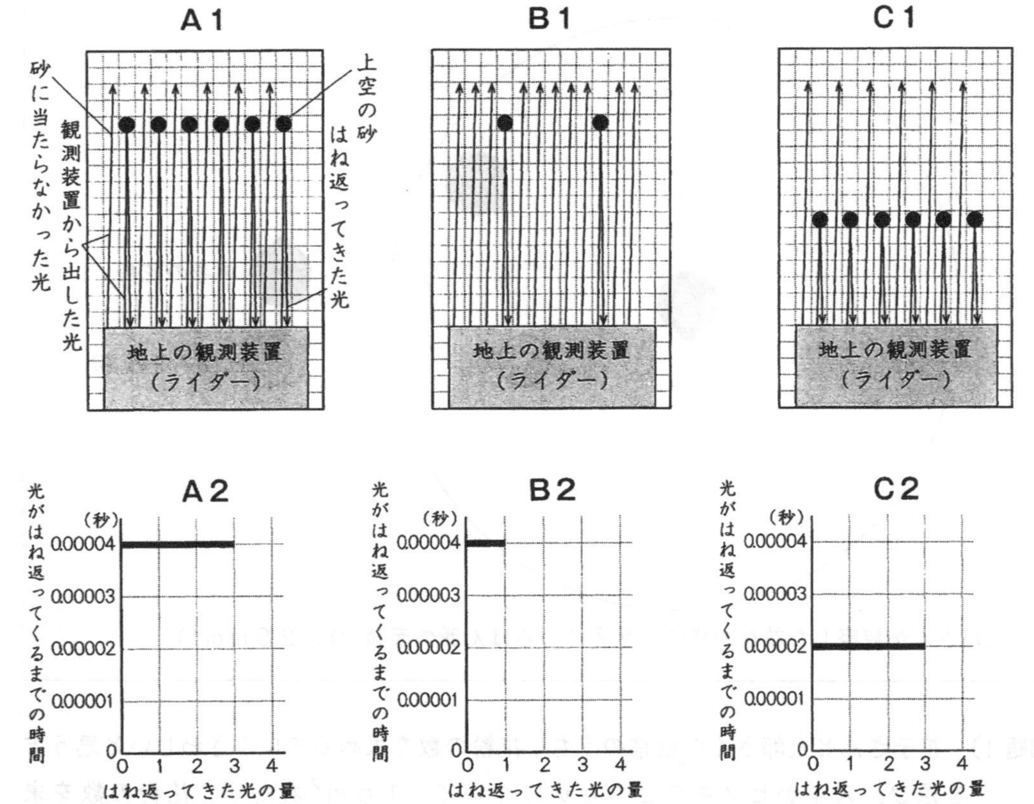

資料１　米、野菜、肉類、魚介類《ぎょかいるい》の国内生産量と国内消費仕向量《しむけりょう》（単位は千ｔ）

国内生産量

	１９７０年	１９８５年	２０００年	２０１５年
米	１２６８９	１１６６２	９４９０	８４２９
野菜	１５３２８	１６６０７	１３７０４	１１９０９
肉類	１６９５	３４９０	２９８２	３２６８
魚介類	８７９４	１１４６４	５７３６	４１７７

国内消費仕向量

	１９７０年	１９８５年	２０００年	２０１５年
米	１１９４８	１０８４９	９７９０	８６００
野菜	１５４１４	１７４７２	１６８２６	１４８１４
肉類	１８９９	４３１５	５６８３	６０３５
魚介類	８６３１	１２２６３	１０８１２	７６７２

（農林水産省「平成２７年度食料需給表《じゅきゅうひょう》」より作成）

〔問題１〕（１）**資料１**から、米、野菜、肉類、魚介類の食料自給率について、解答用紙のグラフを完成させなさい。また、グラフの□、○、×、△の記号が、米、野菜、肉類、魚介類のどれを表しているかが分かるような工夫《くふう》をしなさい。

（２）米、野菜、肉類、魚介類のうちから一つを選んで、１９７０年から２０１５年までの食料自給率の変化の様子を具体的な数値を用いて説明しなさい。

あ　さ　こ：国内生産で足りない分は、輸入しないといけないわね。

け　ん　じ：食料の輸入について、何か考えなければいけないことはないかな。

おじいさん：フードマイレージという言葉を知っているかな。

け　ん　じ：聞いたことがない言葉だな。

おじいさん：原料となる農産物やできあがった食料をどれくらい運んだかを表す数値だよ。農産物や食料の重さと運んだ距離《きょり》をかけ合わせるので、単位は重さと距離をかけ合わせたｔ·ｋｍ（トンキロメートル）が使われるよ。

あ　さ　こ：お米２ｔを３ｋｍ運ぶと、６ｔ·ｋｍになるのね。

おじいさん：そうだよ。輸送にどれほどのエネルギーが使われるかや、どれほどの二酸化炭素が排出《はいしゅつ》されるかを考えるときの目安に使われる考え方だよ。

あ　さ　こ：数値が大きいほど、たくさんの農産物や食料を遠くまで輸送しているということになるから、エネルギーをたくさん使うし、二酸化炭素の排出量《はいしゅつりょう》も多くなるのね。

おじいさん：そうだね。そして、フードマイレージの数値をなるべく小さくしようとする運動があるよ。

け　ん　じ：地産地消という取り組みがあることを学校で習ったよ。地産地消をすると農産物や食料を運ぶ距離が短くなるから、フードマイレージの数値は小さくなるね。

おじいさん：そうだね。**資料２**を見てごらん。輸入した原料を使う場合と、地元産の農産物を使って地産地消をする場合で、フードマイレージの数値と二酸化炭素排出量がどれほどちがうかが分かるよ。

け　ん　じ：フードマイレージの数値を小さくする方が良さそうだね。

あ　さ　こ：そうかしら。必ずしもそうとは言えないような気がするわ。

おじいさん：そうだね。たとえば**資料３**を見てごらん。

あ　さ　こ：日本ではなく、イギリスの資料ね。トマトとイチゴを、イギリス国内で生産する場合と、より生産に向いている気候のスペインから輸入する場合とで、必要なエネルギー量と排出される二酸化炭素量を比べているわね。

おじいさん：エネルギー量は、農産物１ｔを生産したり、輸送したりするためにどれだけのエネルギーが必要かを表しているよ。ＧＪ（ギガジュール）というのは、まだ学校では習っていないだろうけれど、エネルギーの量を表す単位だよ。

け　ん　じ：では、二酸化炭素排出量の単位は、農産物１ｔを生産したり、輸送したりするために排出される二酸化炭素が何ｔになるかを表しているんだね。

おじいさん：その通りだよ。**資料２**、**資料３**を参考にして、フードマイレージについて考えてごらん。

図１　けんび鏡で観察した花粉の様子

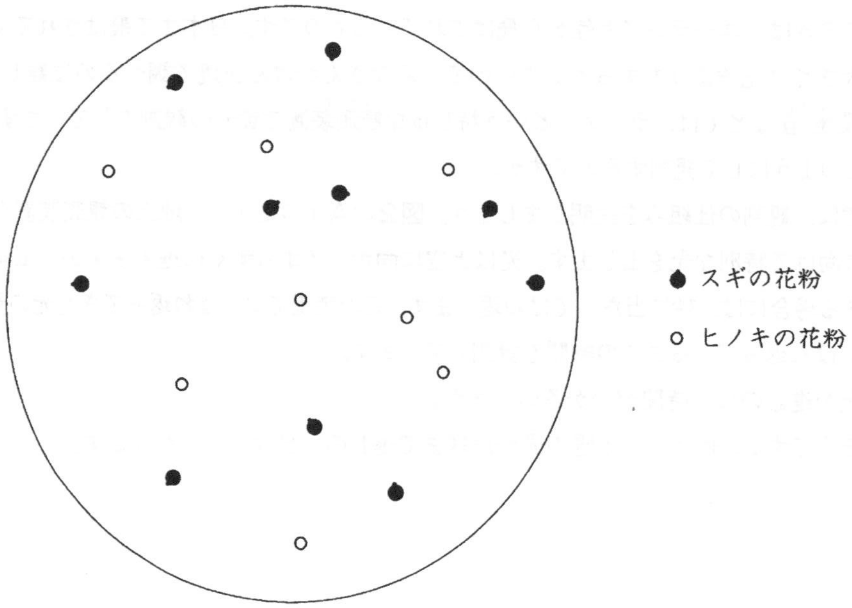

花子さんが観察した花粉の様子（見えているはん囲の面積　４ｍｍ^2）

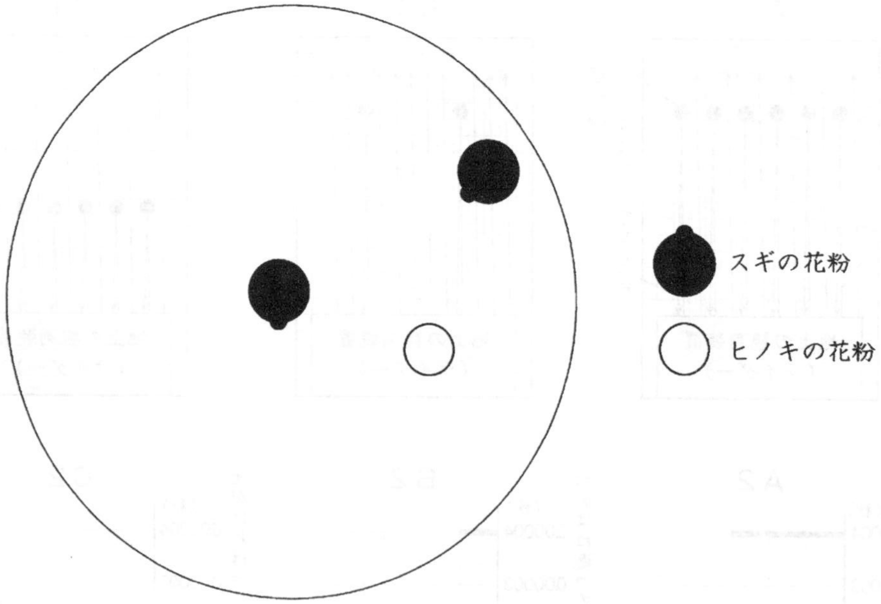

太《た》郎《ろう》さんが観察した花粉の様子（見えているはん囲の面積　０．２５ｍｍ^2）

〔問題１〕　花子さんと太郎さんの観察のうち、花粉の数を求めるのにふさわしいと思う方を選び、スギかヒノキのどちらかについて、１ｃｍ^{2}あたりの花粉の数を求めなさい。また、それをどのように求めたのかを数と言葉を使って説明しなさい。

3 **太郎《たろう》**さん、**花子**さん、**先生**が教室で話をしています。

太　郎：春になるとスギの花粉が多く飛ぶね。
花　子：実際はどのくらいの数の花粉が飛んでくるのかな。調べてみたいな。
先　生：飛んでいる花粉を数えるのは難《むずか》しいですが、スライドガラスにワセリンという薬品をぬって外に置いておくと、そこに花粉が付くので、その数を数えることならできますよ。
太　郎：花粉は小さいので、数えるときはけんび鏡を使うのですか。
先　生：そうですね。けんび鏡で見えているはん囲は全体の一部なので、どのような倍率がふさわしいか考えて観察することが大切ですよ。

二人は先生のアドバイスを受けながら、次のような方法で花粉の数を調べました。

1　スライドガラスにワセリンをぬる。
2　屋上へ行き、平らな台の上にスライドガラスを置き、飛ばされないように固定する。
3　２４時間後に、スライドガラスを回収《かいしゅう》する。
4　ワセリンに付いた花粉をけんび鏡で観察して、１cm^2あたりの花粉の数を計算で求める。

図１は二人がけんび鏡で観察した花粉の様子です。

花　子：二種類の花粉が観察できました。形がちがいますが、それぞれ何の花粉ですか。
先　生：とっ起のある方がスギの花粉、とっ起のない方がヒノキの花粉です。
太　郎：スギだけでなく、ヒノキの花粉も飛んでいるのですね。
先　生：二人は、どのような倍率で観察しましたか。
花　子：私《わたし》は広いはん囲を見るために低い倍率で観察しました。花粉の付き方は均一ではないかもしれないので、広いはん囲の花粉の数を数えた方が良いと思います。
太　郎：ぼくは高い倍率で観察しました。倍率を高くすると、それぞれの花粉が大きく見えて良いと思います。

資料２　大豆１ｔを原料にして埼玉《さいたま》県小川町で豆腐《とうふ》を作るとき、アメリカ合衆国《がっしゅうこく》から輸入した大豆を使う場合と地元産の大豆を使う場合の比較《ひかく》（２００８年）

	輸送距離《きょり》（ｋｍ）	フードマイレージ（ｔ·ｋｍ《トン キロメートル》）	二酸化炭素排出量《はいしゅつりょう》（ｋｇ）
輸入した大豆	１９９６８	１９９６８	２４５.９
地元産の大豆	３	３	０.６

（農林水産省資料より作成）

資料３　トマト、イチゴ１ｔをイギリス国内で生産する場合とスペインから輸入する場合の比較（２００６年）

		必要なエネルギー量（ＧＪ《ギガジュール》）		二酸化炭素排出量（ｔ）	
		イギリス国内で生産する場合	スペインから輸入する場合	イギリス国内で生産する場合	スペインから輸入する場合
トマト	生産	３４.１	４.４	２.１	０.３
	輸送	０.０	３.６	０.０	０.３
イチゴ	生産	１２.９	８.３	０.８	０.３
	輸送	０.０	３.０	０.０	０.３

※「生産」の数値《すうち》は、それぞれの国で生産する間に必要なエネルギーの量と、排出《はいしゅつ》される二酸化炭素の量を示している。
※「輸送」の数値は、スペインからイギリスへ運ぶ間に必要なエネルギーの量と、排出される二酸化炭素の量を示している。

（イギリス環境《かんきょう》・食糧《しょくりょう》・農村地域《ちいき》省資料より作成）

〔問題２〕（１）　フードマイレージの数値を小さくする方が良い理由について、会話や資料をふまえて、あなたの考えを書きなさい。

（２）　フードマイレージの数値を小さくする方が必ずしも良いとは言えない理由について、会話や資料をふまえて、あなたの考えを書きなさい。

あさこ：今まで農業について考えてきたけれど、次は漁業について考えてみましょう。
けんじ：**資料４**と**資料５**を見つけたよ。
あさこ：サケ・マス類について、チリでの生産量と、チリ国内での消費量と輸出量、そして日本のチリからの輸入量を表しているのね。
けんじ：チリは南アメリカ大陸にある国だね。**資料４**、**資料５**から、サケ・マス類を通した日本とチリの関係が分かるね。

資料４　チリのサケ・マス類の生産量とその使い道の内訳《うちわけ》（２０１２年）

チリのサケ・マス類の生産量	８２万ｔ	内訳	国内消費量	３３万ｔ
			輸出量	４９万ｔ

（日本政策《せいさく》投資銀行資料より作成）

資料５　日本のチリからのサケ・マス類の輸入量（２０１２年）

日本のチリからのサケ・マス類の輸入量	２１万ｔ

（財務省「貿易統計」より作成）

〔問題３〕　日本がチリからサケ・マス類を輸入することは、チリの産業にどのような影響《えいきょう》をあたえているか、会話や資料をふまえて、あなたの考えを書きなさい。

けんじ：食料の生産や貿易について、いろいろなことが分かったね。
おじいさん：では、これから日本はどうしたら良いと思うかな。
あさこ：私《わたし》は今のまま輸入を続けた方が良いと思うわ。
けんじ：ぼくは食料自給率を高めた方が良いと思うな。
おじいさん：意見が分かれたね。どちらの立場にも良いところと問題のあるところがありそうだね。とても大切なことだから、しっかりと考えていかなければいけないね。

〔問題４〕　今までの問題や会話をふまえて、あさこさんとけんじさんのいずれかの立場を選び、選んだ理由を書きなさい。また、その立場の問題のあるところを書き、社会としてどのように解決していけば良いか、あなたの考えを書きなさい。
　なお、解答らんには、１２１字以上１５０字以内で段落《だんらく》を変えずに書きなさい。
「、」や「。」もそれぞれ字数に数えます。

30 小石川 適性 Ⅲ

適性検査Ⅲ

注　意

1　問題は[1]から[2]までで、**8ページ**にわたって印刷してあります。

2　検査時間は**45分**で、終わりは**午後0時15分**です。

3　声を出して読んではいけません。

4　計算が必要なときは、この問題用紙の余白を利用しなさい。

5　答えは全て解答用紙に明確に記入し、**解答用紙だけを提出しなさい。**

6　答えを直すときは、きれいに消してから、新しい答えを書きなさい。

7　**受検番号**を解答用紙の決められたらんに記入しなさい。

東京都立小石川中等教育学校

2018(H30) 小石川中等教育学校
K 教英出版

1 公園から帰ってきた**みちよ**さんが**お姉さん**と話をしています。

み ち よ： ただいま。

お姉さん： おかえりなさい。うがいと手洗《てあら》いをしてね。

み ち よ： お姉さん、前から不思議に思っていたのだけれど、固形の石けんは水をつけないと泡立《あわだ》たないわよね。なぜかしら。

お姉さん： 石けんだけでは泡《あわ》は作れないけれど、水なら、それだけでも泡ができることがあるわ。

み ち よ： どういうときかしら。

お姉さん： プールでバタ足をしたときや、お風呂《ふろ》で水面をたたいたとき、水面に泡ができるわね。

み ち よ： そういえばそうね。でも、すぐに消えてしまうわ。

お姉さん： 石けんの混ざった水でできた泡なら、しばらく消えずに残ったり、空気中にうかんだりするわね。

〔問題1〕 石けんの混ざった水でできた泡は、どのようなつくりになっているでしょうか。泡の断面の図をかきなさい。また、水や石けんなどが図のどこにあるのかも、分かるようにかきなさい。

みちよ：お姉さんの泡立て用のネットを使うと、石けんがよく泡立つわね。
お姉さん：そうね。手で泡立てるよりも、泡が細かくて気持ちがいいわよ。
みちよ：どうして細かい泡ができるのかしら。
お姉さん：考えてごらんなさい。石けん液が細かい泡になって出てくる容器もあるわよ。

写真１　泡《あわ》立《だ》て用のネットを使って石けんを泡立てた様子

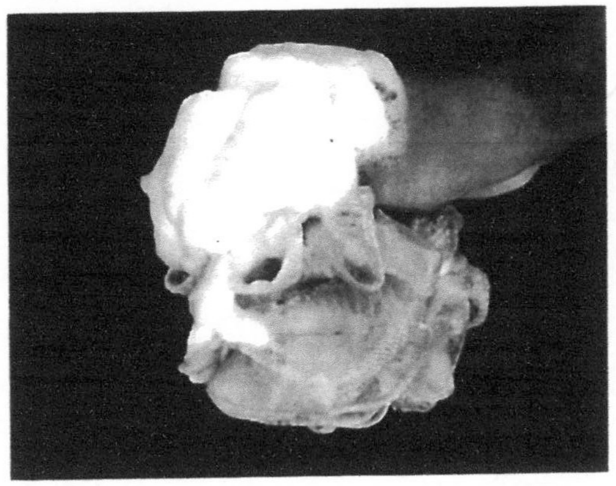

写真２　石けん液が細かい泡《あわ》になって出てくる容器

写真３　写真２の容器から出てきた石けんの泡の様子

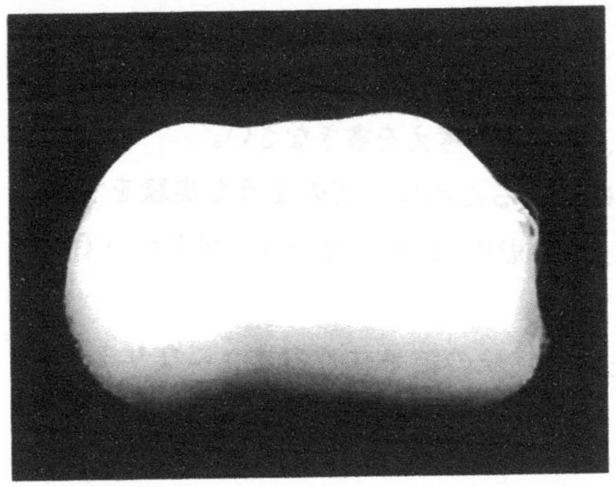

〔問題２〕　石けん液が細かい泡になって出てくる容器があります。この容器では、どのような仕組みで泡ができると思いますか。その仕組みについて、あなたの考えを、図をかいて説明しなさい。

みちよ：この容器を空《から》にして、他の石けん液を入れても、細かい泡になって出てくるのかしら。

お姉さん：やってみましょうか。

みちよ：もともと入っていた石けん液が泡立ったときとは様子がちがうわね。

お姉さん：そうね。泡の数が少なくて、ひとつひとつの泡が大きいわね。

みちよ：容器と石けん液の組み合わせが変わると、できる泡の様子が変わることがあるのね。

写真４　写真２の容器を空《から》にして他の石けん液を入れたときに、
その容器から出てきた石けんの泡の様子

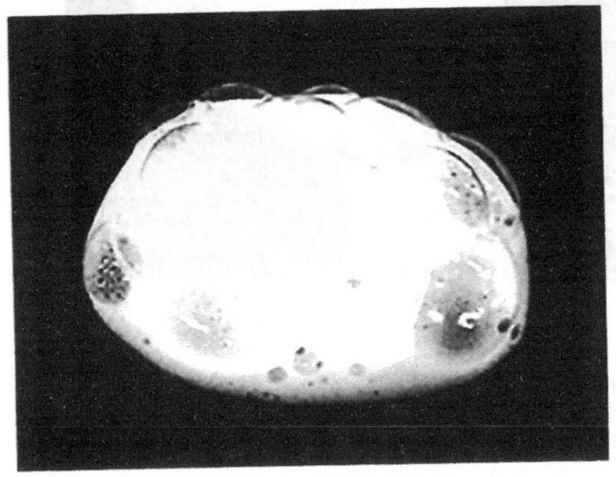

〔問題３〕(1)　泡の様子が変わった理由について、あなたの考えを書きなさい。

(2)　(1)で考えた理由が正しいことを確かめるために、どのような実験をすればよいですか。説明しなさい。言葉だけで説明しにくい場合は、図をかいて説明してもかまいません。

(3)　(1)で考えたことが正しいとしたら、実験の結果はどのようになりますか。予想される結果を書きなさい。

さらに、たかしさんとよしこさんは**折り方③**と**折り方④**のルールを次のように決めました。

折り方③：紙の上のはしを動かないように固定して、長方形の下半分が上半分にぴったりと重なるように折る。

折り方④：紙の下のはしを動かないように固定して、長方形の上半分が下半分にぴったりと重なるように折る。

よしこ：例えば、新しい長方形の紙を「①→③→①」の順番で折ってから開くと図５のようになるわね。

図５

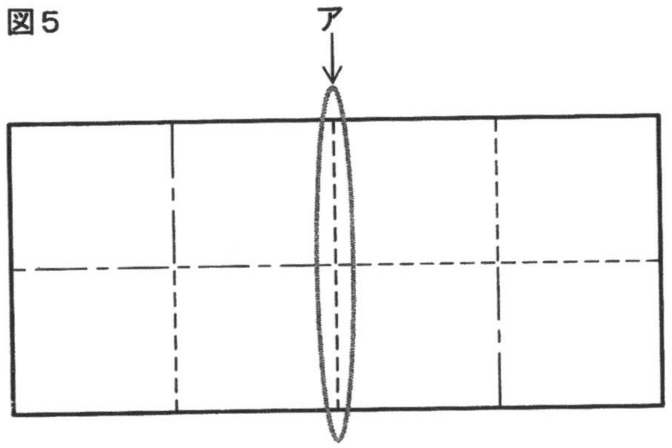

※図５は山折り線を――－――－――、
谷折り線を－－－－－－－で表している。

たかし：山折り線と谷折り線の数はそれぞれいくつあると考えたらいいかな。

よしこ：例えば、**図５**の**ア**で示した縦《たて》の線は、谷折り線１本とも考えられるけれど、途中《とちゅう》で他の折り線と交差しているから、谷折り線２本とみることにしましょう。そうすると、**図５**の山折り線の数は４、谷折り線の数は６になるわ。

たかし：谷折り線と山折り線の数の差は２になるんだね。

〔問題３〕(1)　「①→③→①」の順番で折った紙を、さらに**折り方①～④**のどれかを使って１回折ってから開き、山折り線の数と谷折り線の数を数えます。どの折り方を使うのかを①～④の記号で示し、そのときの山折り線の数と谷折り線の数をそれぞれ答えなさい。

(2)　新しい長方形の紙を、**折り方①～④**を使って１０回折るとします。ただし、使わない折り方があってもかまいません。このとき、谷折り線と山折り線の数の差が８以上になるのはどのような場合ですか。一つ答えなさい。また、そのように考えた理由を説明しなさい。説明には、図を用いてもかまいません。

よしこ：折り方のパターンを増やしてみましょうか。**折り方①**の左と右を入れかえて、**折り方②**としましょう。折り目の並び方はどう変わるかしら。

> **折り方②**：紙の左はしを動かないように固定して、長方形の右半分が左半分にぴったりと重なるように折る。

たかし：試《ため》しに新しい長方形の紙を使って、「①→①→②」の順番で折ってみたよ。紙を開いてみるね。あれ、折り目の並び方が、「①→①→①」の順番で折ったときと全く同じだ。

よしこ：それは不思議ね。「①→①→②」以外の順番で折ってみたらどうかしら。

〔問題２〕　１枚の長方形の紙を、**折り方①**と**折り方②**をどちらも１回以上使って３回折ってから開きます。このとき、「①→①→①」の順番で折ったときにできる折り目の並び方と異《こと》なる並び方にするためには、どのような順番で折ればよいですか。折り方の順番を、①、②の記号を使って一つ答えなさい。また、そのときの折り目の並び方を、山折り線を「∧」、谷折り線を「∨」という記号で表し、左から順に書きなさい。

みちよ：泡の様子は、使う道具や石けんの種類によって、大きく変わるものなのね。

お姉さん：そうね。石けんはいろいろな場面で使われているから、使う場面に合った泡ができるように工夫《くふう》されているのかもしれないわね。

みちよ：今日は手洗いのために石けんから泡を作ったけれど、他のものからも泡ができることがあるわ。

お姉さん：泡についていろいろと考えてみるとおもしろいわね。時には、泡がたくさんできて困《こま》ってしまうこともあるわよね。

〔問題４〕　(1)　あなたの身のまわりで、泡がたくさんできて困ってしまうような場面を考え、一つ答えなさい。

(2)　(1)の場面で、なぜ泡ができるのだと考えられますか。あなたの考えを書きなさい。

(3)　(1)の場面で、泡を減らしたり、出なくなるようにしたりするには、どのような工夫をすればよいですか。そのように考えた理由も説明しなさい。

2 **たかし**さんと**よしこ**さんが、長方形の紙を折って遊んでいます。

問題を解くときの注意点
○たかしさんとよしこさんが使う紙は、何回でも折れるものとします。
○その紙を折るときや、折った紙を開くときは、紙を回転させたり、向きを変えたりしないものとします。
※この問題は考えて解答するものです。問題を解くときに、問題用紙や解答用紙、ティッシュペーパーなどを実際に折ってはいけません。

たかし：よしこさんの作る折り紙の作品はどれもきれいだね。

よしこ：ひとつひとつの折り目をていねいにくっきりとつけるようにすると形が整うわ。長方形の紙で練習してみましょうか。紙を**図１**のように机《つくえ》に置いたとき、それぞれの方向を左、右、上、下と呼《よ》ぶことにするわね。まずは、紙の右はしを動かないように固定して、長方形の左半分が右半分にぴったりと重なるように折ってみて。この折り方を**折り方①**と名付けましょう。

折り方①：紙の右はしを動かないように固定して、長方形の左半分が右半分にぴったりと重なるように折る。

たかし：**折り方①**で１回折ってみたよ。**図２**のように、横がもとの長さの半分の長方形になったね。

よしこ：その状態から**折り方①**でもう１回折ったら、**図３**のようにさらに横の長さが半分の長方形ができたわ。

たかし：きれいに折る方法が分かってきたぞ。さらに**折り方①**でもう１回折ってみるね。どれどれ、きれいに折れているかな。紙を開いて確かめてみよう。

よしこ：ていねいに折ったから、山折り線と谷折り線がきれいについているわね。

たかし：でも、その並《なら》び方は**図４**のようになっていて、不規則に感じるね。

よしこ：左から順に折り目の並び方を、山折り線を「∧」、谷折り線を「∨」という記号を使って書くと、「∧∧∨∨∧∨∨」となっているわ。規則のようなものは本当にないのかしら。紙を折る回数を１回増やすごとに折り目の並び方がどのように変わるのかを調べてみましょうよ。

図１

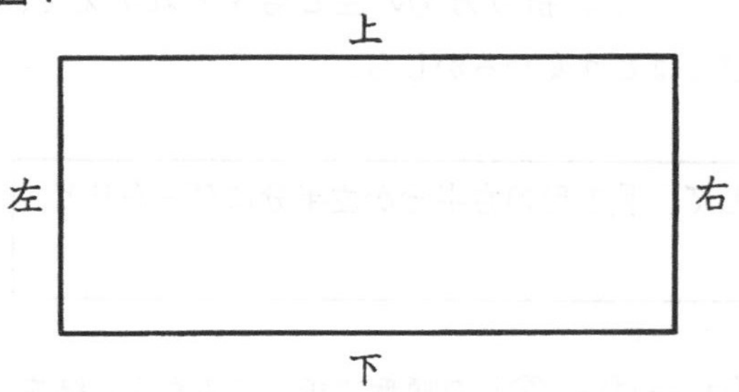

図２

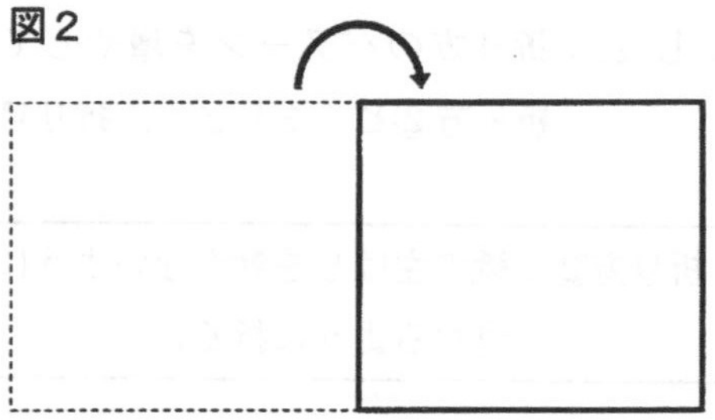

図３

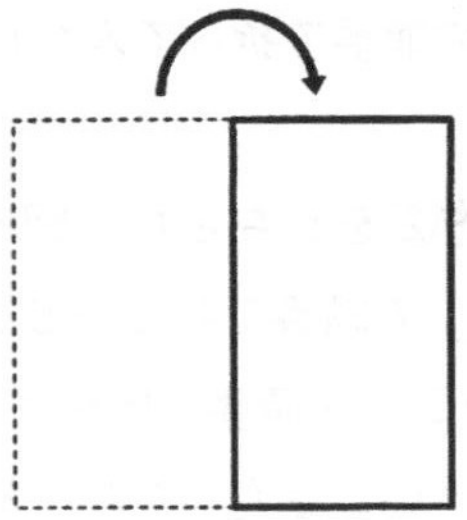

図４

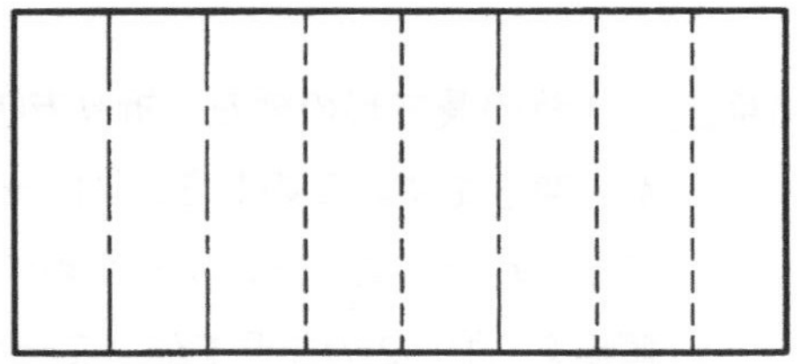

※**図４**は山折り線を――－――－――、谷折り線を－－－－－－－－で表している。

〔問題１〕(1)　１枚《まい》の長方形の紙を、**折り方①**で２回折ってから開いたときの折り目の並び方を、山折り線を「∧」、谷折り線を「∨」という記号で表し、左から順に書きなさい。

(2)　１枚の長方形の紙を、**折り方①**で４回折ってから開いたときの折り目の並び方を、山折り線を「∧」、谷折り線を「∨」という記号で表し、左から順に書きなさい。また、そのように考えた理由を、図や記号を用いて説明しなさい。

解答用紙 適性検査Ⅰ

1

〔問題1〕20点

（1）

（2）

〔問題2〕20点

筆者は、

まで、

ことを心がけているから。

〔問題3〕60点

（30　小石川）

440　400　300　200　100　20

受検番号

得点
※ ※100点満点

※のらんには、記入しないこと。

3

〔問題１〕 10点

〔選んだ観察〕	さんの観察
〔選んだ花粉〕	の花粉
〔１ｃｍ^{2}あたりの花粉の数〕	個
〔説明〕	

※

〔問題２〕 10点

（１） （あ）	
（い）	
（２） 〔選んだ図の番号〕	〔グラフの記号〕

※

〔問題３〕 10点

〔選んだ図〕
〔説明〕
〔選んだ図〕
〔説明〕

※

解答用紙 適性検査Ⅱ

1

〔問題１〕 ６点

〔展《てん》開《かい》図《ず》〕

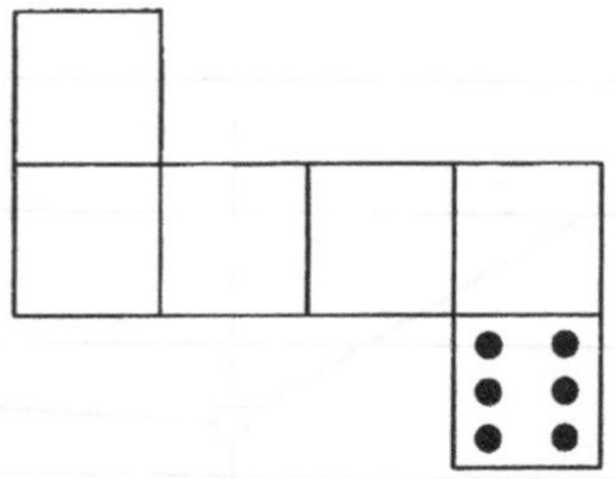

※

〔問題２〕 12点

〔式〕

□ ○ □ ⊕ □ ○ □ ＝ ７

〔説明〕

※

〔問題３〕 12点

〔手前に見える二つの面の目の数の組み合わせ〕	〔合計〕
と	
〔太郎さんが気づいたおもしろいこと〕	

※

受検番号	得点
	※ ※100点満点

※のらんには、記入しないこと

2

〔問題１〕12点

（１）

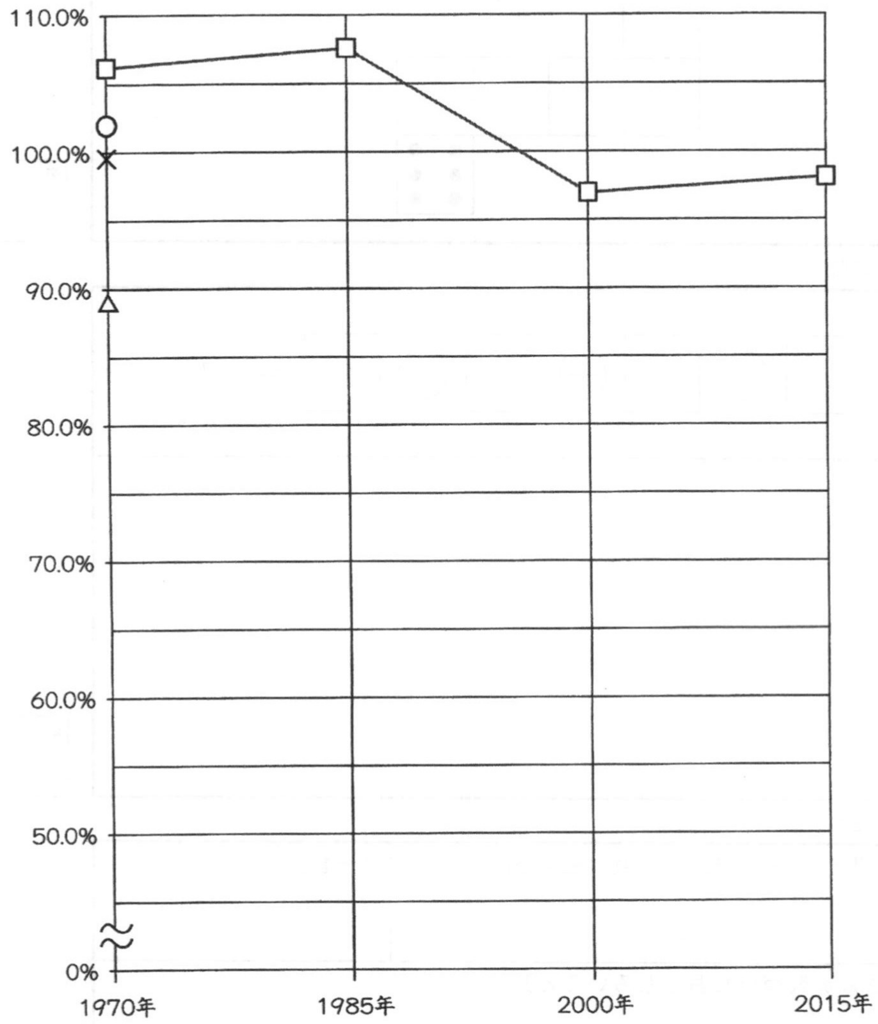

※

（２）

選んだ食料	

※

〔問題２〕12点

（１）

※

（２）

※

〔問題３〕６点

※

〔問題４〕（横書きで書きなさい）10点

あさこさん ・ けんじさん　どちらかに○を付けなさい

120

150

※

2

〔問題１〕 15点

(1) 折り目の並《なら》び方

(2) 折り目の並び方

理由

※

〔問題２〕 10点

折り方の順番　→　→

折り目の並び方

※

〔問題３〕 15点

(1) 折り方　｜　山折り線の数　谷折り線の数

(2)

※

解答用紙　適性検査Ⅲ

受検番号	得点
	※ ※100点満点

※のらんには、記入しないこと

1

〔問題１〕 10点

※

〔問題２〕 15点

※

〔問題３〕 20点

(1)

(2)

(3)

※

〔問題４〕 15点

(1)

(2)

(3)

※